档案编研开发与档案文化建设

李国荣　主编

中国档案学会档案文献编纂学术委员会　编

国家图书馆出版社

图书在版编目（CIP）数据

档案编研开发与档案文化建设 ／ 李国荣主编 ． — 北京 ： 国家图书馆
出版社 ， 2019.8
ISBN 978-7-5013-6802-0

Ⅰ．①档… Ⅱ．①李… Ⅲ．①档案研究－文集 Ⅳ．① G270-53

中国版本图书馆 CIP 数据核字 (2019) 第 117507 号

书　　名	档案编研开发与档案文化建设	
著　　者	李国荣　主编	
责任编辑	于　浩　梁　盼	
封面设计	汪俊宇	

出版发行　国家图书馆出版社（北京市西城区文津街 7 号　　100034）
　　　　　　（原书目文献出版社 北京图书馆出版社）
　　　　　　010-66114536　63802249　nlcpress@nlc.cn（邮购）
网　　址　http://www.nlcpress.com
印　　装　北京金康利印刷有限公司
版次印次　2019 年 8 月第 1 版　2019 年 8 月第 1 次印刷

开　　本	710×1000（毫米）　1/16
印　　张	19.75
字　　数	304 千字
书　　号	ISBN 978-7-5013-6802-0
定　　价	68.00 元

档案编研开发与档案文化建设
编委会

主编

李国荣

副主编（按姓氏笔画排序）

于学蕴　冯　喆　邢建榕　刘玉峰

黄菊艳　曹必宏　梅　佳　常建宏

执行主编

伍媛媛

目　录

序　言

中国档案学会档案文献编纂学术委员会主任　李国荣

　　文化是民族的魂魄与根脉。档案文献是党和国家特殊的文化资源。档案编研工作是档案事业的重要组成部分，是档案信息资源开发利用的一种重要形式，是档案文化建设的重要体现。《档案编研开发与档案文化建设》这本书是中国档案学会档案文献编纂学术委员会的集体研究成果。

　　中国档案学会档案文献编纂学术委员会是由中央国家机关和全国各地档案部门从事档案编研开发工作的中坚人才组成的学术团体。长期以来，档案文献编纂学术委员会围绕档案编研工作的热点、重点、难点问题，开展了内容丰富、形式多样的学术活动，在促进业务交流、提升编研水平、催生人才成长、启迪创新思维等方面，发挥了独特作用，取得了卓著成效。

　　本人1983年自中山大学历史系毕业至今，一直在中国第一历史档案馆从事明清档案编研工作。1987年，参加了在西安举行的档案文献编纂学术委员会成立会议。2004年起，担任档案文献编纂学术委员会主任，迄今已经15年。在兰台耕耘的日子里，亲眼见证并亲身参与了档案文献编纂学术委员会的学术发展，从中开阔了视野，提升了学识，分享了友谊，个人的情结和志趣也始终在档案编研的天地里。回望档案文献编纂学术委员会的发展历程，深感这是一个既具有浓厚学术氛围又充满鲜活创新激情的学术团体。这里特将近年主要学术活动略作缕陈：

其一，坚持每年举行一次档案编研开发工作学术研讨会。档案文献编纂学术委员会围绕"档案编研开发与档案文化建设"这一主题，一直是每年召开一次业务工作交流会，进行多层面的学术研讨。在此仅对第八届档案文献编纂学术委员会组建以来的年度研讨会略作回顾：2015年研讨会在西宁召开，会议换届选举第八届档案文献编纂学术委员会，研讨主题是"档案文化建设面临的新问题与新思考"；2016年研讨会在珠海召开，主题是"信息时代档案编研工作的基本特征和发展趋势"；2017年研讨会在青岛召开，主题是"推进档案信息资源开发与档案文化建设研究的深入发展"；2018年研讨会在重庆召开，主题是"档案编研开发与文化自信"。每次研讨会，与会代表都是围绕特定主题并结合本单位档案开发利用的工作实际，进行广泛的经验交流和理论探讨，确有实效。

其二，承担全国档案工作者年会有关档案文化建设学术活动的组织工作。中国档案学会组织的全国档案工作者年会自2008年开始举办，每两年一次。迄今共举办了6次：2008年在昆明举行，2010年在南宁举行，2012年在成都举行，2014年在厦门举行，2016年在广州举行，2018年在合肥举行。档案文献编纂学术委员会作为中国档案学会的分支机构，在每次全国档案工作者年会中都承担相应的组织工作。一是全国各地档案部门提交全国档案工作者年会的编研开发类论文，均由档案文献编纂学术委员会进行组织收集，从统计情况看，每次全国档案工作者年会都有三四百篇编研开发类论文。二是

2015年西宁档案文献编纂学术委员会工作会议

每次全国档案工作者年会举办期间，档案文献编纂学术委员会都要组织以档案编研开发为主题的分会场研讨活动，为此需确定分会场的研讨主题和主讲人员，协调安排分会场的议程。从10多年来已举办的6次全国档案工作者年会发展情况来看，其研讨组织越来越规范，学术活动越来越有品位，社会影响越来越大，已成为档案文化建设工作的一个品牌。

其三，负责全国档案编研成果的有关评审推荐工作。一是历届全国档案学优秀成果评审工作，档案文献编纂学术委员会均负责编研开发类成果的初评推荐。二是历次全国档案工作者年会，档案文献编纂学术委员会均承担有关档案编研开发和档案文化建设方面论文的评审推荐。三是国家档案局和一些省市及行业的临时评审工作，如2017年全国青年档案工作者学术论坛，档案文献编纂学术委员会承担了部分论文的评审。四是进行专家推荐工作，2017年根据中国档案学会关于全国档案专家推荐工作的有关安排，档案文献编纂学术委员会完成档案信息开发利用领域全国档案专家的评议和推荐。2018年国家档案局公布首批全国档案专家选拔结果，档案文献编纂学术委员会有7人入选档案信息开发利用领域专家，有4人入选档案信息开发利用领域的全国档案领军人才。

其四，撰写出版档案编研领域的业务研究成果。近些年来，档案文献编纂学术委员会组织编写并出版2部集体研究文集和3个业务研究报告。2007年，档案文献编纂学术委员会的研究文集《档案编研论稿》，由广西师范大

2016年珠海档案文献编纂学术委员会工作会议

学出版社出版。2010 年，组织撰写《档案信息资源开发利用的研究报告》2万余字，全面总结"十一五"期间档案编研开发的发展经验，探讨阐释"十二五"期间档案信息开发利用的总体趋势，该报告同年在中国档案学会蓝皮书《回顾与展望——中国档案事业发展研究报告》专辑上出版刊发。2012 年，组织撰写《档案编研工作与文化发展战略》2 万余字，就挖掘档案优质资源，推动文化大发展大繁荣进行了专题研究，该报告同年在中国档案学会蓝皮书《档案与文化建设——2012 年全国档案工作者年会研究报告》专辑上出版刊发。2014 年，组织撰写《档案文化建设的时代特色和发展趋势——近 10 年全国档案编研开发工作的回顾与思考》3 万余字，对进入新世纪以来的全国档案编研开发工作进行了回顾和考察，并对"十三五"期间档案文化建设的开展做了探讨和规划，该报告同年在中国档案学会蓝皮书《创新：档案与文化强国建设——2014 年档案事业发展研究报告集》专辑上出版刊发。2019 年，档案文献编纂学术委员会的研究文集《档案编研开发与档案文化建设》，将由国家图书馆出版社出版，该文集较为集中地反映了全国各级各类档案部门推进档案编研开发与档案文化建设的新经验新理念，是档案文献编纂学术委员会最新的集体研究成果。档案文献编纂学术委员会的专家们还撰写发表了大量学术论文和专著，提升了档案文化研究水平。

其五，举办档案文化专题讲座等宣传推广活动。档案文献编纂学术委员会发挥业务专长和学术优势，以各种形式加大档案编研开发培训和档案文化

2017 年青岛档案文献编纂学术委员会工作会议

宣传工作，努力把档案文化推向社会。一直以来，档案文献编纂学术委员会为国家档案局的干部培训班、为各省市档案局（馆）的各类干部培训活动、为国家机关和文化事业单位及大专院校科研机构等，应邀举办一系列专题讲座，大力弘扬档案文化。档案文献编纂学术委员会的各委员单位还开展多种形式的合作，或共同出版专项档案，或合作举办专题展览，把档案搬上银屏，把档案文化带进胡同，促进了档案文化的传播。

推动档案编研开发，助力档案文化建设。档案文献编纂学术委员会具有自身特色的学术活动，一直得到中国档案学会的热情指导，得到档案文献编纂学术委员会委员们倾力的支持。这些丰富多彩的学术活动，是以开阔的视野持续推进不断提升的，在深化档案编研开发、推进档案文化建设、培养档案专业人才方面起到了积极推动作用。随着档案文化全面融入社会的各个层面，档案编研开发的理念正在不断丰富和发展，呈现出多层次多形式系列化的鲜明特色。在档案文化建设的实践中，档案文献编纂学术委员会与时俱进，主动作为，实施跨单位跨领域档案编研业务合作，充分利用社会资源进行档案文化深度挖掘，努力把档案文化开发的蛋糕做大，从而推出了诸多有代表性的学术成果，同时也涌现出一批档案信息开发利用领域的专业人才。档案文献编纂学术委员会以协调组织档案文化建设活动为主要职责，已成为档案资源开发工作者广交朋友、增加友谊的纽带，开阔思路、加强交流的窗口，提升学识、研讨业务的沙龙，相互支持、开展合作的平台。

2018 年重庆档案文献编纂学术委员会工作会议

档案编研开发与档案文化建设

档案编研开发是国家文化大发展大繁荣的时代缩影。新时代社会主义文化事业迅猛发展的快车，为档案文化建设提供了历史契机和广阔舞台。迈步新时代，我们要以高度的历史责任感，进一步提升档案文化意识，不断发掘档案文化内涵，努力打造档案文化精品，在弘扬优秀传统文化和提升国家文化软实力方面发挥更积极的独特作用，潜心矢志共筑中国梦！

2019 年春日于北京

把牢方向　服务大局

——《中共中央文件选集（1949.10—1966.5）》编辑记事

中央档案馆　国家档案局　常建宏

在为迎接党的十九大胜利召开而举办的"砥砺奋进的五年"大型成就展上，凝聚中央档案馆工作人员多年心血的大型档案文献汇编《中共中央文件选集（1949.10—1966.5）》（以下简称《选集》）在"坚定文化自信，创造中华文化新辉煌"展区作实物展示，不时有包括青年学生在内的观众在这里驻足翻阅。这一场面，充分展现了档案资源开发在加强先进文化建设、创造中华文化新辉煌的进程中不可或缺的作用，也使档案编研人员深刻认识到自己从事的事业责任之重大、使命之光荣，更加体会到为党管档、为国守史的意义所在。回顾《选集》的编辑过程，总结经验，对于我们继续做好档案信息资源开发，为党和国家大局服务，具有很强的现实意义。

一、《选集》编辑出版的过程

中央档案馆保管着中国共产党建党以来的重要档案文件和珍贵资料，数量庞大，内容丰富，对于研究中国共产党和中华人民共和国的发展历程具有不可或缺的作用。为服务社会各界，从上世纪 80 年代迄今，中央档案馆开发馆藏公开出版的档案汇编包括单卷本、多卷本和丛书，数量众多，受到社会

7

各界的普遍欢迎。

1989—1992 年，由中央档案馆编辑、中共中央文献研究室审定、中共中央党校出版社出版的《中共中央文件选集》中华人民共和国成立前部分共 18 册（以下简称"18 册"）陆续出版，这是中国共产党成立以来最大的一套党的重要历史文献，它的出版，为国内广大干部、党史和现代史教学研究人员学习、研究中华人民共和国成立前党的历史提供了系统可靠的史料。这套书受到各研究单位和学者的瞩目，社会反响很好，甚至一度出现了一书难求的局面。

"18 册"出版不久，经中央书记处批准，中央档案馆开始筹备《中共中央文件选集》中华人民共和国成立以来部分的编辑出版工作。后来，中央档案馆在一份就编辑《选集》事项给中央办公厅的报告中，提出拟分步骤编辑三年经济恢复时期、第一个五年计划时期，再至"文化大革命"前的有关文件。得到中央领导同意后，项目进入实质操作阶段。此后，编辑人员花很大气力收集中华人民共和国成立初期的中央文件，数次调整编辑方针与工作思路，并几易其稿试编出若干册，在分别听取领导和专家的意见后，修改形成了最终的编辑方案和实施细则。2011 年，经中央办公厅批准，《选集》由中央档案馆、中共中央文献研究室合作编辑，人民出版社公开出版发行，还成立了编审领导小组负责指导编审工作和政治把关。

中央档案馆编：《中共中央文件选集（1949.10—1966.5）》（全 50 册）

为了做好《选集》编审工作，中央档案馆和中共中央文献研究室联合组成了由两家单位主要领导挂帅、参与编辑的有关部门领导为成员的《选集》编辑委员会；下设办公室，负责协调和组织各项编辑出版工作，研究解决编辑出版工作中的具体问题，以保证项目日常工作的顺利进行。由于原定计划为在党的十八大召开时出版，在时间紧、任务重的情况下，两个编辑单位先后抽调了近 50 名同志参与到编辑工作中。办公室将全部参编人员按工作内容和工作流程科学统筹、合理调配，分工明确、职责清楚，大家怀着高度的责任心长期加班加点忘我工作。出版单位人民出版社也超前介入，与选稿同步开展录入、校对工作，在出版格式、出版规范上随时沟通，使书稿提早达到"齐、清、定"的出版要求，节约了大量时间，提升了全书品质。2013 年 6 月，在纪念中国共产党成立 92 周年之际，《选集》由人民出版社公开出版发行。

二、《选集》的基本情况

全书共 50 册（另有总目录 1 册），按照文件形成时间编排，收入中华人民共和国成立至"文化大革命"前夕，以中共中央名义发出的重要文件 4569 件，约 1600 万字，多数是第一次公开出版。

与"18 册"相比，《选集》选编范围有较大不同。"18 册"除了选收中共中央的文件外，还收录了中央负责人讲话文章、中央部委文件、报刊文章社论等，相对而言，中央文件所占比重不高。《选集》则主要选入以中共中央名义发出的文件，以及少量中共中央重要会议文件，是名副其实的"中共中央"文件选集。《选集》的选稿，明确要求所选文件均符合档案开放原则，除应保密的、涉及敏感问题的以外，涉及个人隐私、负面内容的，一般也不选入。同时，在编辑过程中，还分批将书稿分送有关单位，听取是否适宜选入的意见。

《选集》的编辑，以《关于建国以来党的若干历史问题的决议》和党和国家主要领导人关于中华人民共和国成立以来中共党史的论述为指针，坚持历史唯物主义和辩证唯物主义，坚持党的实事求是的思想路线，力争全面、准确、客观地反映以毛泽东为核心的第一代中央领导集体，带领全党和全国各族人民进行社会主义革命和建设的重要实践和理论探索的历史实际，以利

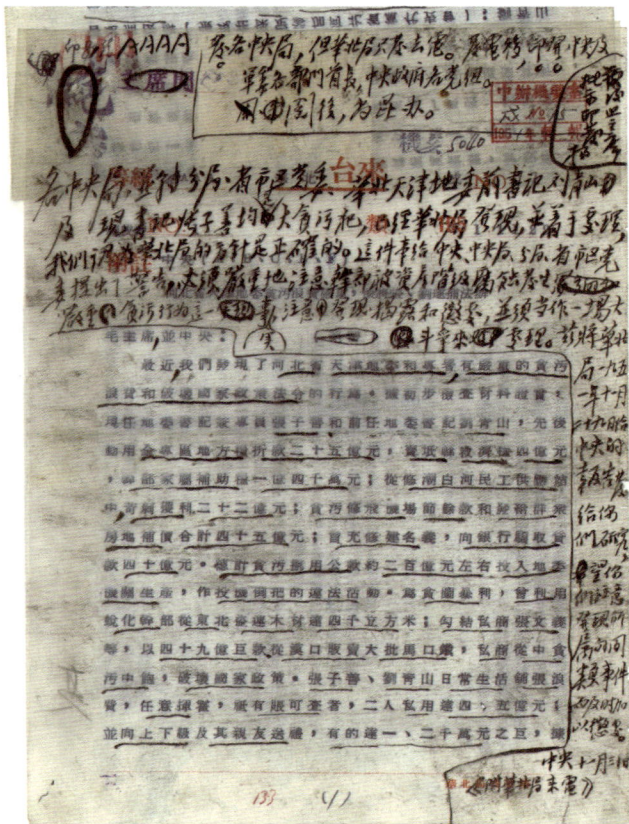

中央档案馆馆藏：1951年11月30日毛泽东起草的中共中央对华北局关于刘青山、张子善贪污案调查处理情况的报告的批示

于借鉴历史经验为现实服务。

按照这一原则，《选集》广泛收录了1949年10月至1966年5月期间以中共中央名义发布的重要文件，包括中共中央政治局、中共中央书记处文件，中共中央重要会议文件，中共中央与其他机构联合发出的文件，以及中央与地方之间的往来电函（部分与中央文件有直接关系的文电作为附件一并收入）。这些文件，大多未公开发表过，有相当一部分过去仅在党刊公布，有的当时还定了密级，阅读范围很小。未予收录的只有以下几类文件：1.涉及党和国家秘密和不宜公开的内部事项的；2.涉及个人隐私的；3.纯属人事任免、区划和机构变动的及一般事务性的；4.主要内容已被其他文件包括的。

可以说，凡是这一时期形成的按现有规定可以公开而又带有一定政策性的中共中央重要文件，都选收进来了。

三、《选集》编选中的若干做法

《选集》的重要性决定了编辑和审稿工作必须慎之又慎、精益求精，所以，《选集》编审工作各个环节都有远高于普通编研作品的要求。

1. 选稿

选稿是整个工作的第一个环节，是基础，也是关键。《选集》的选稿着重把握以下几点：第一，坚持政治性与党性原则。中央档案馆保存的中共中央文件真实地记录了我党在不同历史时期艰辛探索的奋斗历程，其中既有成功的经验，也有失败的教训。我们在选稿时坚持做到不虚美、不隐恶，同时坚持政治性与党性原则，做到收编的所有文件既符合党和国家的整体利益和社会和谐的目标，又符合档案开放的各项规定。第二，坚持真实性与科学性原则。真实性是选稿工作的前提，也是档案资料最宝贵的价值所在。我们坚持去伪存真、去粗取精，科学选材，力求使书稿经得起检验，成为精品。第三，力求全面。全面是指社会主义建设的各个方面，既包括党的建设和政治、经济、外交、国防等重点领域，又包括教育、文化、体育、卫生、社会建设等各个方面，尽力将这一时期党的工作全方位、多角度、立体化地呈现在读者面前。第四，保持完整。这部书收录的所有文件，均严格保持所依据版本的原貌，除附表外，对内容不作删节。书中所有文字方面的省略，均是原件的省略，并且在注释中也有说明。例外的情况是，对于一些已由中央文件将其内容表达清楚的被批转文件，在选稿时为减少重复不再收入。

2. 确定版本

中华人民共和国成立以来，在领导全党和全国各族人民进行社会主义改造和建设过程中以及党的自身建设中，中共中央形成了大量档案文献。由于种种原因，一份文件常会有多个不同版本。将文件版本收集齐全并从中选择准确可靠的版本，是编辑《选集》的一项重要的基础性工作。为此，除在本馆不同保管单位广泛查找搜集外，中央档案馆还两次向各省市区档案馆统一发函，搜集各馆保存的中共中央文件目录，并征集了一部分地方收件版本。

为了保证入选文件文字权威、准确，反映中央文件确切原意，面对不同的版本，我们严格遵循以下几个原则，认真做好版本的选定工作：

一是档案优先原则。即尽量采用原件，力求准确可靠；馆藏中确无原件的，则选用最接近原件的最可靠的版本作底本。对于既有档案原件又有文献资料的文件，原则上以档案原件为版本，只把文献资料作为选编过程中的重要参考。在此过程中，我们发现一些文件在被党报党刊、权威资料汇编登载和收录时有所修改，这时，就要选用资料版本刊印。还有个别在文献资料上登载的中共中央文件，虽然没有查到档案原件，但通过考证能够确认其真实性，则选用时间最晚的权威资料版本。

二是择优选用、定稿优先原则。中共中央文件从拟写到发出要经过多位中央领导人的审核与修改，因此同一份文件会有草稿、修改稿、中央领导人签发件、正式印发件、归档后抄清件、相关单位的收件等多个不同的版本。一些会议决议及法律法规有多个过程稿，其内容和文字往往有所不同，甚至差异较大。在考订版本时，我们对各个版本进行研究、比较、鉴别，确保收入《选集》的是最后定稿。一般来说，在中华人民共和国成立初期尚没有"红头文件"时，主要选用有中央领导人签批的签发件；到了1955年中共中央发文有了"红头文件"，则多以下发的"红头文件"作版本。中华人民共和国成立初期，大量文件以电报形式收发，由于报务、译电过程中的差错，有些文电不同版本间有较大出入。对于确认已经发出但又未找到正式印发件或中央领导人签发件的文电，我们将能够收集到的所有版本进行研究、比较、鉴别，择优选用其中最能真实反映中央精神的版本。

三是版本唯一的原则。对于有多个版本的文件，一旦确定选用版本后，编辑人员只用选定的版本进行编辑。对其中的文字舛误，可参考其他版本考证后进行订正或注释，但绝不将多个版本进行拼凑形成一个"新版本"，以防止出现改变中共中央文件原貌的情况。如果在编辑过程中发现更好的版本，会将原来所依据的版本进行更换。

此外，有的中共中央文件虽已经中央领导人签发、已经发出电报或有"红头文件"，但通过查阅其他有关档案或史料，得知该文件由于某种原因最终未发出或者予以作废，此类文件则不予收录。

经过深入挖掘、广泛收集、仔细互校和精心遴选，《选集》所收入的文件以中央档案馆保存的档案为主要来源，也有一些来自当时的报刊或后来编辑出版的党和国家领导人选集、文集或党的文献汇编本刊载的中共中央文件。所有选入的文件，都在文末注明版本出处。

3. 编辑加工

在编辑过程中，我们本着求实存真的精神，尊重历史，严格保持所依据版本的原貌，始终坚持可改可不改的不改，只对所选文件中明显错漏或不妥的文字、数字、标点、时间和不准确的标题等进行必要的订正、规范或注释。如对于"僮族""亹源""嘎厦"等民族、地名、机构用字，分别直改为现用名称或用字"壮族""门源""噶厦"。又如1958年10月8日《中共中央转发中央科学小组、科学规划委员会党组关于十二年科学规划执行情况的检查报告》中，有"陶瓷"和"陶磁"两种用法，将其统一为"陶瓷"。对于形成时间不详的文件，如《人民日报》刊登的一些会议公报，并未提及公报形成时间，同时查阅档案，也未能确定时间，我们就将文件时间标示为"载于×年×月×日《人民日报》"，待日后发现新证据确定文件时间后再进行订正。

为将最原始的文件呈现于广大读者面前，在整个编辑加工过程中，对非改不可的文字，我们在保留原文的同时，把校订的字词用加工符号标明，以与原文区别。如1954年7月30日《中共中央批转中央民委党组关于回民生产生活问题座谈会的报告》一文中，民委原报告上是"今年"，中央在批转时误改为"一九五三年"，故将其订正为"一九五三〔四〕年"。字、词、句中有遗漏字的，我们结合上下文将其补充完整，如"大行〈政〉区""政〈务〉院"。

《选集》的注释，以少而精为原则，不作知识性内容的注释。考虑到这一时期文件中涉及的一些人和事，在《关于建国以来党的若干历史问题的决议》中有了全面的权威评价，因此，我们把这个决议特载于卷首，作为这部书总的注释说明，而不再对文件中相关的人和事一一作注释说明。对文件正文中涉及的人物，凡有姓无名、有名无姓的，或使用简称、代称、代名、化名的，除了已在标题中反映出来的不作注释外，我们进行了简单注释。对于正文中有明显矛盾的说法，经过努力仍没有查清楚的，也在注释中向读者作了说明。此外，正文中一些问题需要作注释，但一时又弄不清楚的，我们本着审慎的态度，暂不作注。

四、编辑出版《选集》的意义

《选集》的编辑出版，是中央档案馆利用自身优势与有关部门合作，开发利用档案资源，形成高质量的档案文化产品，增强档案服务能力，为党和政府进行科学决策、为党史工作者研究党史提供重要参考和可靠依据的重要举措。《选集》至少能发挥以下几方面作用：

第一，为人们研究和了解中共党史和中华人民共和国史，提供了新的史料。中华人民共和国成立至"文化大革命"前夕，是我国基本完成社会主义改造并开始全面建设社会主义的重要时期，此前，公布过一些这一时期的中共中央文件，但不够系统、全面、完整。而《选集》的出版，提供了大量的、系统的、完整的、前所未有的新史料，将促进党史、国史研究的进一步深入和普及，对于国内外广大读者，特别是对党的各级领导干部、党史研究和教学人员，研究党的历史和了解党的路线、方针和政策的发展过程，研究我们党把马克思主义同中国社会主义建设具体实践日益相结合的过程，从中吸取经验教训，并对广大党员和人民群众进行党史、党的优良传统教育，都具有重要的意义。

《选集》收录的文件，既有党中央自身形成的，也有由地方、基层报来被党中央转发的，分别从不同角度反映了这一时期中国所处的国际国内社会环境和历史环境。没有亲身经历过这一时期生活的所有人，可以从这些文件中了解当时的历史环境，增加对当时中国共产党一系列政策包括一些错误政策的起因、过程、结果的理解，而不会脱离当时历史环境一味地片面指责某项政策的错误或某个领袖人物的错误，同时也更容易看清楚到底错在哪里、错有多大、错的原因等，进而增进对中国共产党在前无古人的探索中不可避免地犯一些历史错误的理性思考，用事实来回击一些历史虚无主义者脱离历史环境对中国共产党历史错误的无限上纲、无理指责和谩骂攻击。

另外，《选集》除了反映我们党在政治建设方面的巨大努力和重大成就，还反映了党领导全国各族人民进行经济建设、文化建设、社会建设、甚至还有生态文明建设（如制止乱砍滥伐、植树造林、治理水土流失等方面）的巨大努力和重大成就，可以纠正一些人心目中对"文革"前十七年中国只有连续不断的政治运动的片面认识，可以使人们更全面、更正确地认识中国共产党执政最初十七年的执政成绩。

第二，可以帮助人们全面、正确地认识中国共产党，增强爱党爱国情怀。《选集》记载了中国共产党在执政最初十七年中改造国家、改造社会、改造人的思想的大量善政、良政，大量积极成果和建设成就，充分显示出中国共产党推动中国社会进步和人民生活进步的巨大功绩，可以增强人们对党的热爱和拥护。同时，《选集》也反映出十七年里一些社会政策在执行中所造成的不良后果，以及中国共产党在发现这些不良后果后及时而果断有力的纠正，更加充分地说明，中国共产党是一个光明磊落、与时俱进、敢于坚持真理并有过则改、敢于随时修正错误的党，从而更加增强人们对中国共产党的先进性的认识。从《选集》可以看到，十七年中，我们党不忘初心，始终坚持群众路线，以人民群众的根本利益、长远利益、整体利益为出发点和考量点，来制定、执行和修正各项政策，我们党始终是人民利益高于一切、执政为民、一心为群众着想的党，始终是代表中国最广大人民群众根本利益的党，是坚持与人民群众同甘苦、共患难的党，从而可以增加人们对中国共产党的敬仰。

第三，对提高社会档案意识具有积极作用。这部书的编辑出版，是档案部门公布档案、开放档案、开发档案信息资源的最新成果，规模宏大、前所少有，将吸引更多的人来运用档案研究了解党的历史，学习总结党的历史经验教训，探索揭示党的事业的发展规律，从而加深人们对档案价值的认识，提高人们的档案意识。通过这部具有长远价值和广泛影响的档案文化精品，人们将对档案、档案工作、档案工作者产生更积极、更全面的认识，有利于形成促进档案事业发展的良好氛围。

五、《选集》编辑工作的几点经验

编辑《选集》有巨大的工作量，但是一年半即顺利完成。总结起来，有以下几点经验：

第一，具备高度的政治意识和责任感。《选集》从选、编、录、校、审，到最后出版，要经过多个环节、多个部门把关。据不完全统计，一份文件从选稿到定稿至少要经过二三十次审读，遇到有疑问的文件，审读次数更多，容易使人觉得枯燥，影响工作质量和效率。然而，由于全体参与者充分认识到编辑出版《选集》的重大政治意义，分外珍惜这难得一遇的机会，在编辑过程中表现出极大的工作热情与自豪感、责任感、使命感，始终坚持对党负责、对档案负责、对读者负责的工作态度，层层把关，人人负责，不辞辛劳地加班加点、忘我地工作，保证了项目按时完成。

第二，讲究精益求精。从项目启动之日起，我们就以精益求精的态度和方法进行工作，力争出精品。针对遇到的新问题，数次研究修订编纂细则；每一次修订编纂细则后，都会对全书进行一次再检查，做到精益求精。项目接近尾声时，我们将已经成型的书稿在有限的时间内又进行了一次全面梳理，全体同志分成两组，一组以册为单位，按照相关规定通读书稿；一组以专题为单位，从标题、格式、注释、文字订正、数字等问题入手，分人分项逐一检查，既分工明确又互相补充。仅以书中大量的数字为例，为保证准确无误，除前期多次校对外，专项检查中又组织专人对全书数字再次逐一核对，检查数字用法是否准确、规范，还要从数字间的逻辑关系、前后关系上核查，验算总数与分项、百分比是否吻合，工作量之巨，可以想象。正是这样始终坚持极端负责、极其用心、极为精细的态度，不厌其难、不厌其烦、不厌其碎地对待每一项工作、每一份文件，把好每一道关口，减少了错误，保证了书稿质量，为编出精品打下了基础。

第三，讲究团结协作。《选集》凝聚了全体编审人员多年的心血，其中既有年逾古稀的档案界前辈，也有参加工作不久的年轻后生。由于人员紧张，特别是专业编研人员不足，工作之初，我们采用一老带一新的组合模式，使年轻人边干边学，迅速熟悉工作、独当一面，老编辑也从年轻人身上学到了新观点、新方法，大家互相学习、互相促进。工作中，全体人员识大体、顾大局，不讲条件，服从安排，放弃休假，主动加班加点。正是由于有了这种团结协作、无私奉献的精神，才确保了《选集》项目顺利进行。

第四，讲究科学统筹。全部参编人员按工作内容不同，分为选稿组、复

2013 年 11 月 7 日召开的《中共中央文件选集（1949.10—1966.5）》研讨会上，专家学者共聚一堂

印组、编辑组、录入组、校对组、审稿组、协调组等，并运用新的工作模式来提高效率、培养人才。各组编审人员数量根据工作量及时进行调整，使各环节滚动流水作业。多部门合作，各项工作齐头并进，编辑方与出版方及时沟通，使书稿提早达到出版要求。如果没有高效的科学统筹，是难以在这么短的时间内完成《选集》编辑的。

　　作为历史的原始记录，档案中蕴藏着前人留下的宝贵精神财富。如何深入开发档案信息资源，有效利用馆藏档案，把我们党领导中国革命、建设、改革的光辉历程和丰功伟绩充分展现出来，把我们党的光荣传统、优良作风和宝贵经验发扬光大起来，把历史和人民选择中国共产党、选择马克思主义、选择社会主义道路的历史必然性深刻揭示出来，把近代以来实现中华民族伟大复兴的艰难曲折和新时代中国特色社会主义的光明前景对比展示出来，是各级档案馆特别是档案编研人员的一项长期任务，任重而道远。相信各级档案馆在总结借鉴以往经验的基础上，一定会不断取得新的更大的成绩。

档案文化建设须筑牢政治意识

中国第一历史档案馆　李国荣

　　档案不仅是历史脉搏的记录，同时也是我们的精神家园。档案文化建设是档案事业发展的必然要求和主要标志，是国家文化大发展大繁荣的重要组成部分。党的十九大报告明确提出，文化自信是一个国家、一个民族发展中更基本、更深沉、更持久的力量，要坚定文化自信，推动社会主义文化繁荣兴盛，没有高度的文化自信，没有文化的繁荣兴盛，就没有中华民族伟大复兴。文化自信，植根于历史的真实。中华民族优秀文化的基础和深厚，来自对真实历史的认知与传承。档案是人类社会活动的直接记录，是一种宝贵的精神文化财富。档案以其特有的魅力，成为中华文化的精华。档案的原始性、唯一性、系统性、丰富性，决定了档案工作在服务国家中心工作、服务社会经济文化建设、服务百姓多元生活方面具有不可替代的独特作用。这里结合档案工作实践，谈谈档案文化建设如何高度自觉地筑牢政治意识。

一、档案文化建设要将政治意识作为根本职守

　　档案文化建设不仅要讲政治，而且是离不开政治。不论是党性原则对档案工作的政治定位，还是民族文化的千年传承，乃至档案工作鲜明的政治属性，都要求我们在档案文化建设中要恪守和秉持政治意识。

　　从习近平总书记的系列讲话精神看，筑牢高度自觉的政治意识，是档案

工作的根本遵循。习近平总书记曾多次谈到学习和借鉴历史，他指出："历史是现实的根源""历史是最好的教科书""重视历史、研究历史、借鉴历史，可以给人类带来很多了解昨天、把握今天、开创明天的智慧。"习近平总书记强调："学习党史、国史，是坚持和发展中国特色社会主义、把党和国家各项事业继续推向前进的必修课，这门功课不仅必修，而且必须修好，要继续加强对党史、国史的学习，在对历史的深入思考中做好现实工作、更好走向未来。"对档案工作的特殊意义，习近平总书记曾深刻指出："经验得以总结，规律得以认识，历史得以延续，各项事业得以发展，都离不开档案。"习近平总书记这一系列的讲话精神，明确了档案工作的政治定位，更对档案文化建设指明了发展方向。

从中华民族的文明发展史来看，以史治世，鉴往知来，是我国千百年来治国安邦的政治传统和文化传承。中国作为一个历史悠久的文明古国，一直有着借鉴历史经验治国理政的传统。周恩来总理曾提出，档案工作者要学习司马迁。周总理所说的司马迁，在管理汉代官府档案的同时，为记录历史，历尽艰辛推出千古名著《史记》，司马迁是档案人的先师与典范。唐太宗李世民深有感慨地谈到："以铜为镜，可以正衣冠；以人为镜，可以明得失；以史为镜，可以知兴替。"这个大唐皇帝，很是看重历史的镜鉴作用。在北宋，宋神宗大力赞助司马光，用长达 19 年的时间完成史学巨著《资治通鉴》，从书名到内容，其宗旨十分明确，这就是鉴于往事，资于治道。正因这样，一代伟人毛泽东对《资治通鉴》这部经典之作读了 17 遍，从中体味历史真谛。清朝思想家龚自珍总结千古历史，留下这样一段经典名言："灭人之国，必先去其史。"几千年的历史告诉我们，文化是一个民族的魂魄与血脉，以史为鉴是中华民族的治世传统。换言之，在讲政治这个问题上，根脉相传，千古使然。

从档案工作的性质和内涵来看，我们所从事的档案工作，具有鲜明的政治性、服务性、基础性。档案工作是维护党和国家历史真实面貌的重要事业，是党和国家各项建设事业必不可少的环节。记载历史、传承文明、服务社会、造福人民，是档案工作的基本属性。为党管档、为国守史、为民服务，是档案工作者的基本职责。要想履行好这一根本职守，就必须把牢政治方向，以强烈的政治责任感为党和国家事业服务。2014 年中共中央办公厅、国务院办公厅联合下发《关于加强和改进新形势下档案工作的意见》，党和政府明确要求，要把"死档案"变成"活资料"，要使"档案库"变成"思想库"。作为档案人，我们务必做到身在故纸堆，心中有宗旨，以高度的政治自觉，让档案信息资源在围绕中心、服务大局方面发挥独特作用。

二、档案文化建设要以高度的政治自觉为引领

档案是兼有历史凭证价值和信息参考价值的特殊文化资源。全国4000多个各级各类档案馆，蕴藏着各具特色的文化宝藏。国家文化繁荣兴盛的发展战略，需要档案文化的助力，同时也为档案文化发展提供了难得的历史契机。我们要抓住时代赋予的机遇，搭上国家文化快车。在推进档案文化建设工作中，我们要充分认识档案的政治属性，牢牢把握档案工作的政治特点，把政治性贯穿到档案文化建设工作的全过程。

首先，档案文化建设要大力提升政治主动性。档案资源的原始与真实，决定了档案文化建设工作在围绕中心、服务大局中必将大有可为。近些年来，围绕南海主权、钓鱼岛问题、中印边界争端，中国第一历史档案馆主动整理挖掘明清时期有关历史档案，提供国家有关部门，为维护国家主权利益提供决策参考和历史凭证，成为我外交斗争的有力工具。在资政服务上，各地档案部门主动有为，有计划地选编特定的档案信息，中央档案馆的《档案参考》、上海市档案馆的《档案信息摘报》、辽宁省档案馆的《辽宁档案资政》、深圳市档案馆的《档案信息摘编》等，都是结合社会重大问题和热点问题，及时向有关部门提供相关信息和资政建议，为党和政府的科学决策服务，成为主动服务的有力举措。为服务国家"一带一路"倡议，从历史文化层面提供学术支持，许多档案馆围绕海上丝绸之路和陆上丝绸之路积极启动档案开发项目，得到社会各界关注。同时，档案人正以开阔的视野进行国际文化交流，通过合作出版、国际巡展、学术研讨、网络宣传等多种方式，让档案文化走向世界。譬如中国与俄罗斯合作举办"中俄'丝绸之路'历史档案展"、广西壮族自治区档案馆与越南胡志明博物馆合作出版《胡志明与广西》等。档案已成为对外文化交流的窗口，档案为提升中华文化的国际影响力正发挥着不可替代的积极作用。这些主动作为的举措，充分体现了档案人的政治担当

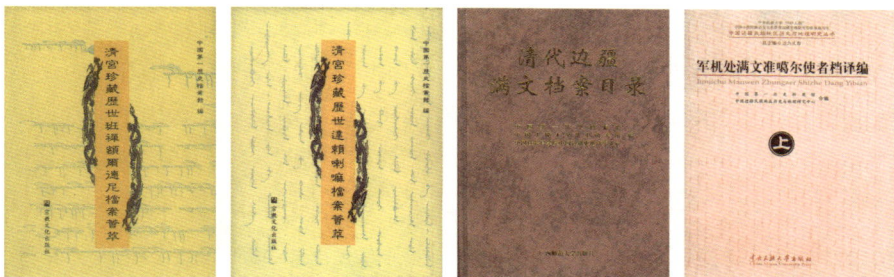

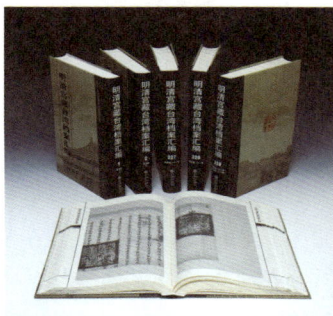

中国第一历史档案馆编纂出版的有关台湾、西藏、新疆的历史档案

和责任意识，这本身就是服务国家政治的重要体现。

其次，档案文化建设要自觉增强政治敏锐性。在档案开发利用中，兰台从业者深刻感到，对涉及边界、边疆、民族、宗教、外交等敏感问题的档案，务须严格鉴定把关，坚定地竖起政治标杆。对历史虚无主义和歪曲历史的行为，须敢于亮剑，发掘档案铁证，抨击歪理邪说。在这方面，网络平台发挥了特效。2008年拉萨"3·14"严重暴力事件发生后，中央档案馆在官方网站及时公布33件涉藏档案，阐释历史上中央政府对西藏的有效管理，国内外300多个中文网站、100多个英文网站予以转发。2015年纪念抗战胜利70周年之际，国家档案局发布"日本战犯的侵华罪行自供""中国受降档案"等专题档案，有力地回击了日本右翼言论，在国内外引发强烈反响。《南京大屠杀档案》的申遗成功，直接服务了党和国家的政治和外交大局，得到中央领导同志的充分肯定。我们就是要充分利用档案弘扬中华民族优秀传统文化，弘扬党的光辉历程，弘扬共和国辉煌历史。实践证明，牢固树立政治意识和大局意识，维护国家核心利益，是档案文化建设工作科学发展的根本方向。

第三，档案文化建设要努力加大政治前瞻性。丰富多彩的档案，记载昨天，启迪今天，昭示明天。许多敏感问题、要害问题、热点问题，实际是国家政治问题。我们要配合党和国家的战略部署，带着政治意识，有预见地开发特定专题档案。长期以来，档案工作密切跟踪国家大事，主动捕捉选题，及早筹划启动，在中华人民共和国成立60周年、建党90周年、建军90周年、红军长征胜利80周年、改革开放40周年等重大纪念活动中，在香港回归、澳门回归、世博会、奥运会等重大节点上，及时推出系列化档案文化成果，有力地配合了中心工作。值得一提的是，为纪念共和国成立60周年，国家档案局组织各地档案部门统一推出《城市解放》系列丛书38部，为共和国华诞献上一首首颂歌。工作实践让档案人深切感到，档案文化建设工作只有瞄准社会热点，紧扣时代脉搏，才能更好地发挥档案资源的特有作用。

三、档案文化建设要善于融入政治意识

筑牢政治意识，不是脱离档案文化建设的实际工作空谈政治，而是要用党的政治性指导工作，在做实上下功夫。在档案文化建设中，既要大胆讲政治，又要善于讲政治，要把讲政治实实在在融入到档案文化建设的各个层面和各个角落中去。为此，档案文化建设工作应注意这样几个结合点。

一是既要脚踏实地，又要仰望星空。档案文化建设工作是十分艰辛又颇见治学功力的，要有工匠精神，只有下苦功夫，肯用笨功夫，才能提升学术含量，推出过硬成果，打造档案文化精品，及时有效地服务社会。同时，更要在坚守中迈进，不断拓展视野，自觉提升政治站位。这就是要以坚定的政治立场维护国家核心利益，以敏锐的政治眼光发现热点问题，以高度的政治自觉主动服务国家大事，以鲜明的政治观点剑指各种邪说，以严格的政治标准解读和用好原始档案。譬如为全面系统地揭示台湾的沧桑历史，作为国家重点出版规划项目的"台湾文献史料出版工程"，系统推出《明清宫藏台湾档案汇编》（全230册）、《馆藏民国台湾档案汇编》（全300册）、《民间遗存台湾文献选编》（全25册），这巨量档案文献的出版公布，充分揭示了台湾与大陆密不可分的历史渊源，更是对台独分子的有力回击。在档案文化建设的实践中，我们要广开思路，主动自觉地服务国家中心工作，贴近

国家经济文化建设和地方区域发展的实际需要，深入研究和发掘档案中所蕴含的信息资源，认真探索档案资源开发与国家中心工作的最佳切入点和着力点，建立起与重点服务、热点服务相结合的档案开发模式，倾力打造具有一定政治站位的档案文化精品。

二是既要承袭传统，又要奋力创新。档案文化建设无疑要讲继承，这包括经验的传授，知识的传承，成果的延续。就此而言，档案人尤须尊重历史，尊重前人。同时，档案文化建设又不能总唱同一首歌，不能总是涛声依旧。为此，档案文化建设要不断创新，须放宽眼界，须有前瞻性，须与时代合拍，这种创新体现在如下四个不同层面：首先是理念上创新，要打开档案文化建设的新视野，放眼国内国际各个层面，以全面服务社会为宗旨；其次是方法上创新，开辟档案文化建设的新途径，由传统的纸质出版转变为数字化多媒体应用，由平面成果转变为立体推出，由一次性单一出版、展览转变为多层次多形式系列化开发；第三是运作上创新，通过社会合作拓宽档案文化建设的渠道，实现优势互补，借智借脑，资源共享，提升档案成果的政治品位和学术质量，把档案文化开发的蛋糕做大；第四是技术上创新，搭建档案文化建设的数字平台、网络平台，让档案文化建设走进信息时代。现代社会经济文化迅猛发展，呈现出多元化、休闲化、信息化的态势，为档案开发工作创造了难得的发展契机，提供了广阔的舞台。档案工作者充分认识到这一新形势、新要求，不断树立"大编研"意识，以强烈的历史责任感，开拓创新的精神状态，全方位、多元化地拓展档案开发利用工作，档案工作服务党和国家中心工作的天地大大拓宽。就档案展览而言，各地档案部门充分利用陈列室、特藏室、展陈大厅，举办各种形式的档案展览，使档案更形象化、生动化，起到独特的教育功效。中央档案馆的"牢记初心，不忘使命"、外交部档案馆的"新中国外交历程图片文献展"、新疆维吾尔自治区档案馆的"辉煌新疆 60 年成就展"、宁夏回族自治区档案馆的"宁夏辉煌 50 年成就展"等专题展览，都是既有鲜明的政治性，又有丰富的知识性，寓教于展，深受欢迎。各级档案馆还开辟学术讲堂，把档案文化讲座常态化、制度化，北京市档案馆的"档案见证北京讲堂"、上海市档案馆的"东方讲坛"、广东省档案馆的"名人名家讲堂"，都已成为档案文化建设的特色品牌。

三是既要扎扎实实，又要有声有色。各级各类档案馆室所保管的档案各

2018 年全国档案工作者年会《档案文化建设须筑牢政治意识》专题报告

有特色，要深度挖掘这些特殊文化资源的价值，一方面需要默默无闻的埋头奉献；另一方面又要让档案及时发声，让社会更多地认知档案文化所蕴含的现实意义，从而进一步提升档案工作的社会影响力。这种发声宣传，就是要推动档案文化成果更通畅地走向社会，让档案实现最大的社会效益。进入新时代，档案服务形式日渐丰富，档案文化建设成果异彩纷呈。在宣传推广上，《中国档案报》作为世界唯一的档案行业报，还有全国 40 多家档案期刊杂志，成为档案文化传播的主渠道。档案部门还加大与社会媒体合作，纷纷把档案搬上银屏。应该说，档案是文献纪录片最好的素材，是影视片中最直接最有力的历史凭证。中央档案馆先后推出的《共和国脚步》《伟大长征》《新四军》《毛泽东·1949》《周恩来的故事》等纪录片，为宣传红色文化发挥了极其难得的作用。在信息化、数字化时代，各地档案馆努力让档案走近大众，及时引入多媒体，纷纷建立微信公众号，中国第一历史档案馆的"皇史宬"、中国第二历史档案馆的"民国大校场"已成为颇具影响的档案微信公众号。还有不少档案部门，积极探索开发档案文创产品，让百姓"把档案文化带回家"，拉近档案与社会大众的距离。新时期的档案人，正推动档案文化成果更通畅地走向社会，实现档案最大的社会效益，让幽深禁秘的档案"走出来""活起来""亮起来"。

兰台是个大舞台。档案文化建设是一项恒久的系统工程，是对人类精神财富的升华和再创造，是具有鲜明政治属性的文化事业。档案文化建设实践告诉我们，广开思路是拓展档案文化开发领域的首要前提，系列开发是扩大档案文化开发成果的新型模式，编研结合是打造档案文化精品的必备举措，开放合作是一条行之有效的档案文化开发之路。大力推进档案文化建设的重要意义在于，这是档案工作的优良传统和社会职责，是信息时代及时快捷了解资讯的必然要求，是保护档案原件和确保文化传承的久远之计，是盘活整合馆藏档案进而拉动业务发展的有效途径，是提升档案工作社会地位的重要举措。进入新时代，档案信息开发的经验在不断丰富，档案文化建设的理念在不断发展，档案队伍的人才在奋力成长。我们要以高度的政治自觉，奋力打造档案文化品牌，充分发挥档案文化在提升国家文化软实力中的独特作用，自觉助力社会主义文化事业的繁荣昌盛！

明清档案文化建设的
时代特征与问题思考

中国第一历史档案馆　伍媛媛

　　文化是一个国家、一个民族的灵魂，文化兴国运兴，文化强民族强。党的十八大以来，党和国家的各项事业进入了新时代，中国第一历史档案馆（以下简称"一史馆"）作为明清档案的保管基地，在继承以往档案文化开发经验和学术成果的基础上，近年来不断创新，紧紧抓住档案资源开发利用的这一着眼点和立足点，努力提升历史档案为中国特色社会主义新的发展阶段进行有效服务的积极性和主动性，取得了长足发展。在社会主义文化繁荣兴盛的历史大潮中，明清档案文化建设形成了鲜明的时代特征。

一、围绕中心，把牢明清档案文化建设的根本方向

　　一史馆积极探索社会热点，紧扣时代脉搏，充分利用丰富的馆藏资源和广阔的社会资源，努力践行"身在故纸堆、心中有宗旨"的理念，牢固树立大局意识、服务意识，积极发挥明清档案在存史资政方面的独特作用，实现由"死档案"到"活资料"的转变。

　　一是配合重大纪念活动推出档案编研精品。2012 年，恰值辛亥革命 100 周年，一史馆编纂出版了《清宫辛亥革命档案汇编》（全 80 册），全面系统地公布了晚清宫廷所藏辛亥革命档案，同时组织撰写系列专稿 10 余篇。纪念甲午战

中国第一历史档案馆编：《清宫辛亥革命档案汇编》（全 80 册）

争 120 周年，是 2014 年对日舆论斗争的一项重要工作，一史馆对馆藏甲午战争档案进行了系列开发，编纂出版了《清宫甲午战争档案汇编》（全 50 册），并与中国革命军事博物馆合作举办专题展览，同时编研结合，在《北京青年报》《中国档案报》推出《清宫档案里的甲午战争》系列研究成果。该项目的系统开发引起社会极大反响，新华社、《人民日报》、《光明日报》、凤凰网资讯等诸多媒体纷纷推出专题报道。这些编研成果有力地配合了有关重要纪念活动。

二是利用档案印证重大史实。为全面系统地揭示台湾的沧桑历史，一史馆编辑出版《明清宫藏台湾档案汇编》（全 230 册），以确凿的史料雄辩地证明台湾是中国不可分割的领土。2013 年，习近平总书记提出"一带一路"倡议。一史馆主动与中国社会科学院历史研究所合作，于 2016 年全面启动"明清时期'一带一路'档案编研出版工程"，从史料出版、展览宣传、学术研究等多层面推出系列成果。包括编辑出版《明清时期丝绸之路档案图典》（海上丝绸之路卷和陆上丝绸之路卷），以图文并茂的形式，展现明清时期丝绸之路的全貌；参加在法国巴黎举办的"锦瑟万里，虹贯东西——16 世纪至 20 世纪初中外'丝绸之路'历史档案文献展"，及在苏州、福州举办的"丝绸之路历史档案文献展”；2016 年起每年主办一届“‘一带一路’文献与历史研讨会”。凡此种种，均力求以历史档案的独特方式，反映明清时期中国与丝路沿线国家的贸易往来和文化交流情况，为国家发展战略提供历史文献方面的支撑服务。

三是在边界、边疆、民族等党和国家最关切的历史问题，主动进行服务。中国今天的历史疆域是在清朝得以正式奠定的，一史馆藏有大量清代中国陆疆和海疆地区的内政治理、财政经济、军事军务、农业畜牧、矿产交通、文化教育、民族关系、宗教事务、中外关系等诸方面的档案。基于这些档案，一史馆编辑出版了有关中国海疆和陆疆的档案出版物 57 种 1090 册，有力地推动了相关领域的学术研究。2010 年，针对南海争端，一史馆主动编纂《明清南海主权问题档案》，提供给国家有关部门，用翔实可靠的原始档案证明中国对南海诸岛的最早命名和有效管理。2017 年，印度军人非法越界进入中国西藏洞朗地区，由此产生中印军队严重对峙，一史馆及时搜集馆藏档案，在短时间内选编出《清代中印锡金段边务档案选编》，外务部回函称有力地支持了维护国家主权的外交斗争。2018 年，一史馆选取钓鱼岛、南海主权、西藏活佛转世、台湾统一等专题进行研究，主动谋划，积极作为，撰写资政方面的专文，揭示这些既是历史问题也是现实问题，为发挥明清档案的资政参考作用做了一系列的有益尝试。

二、服务学术，挖掘明清档案的史料价值

中华民族悠久的历史文化，来源于历史的真实。这其中历朝历代延续不断的档案整理与编纂功不可没。长期以来，一史馆致力于档案文献的整理编纂，服务国家文化工程，一批又一批的档案编研成果已成为学术研究的金矿。

其一，为清史研究服务。国家清史工程的启动，为明清档案事业提供了一个难得的发展契机。一史馆加大编纂出版力度，将清代档案编纂工作纳入清史工程的框架之内，包括《清代军机处电报档汇编》《清代中南海档案》《庚子事变清宫档案汇编》《清宫热河档案》《清宫普宁寺档案》《清代军机处满文熬茶档》《乾隆朝满文寄信档译编》《清代军机处随手登记档（嘉庆－宣统朝）》《清宫恭王府档案总汇·奕䜣秘档》《清宫恭王府档案总汇·和

中国第一历史档案馆馆藏：《大清圣祖仁皇帝圣训》（满文黄绫殿刻本）

珅秘档》《清宫恭王府档案总汇·永璘秘档》等 11 个专题 300 余册档案的编辑出版，为清史工程及大量国家级历史文化课题提供了可靠的第一手资料。满文档案是一史馆的重要特色，也是中华民族历史文化遗产的重要组成部分，满文档案的编译出版成为满足社会利用需求的重要方式。一史馆相继出版了《清代新疆满文档案汇编》《清代东归和布克赛尔土尔扈特满文档案全译》《清初西洋传教士满文档案译本》《北京地区满文碑刻拓片总目》《大清太祖武皇帝实录：满文》《清太祖满文实录大全》等满文档案史料，在国内外产生较大影响。

其二，为地方文化建设服务。为满足社会大众的文化需求，全国各地的很多单位部门都积极挖掘在皇宫的"自家档案"，力图将其作为地方文化的一大特色。一史馆与广州、塘沽、黄埔、虎门、淮安等地合作出版《清宫广州档案图录》《清宫塘沽秘档图典》《明清皇宫黄埔秘档图鉴》《明清皇宫虎门秘档图录》《清宫淮安档案精萃》等大量精品书，展示了档案深厚的历史文化价值。

其三，为行业文化建设服务。结合特定专题发掘翔实可靠的档案史料，组织编研开发项目，为行业文化建设提供资料支撑。如一史馆与故宫博物院合作，开发《清宫内务府奏销档》《清宫金砖档案》《清宫武英殿修书处档案》；

与中国地震局合作，整理出版《明清宫藏地震档案》；与福建省档案馆合作，编纂《明清宫藏闽台关系档案汇编》；与恭王府管理中心合作，编纂《清宫恭王府档案总汇》；与天坛公园管理处合作，编纂《清宫天坛档案》；与颐和园公园管理处合作，编纂《清宫颐和园档案》等。明清档案已成为解读清代历史不可或缺的钥匙。

其四，明清档案这座史料金矿为一批又一批明清史研究专家提供了巨量学术资源。一史馆已成为高校、社科院等人才培养的基地。中国社会科学院历史研究所、中国人民大学清史研究所等院校的几代专家教授，如戴逸、王思治、王钟翰、韦庆远、秦宝琦、冯尔康、阎崇年、冯左哲、黄爱平、杨珍等，都曾长期利用馆藏档案进行研究，推出了高水平的学术论著。北京大学、清华大学、中国人民大学、社科院等各地学术界通过与一史馆的合作交流，也为大批博士、硕士论文撰写提供了第一手档案资料。

三、立足大众，走近百姓关注的文化热点

现代社会，生活方式日趋多元化，公众文化需求日趋多样化，高雅艺术纷纷走出殿堂，档案开发利用工作不仅要为政府部门和专家学者服务，也要应对百姓关注的公众文化热点，让档案文化既可登大雅之堂，又可进胡同里弄。

依托档案，拍摄专题纪录片，发挥档案最直接最有力的历史凭证作用，成为明清档案编研开发的一大特色。一史馆与中央电视台等单位合拍《明清秘档话澳门》等4部反映澳门历史的专题片，合拍4集文献纪录片《帝国商行》，协拍12集专题片《故宫》，昔日皇宫档案走上银屏，直面大众。尤其是一史馆推出的28集电视纪录片《清宫秘档》，旨在"走出戏说，走进真实"，真实再现了世人关注的宫廷及历史人物秘史，解开了很多谜团悬案，在中央电视台和香港及一些省市电视台连续播放，深受欢迎。明清档案正逐渐成为公众品味历史文化的长廊！

举办展览是档案文化开发的一种有效形式。近些年来，为积极宣传展示明清档案，弘扬中华优秀传统文化，一史馆与深圳市档案馆、珠海市档案馆精心策划了"清宫秘藏档案珍品展"，与大连旅顺博物馆合办"功在不舍——

罗振玉与明清档案"等展览，让明清档案走出深宫，走进当地百姓生活。此外，探索社会教育服务途径，尝试开展了中小学生"走近历史档案·感受中华文化"主题参观活动，取得良好反响。

四、贴近时代，构建明清档案开发的全新模式

信息时代给档案工作带来前所未有的革新驱动，明清档案逐渐从传统的实体保管向信息化管理发展，档案资源开发在深度和广度上、时间及空间上不断突破，开发形式不断创新。

构建安全高效的档案信息化平台，建设现代化数字档案馆，是实现明清档案科学管理和充分利用的重要手段。截至 2018 年底，一史馆已在馆内档案信息化平台开放数字化档案 351 万余件，在互联网站公布数字化档案目录 165 万余条，极大提升了档案利用效率和便捷程度。尤其是《明会典》《清会典》《清实录》《军机处上谕档》《起居注》《随手登记档》《大清光绪新法令》已经实现了档案的全文检索，成为明清档案提高利用开放水平、创新社会服务方式的新突破。

中国第一历史档案馆网站于 2004 年正式开通。这个囊括工作动态、查档指南、学术动态、精品展台、史料出版、档案揭秘、研究成果、专家名录、文化精品等 10 大版块 20 余个栏目的平台，标志着明清档案网络化、信息化、现代化的服务利用管理进入了一个新阶段。十几年来，网站栏目不断更新，网站内容日趋丰富。

随着新媒体时代的到来，微信受关注程度越来越高，是近年来传播档案资源的又一重要且有效的途径。一史馆于 2016 年 3 月开通运行微信公众号"皇史宬"，及时介绍馆藏特色档案和有关业务交流情况。截至 2018 年底，累计推送文章 170 篇，关注人数持续攀升，已达 12186 人，阅读总数高达 65 万次。特别是在端午节、中秋节、冬至等传统节令推出的相应文章，用历史档案还原清代宫廷节令记忆，在普及历史知识的同时弘扬优秀传统文化。这些新媒体已成为百姓足不出户享用明清档案的便捷渠道。

由于满文专业性较强，以前满文档案的各项工作只能依靠满文专业人员纯手工进行，其开发利用进程难以满足社会公众的需求。为此，一史馆利用

现代技术手段组织开展了满文档案图像识别软件研发项目，研发完成了"满文识别通""满文输入通"软件，为建立满文档案全文检索数据库提供了必要工具，填补了满文档案信息化和数字化领域的一项科技技术和应用软件的空白。该项目获得国家档案局优秀科技成果特等奖，并取得国家软件著作权登记证书 2 项、软件图形作品登记证书 4 项。

五、走向世界，打开明清档案文化的国际视野

明清档案是中国传统文化的宝藏，也是世界珍贵的文化遗产。以档案为媒介，一史馆与国外文化机构及大学建立广泛联系，迄今已与 30 多个国家进行各种形式的学术交流，或合作编纂出版，或共同举办展览，或联办国际研讨会。还有大量外国政要、专家学者络绎不绝地来馆参观访学。明清档案已成为中外文化交流的纽带和桥梁。

第一，合作出版。从 2001 年开始，先后和奥地利萨尔斯堡大学、澳大利亚拉筹伯大学、德国柏林自由大学共同开发清代外务部档案，陆续出版的成果有：《清代外务部中奥关系档案精选》1 册；《清代外务部中外关系档案史料丛编》系列《中葡关系卷》2 册、《中西关系卷》3 册、《中英关系卷》5 册、《中美关系卷》8 册。此外，还有中国与朝鲜、菲律宾、新加坡、韩国等国关系卷专题。2003 年开始与美国旧金山大学利玛窦中西文化历史研究所合作，撷取清代天主教在华活动档案编辑出版《清中前期西洋天主教在华活动档案史料》《乾隆西域战图秘档荟萃》。2004 年与哈萨克斯坦东方学研究所正式签订了文化交流合作协定，共同整理编译中哈档案史料，已编辑出版《清代中哈关系档案汇编》。

第二，合作展览。2002 年，馆藏明朝洪武二十二年（1389 年）《大明混一图》复制品被送往南非展出，该图证明了在欧洲人到达非洲之前，中国就与非洲有了交往。档案的展出引起当地社会的轰动，南非国民议会议长金瓦拉女士亲自致电我国政府表示赞赏和感谢。2017 年，一史馆从清代中俄往来的珍贵历史档案中撷取菁华，参加国家档案局与俄罗斯联邦档案署主办的"中俄'丝绸之路'历史档案展"，揭示了 17 至 18 世纪中俄两国丰富多彩的历史交往。

第三，合作开展学术交流。以研发明清档案为平台，一史馆还积极开展

对外学术交流活动。1991年，一史馆与日本冲绳县教育委员会签署了关于学术交流的长期合作协议，二十年来，双方一直保持密切合作，通过公布档案史料、举办学术研讨会、出版论文集、学者互访等形式，促进中琉历史关系的研究。目前已编纂出版《中琉历史关系档案》系列档案史料，包括《清代中琉关系档案史料选编》（一至七编）、《中琉历史关系档案》、召开了12届"清代中琉历史关系研讨会"、在冲绳举办了"清代琉球国王表奏文书展""中国·琉球关系档案史料特别展"等展览。同时，一史馆与英国、奥地利、法国、德国、葡萄牙、西班牙等国家的著名大学、档案馆也开展业务交流，参加相关学术研讨会。

第四，积极申报世界记忆遗产名录。1999年8月，馆藏清代内阁秘本档被列入《世界记忆遗产名录》，一史馆成为中国申报"世界记忆工程"取得成功的第一家档案馆。2005年，馆藏"大金榜"档案入选《世界记忆遗产名录》。2014年5月，馆藏《赤道南北两总星图》入选《世界记忆亚太地区名录》。该图还被联合国教科文组织使用，配合《世界记忆名录》项目宣传，在世界范围内展示馆藏档案精品。明清档案在弘扬传统文化，服务国家"走出去"战略，提升国家文化软实力方面，发挥了积极独特作用。

六、面向未来，新时代明清档案文化建设的问题思考

信息时代的到来，使档案文化建设的概念和手段发生了巨大的变化，其范畴扩大到档案编研出版、展览宣传、多媒体开发等诸多方面，这些都给档案工作带来了新的课题与思考。

1. 档案文化开发要与数字档案建设同步

新时期档案资源开发利用越来越依赖于现代技术。当前，除传统的档案查阅、档案开放、档案公布以外，建立数字化档案，实现档案信息资源的优化和社会共享，是拉动档案资源开发的重要推动力。

首先，档案文化开发必须依托数字档案成果。这既是保护档案实体的必要之举，也是新时代推动档案文化开发的必然要求。一方面，明清历史档案近年来得到社会各界的高度关注，档案利用需求量大幅提升，很多珍贵的历

史档案势必要被反复翻阅使用。这样的利用过程，必然会对档案实体造成不可逆转的损伤。只有将档案开发利用对象从档案实体转化为数字化档案资源库，才能处理好基础与发展、保护与开发的关系。另一方面，数字化档案馆较传统的档案馆具有采集自动化、存储安全化、管理科学化、利用便捷化、服务个性化等优势。应该说，加快档案的数字化和电子化进程，并积极借助网络的主流平台传播仍是档案文化建设的必由之路。

其次，要将档案文化开发成果融入数字档案建设中。要从档案开发利用的角度规划数字档案建设，一史馆保存有一千余万件明清档案，数字档案建设不可能一蹴而就。一方面，要结合档案实体状况及社会对档案利用需求程度，来合理安排档案数字化的先后顺序。同时，为加快数字化档案馆建设进程，应建立档案编研成果数据库，将已有档案编研成果汇集，以数据库的形式展现给广大利用者，让档案实现最大的社会效益。

2. 档案文化开发要主动采纳和积极运用新的传播途径

传统的档案资源开发模式，诸如编辑出版、展览、对外利用等，总体来说，受众范围较小，在文化传播方面发挥的作用也较为有限，不能充分满足公众的文化需求。习近平总书记提出，要"系统梳理传统文化资源，让收藏在禁宫里的文物、陈列在广阔大地上的遗产、书写在古籍里的文字都活起来"。随着科技和大众传媒技术的发展，档案馆必须利用新的技术手段，结合新的宣传平台，才会有更大的文化影响力和辐射力，更好地发挥档案的文化教育功能，拓展档案公共利用服务，弘扬中华民族的优秀传统文化。

一是要使档案馆真正融入公共文化服务体系的建构之中。要加深与电视台、杂志社、报社等媒体的合作，通过开辟档案专栏、举办档案讲座、制作文化专题片等形式，合作挖掘档案信息中的历史文化知识。在新发展理念的引领下，开放共享是文化事业的必然走向。档案馆要积极与博物馆、图书馆等相关部门开展"跨界"合作，起到珠璧联辉、相得益彰的社会效应。

二是通过网络等立体媒介推进档案文化建设。利用信息网络将档案资源开发成果加以公布，实现网络公布、数字检索、远程利用，把档案网站打造成档案文化建设的窗口。利用知名网站，抓住重要节日或纪念日时机，联手打造档案开发产品，拓展传播范围，扩大档案文化的影响力。如 2018 年的国际档案日，一史馆首次尝试了直播的形式，央视新闻专题采访、央视新闻直播《走进历史档案馆　科举制度知多少》的在线播出次数达 460 万次，为今后讲好档案故事、宣传档案文化提供了崭新的视角。

三是充分发挥微信公众号等新型传播媒介的功能。从 2014 年起，越来越多的档案部门陆续建立开通微信公众平台，微信公众号为档案事业的发展带来了新的活力。一史馆的"皇史宬"微信公众号也在探索中推进。目前，多数公众号还是以推送档案文化信息为主，今后要增加其利用服务功能，如开展查档预约、手机查档、档案发布等，实现实体档案馆服务功能向微信平台的迁移和拓展。此外，通过微信公众号还可以实现"微展览"功能和档案文化互动式宣传。如通过录制视频、音频信息对历史文化、档案资源等进行讲解、宣传，通过开设专家微课堂，邀请历史学、档案学专业的知名教授定期讲授相关历史文化，提高档案文化信息的辐射面和利用率。

四是主动开发档案文创产品，让"沉睡"的档案"活"起来。依托档案馆藏独特资源，开发各类档案文创产品，使公众产生档案文化的认同感，有利于推动档案文化的传播，也是提升档案部门社会影响力的重要途径。明清档案文创开发拥有深厚的资源优势，同时也具有广阔的社会需求，其发展空间是巨大的。

3. 档案文化开发要大力提升内在的学术含量

档案文化的开发不仅要适应社会公众不同层面的需要，还要组织力量对馆藏档案信息资源进行深入挖掘，编研结合，打造档案开发的文化精品，是提升档案成果学术含量的必备举措。

一要在课题项目中注重有计划、有分工地进行专题研究，将学术研究贯穿于档案文化开发的始终。随着时代的发展，编研成果的表现形式，由一次性、单一史料出版转变为多层次、多形式、系列化开发，通过期刊专辑、报纸连载或专版、学术著述、学术讲座、研讨交流等形式，最大限度地实现档案资源的价值。

二要充分利用社会力量，寻求强强联合，打造精品，提升档案文化开发的深度。应加大与高校、研究机构的联合，借脑借智，通过共同组建课题组、联合申报社科基金等方式，建立长期的合作关系，在专家具有一定政治站位和学术指导下，对档案及其反映的史实进行深入研究。

三要在档案文化开发中加大人才培养。要做到出成果，出人才。要在业务工作中积极培养复合型人才，如明清档案的编纂工作，要求编研人员具有较好的文字功底，具备一定的古文阅读能力，熟悉明清历史脉络，明确编纂出版工作的基本程序和专业知识，能够将历史、档案、编辑等多学科知识综合应用；明清档案展览工作，要求展览人员既需要展览工作的常识，也要具备一定的明清档案知识；档案利用人员，须熟悉馆藏档案的总体状况、目录资源及开放利用范围，同时还要具备相应的明清历史和明清档案知识，以提供准确周到的档案利用指导。

国家文化繁荣兴盛战略，为档案文化建设提供了重大发展契机。信息时代的技术进步，为档案文化建设搭建了新的发展平台。信息技术的发展和"互联网+"时代的到来，促进了档案文化传播的繁荣，档案资源开发工作将实现历史性的转变，真正做到各类档案信息应用尽用，各类档案利用人群需用尽供。这无论对发展我国档案事业还是提升全民族的文化自信都大有裨益。站在新的历史起点上，已经具有90多年历史的明清档案文化建设，必将迈上新台阶。

挖掘民国档案资源　服务新时代文化建设

中国第二历史档案馆　曹必宏

　　档案事业是文化事业的重要组成部分。档案是历史的记忆，是国家的宝贵财富，同时也是传统文化的重要内容。充分利用档案资源，为中国特色社会主义文化建设服务，是档案工作者应尽的职责。改革开放以来，中国第二历史档案馆（以下简称"二史馆"）在充分利用馆藏民国档案资源，为党和国家中心工作服务的同时，还利用馆藏优势，服务学术研究和文化建设，并取得了巨大的成就。

一、编纂档案资料　参与学术研究

1.编纂出版档案文献史料

　　当代著名历史学家戴逸先生曾经说过："史料为历史研究之基础，研究者必须积累大量史料，勤于梳理，善于分析，去粗取精，去伪存真，由此及彼，由表及里，进行科学之抽象，上升为理性之认识，才能洞察过去，认识历史规律。史料之于历史研究，犹如水之于鱼，空气之于鸟，水涸则鱼逝，气盈则鸟飞。历史科学之辉煌殿堂必须岿然耸立于丰富、确凿、可靠之史料基础上，不能构建于虚无缥缈之中。"档案是历史的记录，也是历史研究的基础。二史馆是集中典藏民国历届中央政府及所属机构档案的国家级历史档案馆，到目前为止，共保藏有民国档案1354个全宗，258万卷（宗），其内容涵盖民国时期的政治、经济、军事、外交、文化教育和社会各方面，是研究民国史必不可少的第一手资料。在向海内外提供档案利用的同时，二史馆还利用馆藏档案资源优势，编纂出版民国档案资料，为学术研究服务。据不完全统计，从20世纪80年代至今，已编纂出版档案文献汇编200余种，其中排印100余种300余册，1.5亿字以上；影印2300余册，总字数在10亿以上。这些档案史料的编辑出版，为民国史研究提供了丰富的档案史料，促进了民国史研究。如先后有30余人参加、历时近20年于2000年全部出齐的《中华民国史档案资料汇编》，计90册，5000万字，已成为民国史和中国现代史研究必备的基础性参考资料。2005年以来，二史馆在编辑出版馆藏档案资料、服务学术研究的同时，还主动参与国家重大文化建设工作，在南京大屠杀档案，西藏、新疆、西南边疆档案汇编，抗日战争档案汇编等方面，做出了新成绩。下面择其重要编纂项目做一简要介绍。

（1）《民国时期西南边疆档案资料汇编·云南广西综合卷》（以下简称《综合卷》）。此为中国社会科学院承担的国家社会科学基金重大特别委托项目"西南边疆历史与现状综合研究"的子课题。由二史馆具体承担。为完成这项政治性和学术性都很强的重要文献整理工作，二史馆成立了由馆领导挂帅、近10名长期从事历史档案文献编研工作的专业人员参加的课题组。在西南边疆项目专家委员会、项目办公室的指导和馆领导及相关部门的大力支持下，课题组在查清馆藏云南、广西档案案卷目录的基础上，拟订了编选原则、编辑体例，制定了周密的计划。经过近五年的努力，按时完成了《综合卷》的编纂任务，并经西南边疆项目专家委员会审核后，由社会科学文献出版社于2014年9月影印出版。全书共收录二史馆所藏民国时期云南、广西两省近6500份、约49300页档案文献，共计98卷。这些档案文献，绝大多数为首次公布。《综合卷》内容十分丰富，主要有以下几方面：（一）民国时期云南、广西两省行政概况，以及与中央政府的互动关系。包括该两省地方政权更替及政府机构设置与运作，地方法规的制定、实施及修订，历年政府工作规划的制定与实施，历年政府工作报告、省政府及主要职能部门会议记录，地方自治，两省政府与中央政府暨所属部门的往来文件等。（二）军事活动。包括抗战时期云南省军事教育，国民、壮丁、学生军事训练，抗战时期驻守云南的陆军第二军、第五十二军、第五十三军的阵中日记，特别是素有"国军第六大主力"之称的第五十二军 1942 年 6 月—1945 年 8 月的阵中日记，完整地反映了该部驻守云南南部、防止日军攻击滇南的具体情况。（三）经济状况。包括云南省财政和历年预决算，工矿实业、交通运输和建造业，云南地区所设蒙自、昆明、腾冲、思茅等海关暨所属分支机构的设置、关务报告和业务活动，盐务生产等，其中盐务档案最为系统、完整。（四）文化教育。包括云南省教育政策和大、中、小学和社会教育概况，特别是有关云南边疆地区教育的调查、视察和实施报告。（五）云南省社会概况。包括云南各县市自然和人文概况调查，云南边疆地区少数民族的调查，等等。该《综合卷》的出版，不仅具有重要的学术研究价值，对于今天西南边疆地区的经济、文化、社会发展也有一定的参考、借鉴作用。

（2）《中国战区受降档案》。为纪念中国人民抗日战争和世界反法西斯战争胜利 70 周年，中国第二历史档案馆编纂了《中国战区受降档案》，并由南京出版社于 2015 年 8 月正式出版。该书共 12 册，收录档案文献资料 4800 余页。该书按照受降单位和受降区编排，分为 16 个单元，即：中国战区受降，第一战区新郑地区受降，第二战区山西地区受降，第三战区杭州、厦门地区受降，第五战区许昌、郾城地区受降，第六战区武汉地区受降，第七战区潮汕地区受降，第九战区南浔地区受降，第十战区徐海地区受降，第十一战区平津地区、青济地区受降，第十二战区包绥地区受降，第一方面军越北地区受降，第二方面军广州、海南岛地区受降，第三方面军京（南京）沪地区受降，第四方面军长衡地区受降，以及台湾行政长官公署台湾地区受降。其主要内容则包括冈村宁次关于日军投降事宜与中国方面的来往电报，中国战区受降总报告，各地区受降报告，日军投降兵力、武器等统计表，日军投降兵力分布图等等。

（3）《民国时期新疆档案汇编》。该项目系国家"十二五"重点图书出版规划项目和 2015 年度国家出版基金项目，2015 年凤凰出版社影印出版，分 1912—1927 年和 1928—1949 年两部分，100 册。共收录二史馆所藏 1912 年至 1949 年民国中央政府与新疆地方政权的往来文书档案近 5 万页，反映了民国时期中央政府治理新疆的策略与措施，杨增新、金树仁、盛世才、吴忠信等主政新疆时期与中央政府的关系，以及新疆政治、军事、经济、社会、民族宗教、文化教育等方面的基本状况与历史变迁。这批档案系首次系统整理、汇辑并对外公布，将极大拓展和提升对新疆近现代史研究的范围和深度，具有较高的历史文献价值。同时，该汇编也为当下国家制定对新疆的大政方针提供史实上、学理上的依据，具有现实借鉴作用。

（4）《中国第二历史档案馆所存西藏和藏事档案汇编》。早在二十世纪八九十年代，二史馆与中国藏学研究中心曾合作编辑出版十余部民国时期涉藏档案资料汇编，为当时国家制定对藏方针和学界对西藏的研究，提供了一批第一手资料。进入新世纪后，形势的发展对西藏和藏事档案史料出版工作提出了新的要求，海内外学术界要求扩大与推进西藏和藏事档案史料的编辑出版，希望以新的更直观的影印形式出版西藏和藏事档案史料。中国第二历史档案馆与中国藏学研究中心顺应这一需求，策划编辑了该大型影印丛书。该书收录馆藏档案包含清末档案史料 1 册、民国北京政府时期档案史料 4 册，余均为南京国民政府时期中央政府与西藏地方政府、达赖喇嘛、班禅额尔德尼以及四川（含西康）、青海、甘肃、云南等藏区地方政府往来的档案史料，计划出版 80 册，约 4 万页。目前已出版 50 册。

此外，在国家档案局的指导下，二史馆编辑的《世界记忆名录——南京大屠杀档案》和《拉贝日记》（影印本）于 2017 年 12 月在南京首发。在新书首发仪式上，中央档案馆馆长、国家档案局局长李明华指出："《南京大屠杀档案》成功入选《世界记忆名录》时，曾按照联合国教科文组织的有关规定向国际社会郑重承诺公开相关档案，此次出版便是入选名录后的践诺之举。"《南京大屠杀档案》申遗成功并出版不仅是对日本右翼势力的有力反击，还是对南京大屠杀罹难同胞和幸存者的最好告慰，更是充分体现民国档案价值的经典之作。

为落实总书记"让历史说话，用史实发言，深入开展中国人民抗日战争研究"的重要指示精神，二史馆正在举全馆之力编纂《抗日战争档案汇编》，计划用 10 年时间，编辑出版馆藏抗日战争档案 500 册左右，现已完成《抗日战争时期日本播音纪要》《一·二八抗战档案》等 130 册，2018 年还将完成《抗战兵役档案》《抗战军粮档案》计 50 册的编纂任务。同时还承担了全国范围内有关审稿任务。为铭记抗日殉国人物的不朽功勋，凝聚复兴中华民族的精神力量，二史馆还拟编撰《中国第二历史档案馆馆藏抗战殉国人物》，力求依托档案，秉笔直书，还原抗日英烈的真实面貌，呈现抗日战场上的英雄事迹。

2. 参与学术研究

在编纂出版档案资料的同时，二史馆业务人员还积极参与民国史研究，形成了一支在海内外民国史学界具有一定知名度的学术研究团队，成为国内档案系统编研结合的典范。据不完全统计，二史馆研究人员承担了多项国家哲学社会科学基金项目、中日历史研究中心项目及省部级项目，并承担了 2017 年度国家社科基金重大招标项目"国民参政会档案文献整理与研究（1938—1948）"；出版学术著作数十部，发表学术论文千余篇。

3. 主办、协办学术研讨会

10 余年来，二史馆先后与南京大学、吉林大学、杭州师范大学、江苏省政协等多家单位合办了与民国史有关的国际和全国性学术研讨会。

4. 编辑出版《民国档案》杂志

从 1985 年创刊至今已出版 131 期。已公布档案史料 1500 万字以上，发表学术论著近 2000 万字，成为档案界与史学界沟通的桥梁，在海内外学术界

中国第二历史档案馆承担的 2017 年度国家社科基金重大项目"国民参政会档案文献整理与研究"开题报告会

享有较高的知名度。

二、举办档案资料展览　弘扬红色文化和革命文化

二史馆还充分利用馆藏档案优势，举办各种主题档案资料展览，向海内外观众传播先进文化和传统文化、革命文化。

1. 在台北举办"孙中山档案文献特展"

2014年12月至2015年1月，为如实反映孙中山致力国民革命40年的艰难历程，弘扬先烈精神，激励两岸同胞为振兴中华而共同奋斗，二史馆从馆藏中精选档案文献140余件、图片70余幅，在台北孙中山纪念馆举办了"孙中山档案文献特展"。此次展览是二史馆首次赴台举办的大型专题展览，展品以档案文献为主，包括档案、实物、照片、图表等，分为反清革命、创建民国、实业救国、二次革命、护国护法、建国方略、国民革命、纪念与尊崇八个单元，反映了孙中山关于祖国统一的思想与实践、孙中山《建国方略》等著作中有关国家建设的宏伟计划等，并特别设置了孙中山与台湾历史渊源

中国第二历史档案馆在台北孙中山纪念馆举办的"孙中山档案文献特展"

单元。新党主席郁慕明和岛内有关历史学者出席了开幕式。在为期 13 天的展览中，有 3 万多名观众观展，在台湾引起一定反响。

2. 配合国家档案局与俄罗斯联邦档案署合办"中苏联合抗击法西斯胜利 70 周年档案展"

2015 年是中国人民抗日战争、苏联卫国战争暨世界反法西斯战争胜利 70 周年，中国国家档案局和俄罗斯联邦档案署于 2015 年 8 月 25 日至 9 月 13 日在北京世纪坛共同举办"中苏联合抗击法西斯胜利 70 周年档案展"，这是中俄人文合作委员会档案合作工作小组为纪念中国人民抗日战争、苏联卫国战争暨世界反法西斯战争胜利 70 周年举办的一项重要活动，也是中俄两国档案部门合作的又一盛举。在国家档案局李明华局长的直接领导下，二史馆承担了展览大纲的编制、相关档案的搜集复制、展览词的撰写等工作。展览共分苏联声援中国抗日战争、中苏互援战略物资、苏联支援中国抗日战争、中国支援苏联卫国战争、中苏战时文化交流、苏联红军出兵中国东北、反法西斯战争胜利七个单元。展览中展出的中俄两国档案馆珍藏的档案文献照片，真实地记录了中苏两国人民在患难中携手合作，相互援助，联合抗击法西斯势力这段可歌可泣的历史。此次展览吸引了大量观众，厚厚的留言簿写满了整整三本。

3. 在香港举办"字里行间——档案中的孙中山"展览

2017 年 10 月，二史馆与香港特别行政区政府康乐及文化事务署联合主办、香港孙中山纪念馆承办的"字里行间——档案中的孙中山"展览在香港孙中山纪念馆开展，展品为二史馆馆藏档案文献的复制件，包括与孙中山有关的书信、电报、文件等，并配之以馆藏历史图片，全面呈现了孙中山致力于民主革命的艰难历程，以此让香港市民了解孙中山的革命生涯和爱国情怀。短短的近 5 个月时间内，参观的人数达 3 万多人。

4. 筹办"共产党人的初心与使命"档案文献展

为了响应中共中央即将在全党开展的"不忘初心、牢记使命"主题教育活动，在国家档案局指导下，二史馆从中央档案馆和本馆馆藏档案中撷英采华，与中共江苏省委省级机关工委、江苏省政协文史委员会、南京市博物总馆联合举办了"共产党人的初心与使命"档案文献展。展览分民族危亡、同舟共济、星星之火、中流砥柱、历史选择五个单元，共选取了150件档案、200余幅历史照片。展览紧紧围绕中国共产党人以矢志不渝的历史担当带领中国人民实现民族独立和解放这一主线，着力刻画共产党人为人民谋幸福、为民族谋复兴的如磐意志和坚实脚印。本次展览的特色可以概括为"高、精、新"三个字。一是展品出自两家中央级档案馆，展出规格高；二是150件档案文献件件是精品；三是不仅从"红色档案"解读，亦从国民党"白色档案"来反证，角度之新，前所未有。

二史馆所办展览，因其图文并茂、生动详实，揭示了民国档案中深厚的历史文化底蕴而广受好评。

此外，二史馆还利用馆藏资料为各地各种纪念馆、博物馆、民国名人故居提供服务。如浙江湖州的民国文化馆、陈英士故居、张静江故居等等。

三、面向社会大众　利用新闻媒体宣传档案信息

习近平总书记要求，新时代要有新气象，更要有新作为。新时代之"新"在于大数据、新媒体和人工智能。新气象之"新"在于公众对档案馆服务质量的更高要求、档案馆提高政治站位后的更好作为、档案馆自我功能的高质量实现等等。与之相对应的"新"作为要求我们与时俱进、开拓创新，从而提高档案工作的规范化、科学化和法制化水平。

1. 档案开放日活动

2017年"6·9"国际档案日当天，600余名社会公众走进二史馆参观，现代快报 ZAKER 南京、江苏卫视、凤凰网等多家媒体同步直播，吸引了超过60万人次观看。这是二史馆历史上首个公众开放日，其成功举办拉近了民国档案与民众的距离。

2. 开通官方微信公众号"民国大校场"

2017年初，二史馆官方微信公众号"民国大校场"正式上线，利用馆藏

档案史料，解读民国历史，扩大民国档案的社会影响。开通一年，已发表文章 60 余篇，粉丝近 7000 人。

3. 利用"一报一刊"宣传档案内容

《中国档案报》和《中国档案》月刊，是档案系统读者最多的报纸和刊物。二史馆充分挖掘馆藏档案资源，精心组织馆内专业人员为"一报一刊"撰写宣传档案内容的文章。其中在《中国档案报》刊发文章最多。

二史馆与中国档案报社通力合作，借助《中国档案报·文化版》，开设《民国风云》专栏，每年发表文章 40 篇左右，2015 年至 2018 年 8 月已发表近 150 篇。在刊发的稿件中，专题稿件可以说是二史馆组稿、刊稿的一大亮点。在过去三年多，二史馆撰稿人依托馆藏特色，共推出专题稿件 4 组，计 30 余篇。这 4 组稿件分别是《英雄赞歌——档案见证 9·3 抗战胜利阅兵十大英模部队的烽火岁月》专题（上、下）、"'博爱'的故事"专题、"卢沟烽火"专题、"铭记历史 珍爱和平——侵华日军南京大屠杀遇难同胞 80 周年祭"专题。

2015 年 9 月，为配合"9·3"阅兵，二史馆与《中国档案报·文化版》合作，策划并撰写了两期《英雄赞歌——档案见证 9·3 抗战胜利阅兵十大英模部队的烽火岁月》（上、下）的专栏，以文图并茂的形式，介绍了接受检阅的十大英模部队的峥嵘岁月、光辉历史。

2016 年 11 月 12 日是孙中山先生诞辰 150 周年，为此我们推出纪念孙中山先生诞辰 150 周年"'博爱'的故事"专题文章，共计 10 篇。这组文章以二史馆馆藏孙中山档案资料和图片为依托，对孙中山的吏治革新、让位袁世凯、铁路建设构想及其与黄埔军校的创立、大元帅府的建立等问题的来龙去脉进行了钩沉，充分体现了孙中山先生敢为人先、与时俱进的创新精神，不屈不挠、愈挫愈勇的革命精神，天下为公的博爱精神。

2017 年 7 月 7 日，是抗战全面爆发 80 周年纪念日，为此我们推出"卢沟烽火"专题，共计 5 篇。本专题以馆藏档案资料为基础，讲述了二十九军宋哲元、冯治安、何基沣、佟麟阁、赵登禹等抗日将领浴血奋战的事迹，再现了卢沟桥烽火中中国军民对日本军国主义顽强抗战的历史场景，目的是铭记历史、缅怀先烈、珍视和平、警示未来，坚定不移走和平发展道路，坚定不移维护世界和平。

2017 年 12 月 13 日，是侵华日军南京大屠杀遇难同胞 80 周年祭日，也是第四个国家公祭日。为此我们推出"铭记历史　珍爱和平——侵华日军南京大屠杀遇难同胞 80 周年祭"专题稿件，共计 5 篇。本组稿件利用二史馆馆藏大量档案、史料和历史图片从加害方、受害方、第三方的视角全方位呈现日军在南京的暴行。

除了专题稿件外，其他稿件也都本着用档案讲故事的宗旨，为大家打开认识民国时期社会百态的窗口，例如《民国元旦怎么过》《1943 年陪都重庆"节俭过年"的背后》《1944 年"四四"儿童节大漠腹地玉门的庆祝活动》《民国才子徐志摩的不了丹青情》等，都利用二史馆馆藏大量档案图片，从小视角讲述大时代，社会反响很好。其中《革命"圣人"和革命"巨人"的友谊见证》《1939 年，抗战烽火中故宫文物的赴苏之旅》等文被《北京文摘》《作家文摘》《南京晨报》等全文转载。

从 2015 年开始，二史馆还与中国档案杂志社合作，在《中国档案》杂志开设《民国人物》专栏。每月为《中国档案》杂志提供 1 篇利用馆藏档案撰写的民国人物故事，至今已发表 40 余篇。

4. 为影视作品提供档案文献资料

利用馆藏民国档案为影视拍摄服务，宣传红色文化和传统文化，也是二史馆对外利用的一个重要方面。据统计，仅自 2013 年至今，二史馆就先后接待了 146 个栏目组来馆拍摄馆藏档案资料。这 146 个栏目组分属于中央电视台和 30 多家省、市级电视台，拍摄内容涉及民国时期的军事、社会、文化、人物和重要事件等专题。拍摄的热点包括：军事方面的南京保卫战、台儿庄战役、渡江战役、中国远征军；重要事件方面的南京大屠杀、西安事变、汪伪禁烟；民国重要人物则有孙中山、汪精卫、张学良、抗日名将等。

如 2015 年是抗战胜利 70 周年，二史馆共接待 60 多个栏目组来馆拍摄相关档案资料，制作不同地区和专题的抗战纪念节目；为纪念抗日名将蔡廷锴将军诞辰 125 周年，中央新闻纪录电影制片厂于 2017 年 5 月来馆拍摄相关档案文献，以制作文献纪录片《蔡廷锴》；2017 年是南京大屠杀惨案发生 80 周年，央视新闻中心社会新闻部和北京卫视《档案》栏目组等多家单位来馆拍摄相关档案资料，制作"南京大屠杀"特别节目；2018 年 5 月，中央电视台军事节目中心为历史文献片《回望延安》来馆进行拍摄；中央电视台《国家记忆》栏目组于 2017 年 8 月和 2018 年 8 月两次来馆，先后为摄制文献纪录片《周恩来与中共隐蔽战线》和中央特科题材的历史专题片取景；中央电视台纪录频道于 2018 年 9 月份来馆为 2018 年度重点纪录片节目《藏着的武林》取景，栏目组一行就"中国武术"仔细查阅档案并开展相关拍摄工作。

四、利用独特的民国档案资源促进两岸档案文化交流

一直以来，由于独特的历史渊源，二史馆充分利用民国档案信息资源，在推动两岸关系和平稳定发展和文化交流等方面发挥了独特作用。

1. 编辑出版馆藏涉台档案资料

二史馆藏有涉台历史档案 7000 余卷，总量达 30 万页以上。其编研工作在对台交流方面具有重大的政治影响和社会效益。三十余年来，二史馆组织力量，深入挖掘，陆续编辑出版多部涉台档案史料汇编，陆续出版有《台湾光复和光复后五年省情》《台湾光复档案》《台湾二二八事件档案史料》《馆藏民国台湾档案汇编》《台湾光复图志》《馆藏台湾抗日档案汇编》等。其

中国第二历史档案馆编：《馆藏民国台湾档案汇编》（全 300 册）

中二史馆与海峡两岸出版交流中心合作，于2007年出版的300册12万页《馆藏民国台湾档案汇编》影响最大。该书出版后，受到两岸学者的高度关注，被有关专家誉为"建国以来最大规模的台湾文献整理成果之一"。

2. 两岸档案合作交流

1984年4月，时任二史馆副馆长施宣岑对中国新闻社记者发表谈话，表示中国第二历史档案馆愿意向台湾学者开放，在海峡两岸产生了强烈反响。次月，首届"中华民国史学术讨论会"在南京召开，施宣岑做了题为《热切期望海峡两岸学者为整理民国史文献共作贡献》的主题发言，呼吁海峡两岸共同保护好民国档案，"续修民国一代信史，使我们民族的共同信史不被中断"。自此，二史馆向台湾学者敞开了大门。

1989年初，台湾"中央研究院近代史研究所"派专人赴二史馆查阅有关二二八事件档案。因该历史事件高度敏感，有关全宗属于不开放范畴。二史馆高度重视，多次向上级部门请示，得到了中央高层的批示，使台方得以有效利用这批档案，妥善处理二二八事件善后事宜。这次对台服务利用工作意义重大，不仅开启了利用民国档案协助台湾当局处理岛内重要事务的先河，也促成了二史馆与台方的首次合作，出版《台湾二二八事件档案史料》汇编。两岸民国档案的交流和合作，进入了新阶段。

近年来依托二史馆所藏民国档案，两岸之间开展了一系列合作交流。主要有：

（1）为台湾"中央研究院近代史研究所"提供院史资料近40万页。

（2）两岸互换民国司法案例档案。这是两岸司法交流合作史上具有里程碑意义的大事，体现了两岸对中华法律文化的共同传承，既标志着两岸司法交流与合作达到了一个新高度，也开启了两岸档案交流合作的新篇章，对此项目，最高法院院长周强曾予以高度评价。

（3）与台湾政治大学互换校史档案资料。

（4）举办首届"海峡两岸档案数字化工作学术研讨会"。本次学术研讨会于2015年5月在南京举行，二史馆和中国档案学会主办，来自全国各地档案系统有关档案数字化工作的负责人，中国社会科学院、中国人民大学、南京大学、武汉大学的专家学者，以及来自台湾大学、台湾政治大学、台北"中研院"等专家学者共计 60 多人参加研讨会。本次学术研讨会的召开，对进一步推进两岸档案数字化工作交流、共同提高工作水平具有重要的指导意义。

二史馆已成为海峡两岸最为重要的档案文化交流基地。

丁薛祥同志在中央档案馆国家档案局调研时强调，要充分挖掘档案价值，把档案信息开发利用工作与学习宣传贯彻习近平新时代中国特色社会主义思想和党的十九大精神结合起来，与传承红色基因、弘扬革命文化结合起来，与深入开展"不忘初心、牢记使命"主题教育结合起来，努力推出更多优势档案编研开发成果并加大宣传力度，进一步提高档案工作围绕中心、服务大局的能力和水平。

今后，我们将牢记"为党管档，为国守史，为民服务"的使命，认真学习贯彻落实十九大精神，按照习近平总书记及中央领导同志对档案工作重要指示的要求，站在文化自信的高度，以服务国家大局为依归，满足人民群众文化需求为导向，深化挖掘和利用民国档案信息资源，创新工作方式，在为新时代文化建设服务工作中，取得新的更大的成绩。

守望兰台　讲述不一样的档案故事

——对《中国档案报》档案文化版面策划、编辑的实践与思考

中国档案报社　冯　喆

习近平总书记曾指出"中华文化渗透到中国人的骨髓里，是文化的DNA"。在十九大报告中，习总书记再谈文化，他说："文化是一个国家、一个民族的灵魂。文化兴国运兴，文化强民族强。没有高度的文化自信，没有文化的繁荣兴盛，就没有中华民族伟大复兴。"他把文化比作民族和国家的灵魂，说明了文化对国家民族命运的决定性影响。档案是兼有历史凭证价值和信息参考价值的特殊文化资源，我国各级各类档案馆蕴藏着巨大的历史文化资源。档案工作者紧紧把握时代脉搏，深入开发档案信息资源，发挥档案的社会价值，在坚定文化自信、推动中华文化繁荣兴盛，实现中华民族伟大复兴的中国梦中，竭尽全力，勇于担当，恪尽职守。

《中国档案报》文化版是周三刊报纸的周末版。自1995年1月《中国档案报》正式创刊至今，24年来，文化版面虽几经改版，但始终是全国各地档案编研成果延伸作品的一个重要展示平台，一种向社会传播中华文化的"档案表达"。文化版的编辑者与文化作品的创作者，追随着时间的脚步，共同守望兰台，通过珍贵档案，引领读者穿越时空，聆听档案人讲述历史天空中光和影的档案絮语，感受历史故事中不一样的档案魅力。作为报纸的一名编辑者，伴随着报纸的发展一路走来，共同成长，既有参与并主持文化版几次

改版的策划和多年编辑工作的实践，也有面对已经出版的3300多期报纸版面的忐忑与思考。进入新时代，坚定文化自信，离不开对中华民族历史的认知。我们讲好档案故事，为读者打开一扇愈来愈精彩的"档案文化之窗"，是对中华民族文化最忠实的传承。在此，笔者结合编辑文化版面工作的实践谈几点个人的思考。

一、谋布局，在主旋律园地坚守健康阵地

《中国档案报》文化版如何划分版别？怎样设置栏目？一直以来，编者在实践中不断探索。文化版旨在弘扬中华文化，要以数亿计的各地馆藏档案为主要创作基础，以全国档案专家学者为基本创作队伍，分享给读者具有鲜明档案特色的高品质文化作品。

1. 坚持政治家办报党性原则

习近平总书记多次在讲话中谈到了新闻舆论工作要坚持党性原则，要增强政治家办报意识。《中国档案报》作为档案行业主流媒体，其文化版也必须始终坚持马克思主义新闻观，坚持以习近平新时代中国特色社会主义思想为指导，坚持政治家办报的要求。文化版要讲品位、讲格调，讲见报效应，讲公信力；要努力把"三贴近"原则正确运用到每一期报纸、每一个版面、每一篇文化作品的策划、编辑之中；要始终把握正确的舆论导向，在强调文化版可读性、趣味性的同时，更要注重发挥文化版的引导功能、认识功能、教育功能、审美功能、激励功能；要坚持弘扬真善美、鞭挞假丑恶的主旋律，努力做到政治性、思想性、艺术性、可读性、知识性、趣味性、新闻性的和谐统一，满足广大读者雅俗共赏的需求。

文化版编辑者在策划、编辑版面时要始终围绕中心、服务大局，牢记社会责任，让文化版成为弘扬社会主义先进文化的一个重要园地。

2. 贯彻严肃活泼兼具组版思想

1995年1月9日《中国档案报》正式创刊，初创时1周1刊共4版，其中第4版有部分内容为档案文化；2001年《中国档案报》创办档案文化副刊

《档案大观》，是1周3刊共16版报纸中的周末8个版，截至2008年10月；2008年11月至2014年9月，1周3刊档案报中的每刊三四版为档案文化内容，1周共6个版；2014年10月改版推出《中国档案报》文化版至今，为周末1期共4个版文化内容。在报纸发展历程中，无论是初创时期的蹒跚起步；还是面临20世纪90年代报业改革"周刊热"，文化版创办了8个版面的周末副刊；抑或面对媒体融合的当下，再次改版推出文化周末版，同时近年相继创建了中国档案资讯网、推出了《中国档案报》微信公众号。24年来，档案文化宣传平台几经变化、日益创新，但编者们一直在不断探索，呈现给读者的档案文化作品品质在不断提升。在此，以2014年10月文化版改版策划为例。

在策划改版方案时，我们从档案文化属性思考，因事而异、视题材而定，并兼顾档案来源与价值，贯彻严肃活泼兼具的组版思想，力求版面结构奇与巧、情与趣，追求对历史文化立体、多面的"档案表达"，加强深度采访，加大"高、精、尖"档案的呈现。将版面分别设定为：

一版为综合版，主要围绕时政热点、社会焦点，挖掘历史档案中与之相关的内容。注重新闻性，主推采访作品。二版为"档案揭秘"版，主要依据中央档案馆馆藏红色档案、中国第一历史档案馆馆藏明清档案、中国第二历史档案馆馆藏民国档案，通过解读某件珍档，向读者讲述一位历史人物的故事或揭示一段历史事件的真相。三版为"如烟往事"版，主要结合社会热点问题，挖掘全国各地档案馆藏档案，通过解读档案，呈现老照片，让读者在回顾历史、追忆往昔中认知历史。四版为"兰台集萃"版，主要展示各地馆藏珍贵档案，挖掘档案中关于民风、民俗、地理、鉴赏、收藏等方面的内容，让读者在轻松愉悦中陶冶心灵、修养身心。

档案纵贯千年，横跨百业。文化版策划始终遵循严肃活泼、相得益彰，为读者打开一扇档案文化窗口，使读者寓教于休闲阅读之中。

3. 彰显原汁原味档案栏目特色

《中国档案报》文化版通过讲述档案背后的故事，传播中华优秀传统文化、革命文化和社会主义先进文化。因此，编者紧紧围绕档案承载的不同文化内容，按年代或主题设置4个版面的栏目，这样既使作者投稿有的放矢，又便于同类文化内容作品相对集中分享给读者。目前各版基础栏目设置为：

一版综合版，包括《悦读》《专访》《传承》《史事探究》；二版"档案揭秘"版，包括《红色记忆》《旗帜》《珍藏书信》《民国风云》《明清秘档》；三版"往事如烟"版，包括《老照片》《老字号》《钩沉》《人物》《口述》；四版"兰台集萃"版，包括《档案文化漫谈》《珍档阅览》《镇馆之宝》《品鉴》《宫苑遗珍》《寻踪觅迹》《旧读新赏》。以上各栏目推送的档案文化作品兼容并包，既有依据历史珍档，也有源自红色档案，一个个穿越历史时空的档案故事，图文并茂且严肃活泼。

作为中央级档案行业媒体，全国各地档案馆藏珍档是文化作品创作的源头，虽然文化版有着稿源的相对优势，但这次改版我们注重了"国"字头报纸应具备的相对高度和权威性，特别设置《红色记忆》《旗帜》《民国风云》《明清秘档》等栏目，把档案专家学者开发中央档案馆、中国第一历史档案馆和中国第二历史档案馆馆藏档案资源的编研文化作品分别在这些栏目分享给读者。

二、讲故事，"接地气"的档案编研作品

习近平总书记曾指出，系统梳理传统文化资源，让收藏在禁宫里的文物、陈列在广阔大地上的遗产、书写在古籍里的文字都活起来。讲好中国故事，传播好中国声音，阐释好中国特色。我国各级各类档案馆馆藏档案，记录着我国人民和中华民族的优秀文化和光荣历史，作为档案媒体，虽然有一定的行业局限性，但编辑者主动创新理念、体裁、方法、手段，编辑、推广优秀档案编研作品，弘扬主旋律，传播正能量，既是我们的文化自觉，更是我们的责任担当。

近年，档案编研史料、档案报刊、档案展览、档案纪录片、档案网站、档案微博、档案微信公众号、档案微视频等等，日益丰富的编研成果展示形式，对深入挖掘馆藏、丰富馆藏，进一步拓展档案社会服务功能起到推波助澜的作用。档案向社会的进一步开放，也使"神秘"的档案更加走近大众，更加有效地服务于现实社会。《中国档案报》文化版也是众多拓展档案服务功能的一种形式，它是一种"接地气"的档案编研作品，它在立足档案、服务社会中发挥着"润物细无声"的作用。

1. 精心策划，聚焦热点服务大局

文化版作品关注的热点问题是人们直接感知的各种文化现象。因此，文化版编辑要保持敏锐的观察力，及时抓住读者关注的大事、要事，精心策划优秀选题。"文以载道"是中国悠久的文化传统。有档案支撑的文化作品，一定要有档案特色，紧扣热点，分析当下的社会现象，传递档案赋予我们今人的文化滋养。

多年来，文化版的编辑策划始终坚持立足档案，围绕党和国家大事、要事和中心工作，聚焦社会热点，讲好档案故事。2004年1月，《中国档案报·档案大观》的编者筹划并负责国家档案局主办、中国档案报社承办的"千家档案馆·万张老照片——各级国家档案馆馆藏老照片精品展"，在社会上产生很大反响，北京民众从包罗万象的档案影像展示中感性地认识了中国历史的发展变迁。2006年4月，《中国档案报·档案大观》编者筹划完成中国档案报社与北京景山公园联合举办的"《中国档案报·档案大观》精品版面回顾展"，在公园一年一度的"牡丹节"期间，100块展板在公园内煤山脚下环绕展出，吸引了众多观者，也获得了大家的好评。2014年，报社联合辽宁省档案馆、中国第一历史档案馆及吉林大学组织策划了纪念甲午战争爆发120周年系列宣传报道，文化版开辟《甲午档案公布》《甲午史鉴》《甲午战地寻踪》《清宫档案中的甲午战争》专栏，共编发相关文化作品50余篇。2015年9月，配合纪念中国人民抗日战争暨世界反法西斯战争胜利70周年宣传，文化版集部分档案馆之力，策划推出了《浴血数载 万众一心奏凯歌》二三通版，刊出若干抗战老照片背后的故事；与中国第二历史档案馆专家联合策划，于"9·3"纪念抗战胜利大阅兵后的11日、18日，推出了《英雄赞歌——档案见证9·3抗战胜利阅兵十大英模部队的烽火岁月》上、下两期通版，配合了主题宣传。10月开始，报社与湖北省档案馆联合策划在文化版开辟《百年荆楚》栏目，至2019年5月10日，已推出76期，刊出文章76篇，再现了湖北悠久人文历史，传递着荆楚百年文明。2016年，配合纪念中国共产党成立95周年，开设栏目《悦读·中国共产党党旗的故事》；与上海市档案馆合办栏目《红色记忆·日出东方》；配合纪念中国工农红军长征胜利80周年，开辟《钩沉·长征的故事》栏目；从各地档案馆组稿，并与四川省档案馆合办栏目《红军长征在四川》；配合纪念孙中山诞辰150周年，与中国第二历

2015 年 9 月 11 日《中国档案报》纪念抗战胜利 70 周年通版《英雄赞歌》（上）

2015 年 9 月 18 日《中国档案报》纪念抗战胜利 70 周年通版《英雄赞歌》（下）

史档案馆合办栏目《钩沉·"博爱"的故事》；适逢毛泽东逝世 40 周年，开设栏目《悦读·毛泽东藏书的故事》；与广东省档案馆合作推出《海邦剩馥·广东侨批故事》；结合社会热点，开设栏目《撷英·用档案捍卫英雄尊严》，以当时陆军档案馆馆藏档案为基础创作文章，反击"历史虚无主义"。文化版刊登的多篇文章被《作家文摘》《北京文摘》等报刊和网站转载。

2017年，配合"两学一做"学习深入开展，依据中央档案馆举办的展览，从中遴选珍贵档案，有关档案专家共同策划推出《旗帜》栏目，讲述馆藏红色档案背后的革命故事，加深大家对学习的进一步感性认识和理解；配合纪念全民族抗战爆发80周年策划推出了《红色记忆·抗战烽火》《民国风云·血战卢沟桥》《专访·抗战记忆》等栏目，特别在7月7日当天，刊发了《血肉长城铸就民族魂》抗战老照片通版专题报道；为迎接党的十九大召开，年初即在文化版一版和中国档案资讯网推出《红色足迹·聚焦中共一大到十八大》栏目和专题，刊发名家撰稿20篇，以档案解读历届中国共产党全国代表大会的召开与党的建设发展历程。2017年7月至2018年7月，与四川省档案馆联合策划开辟《映象巴蜀》栏目，刊发反映巴蜀文化文章12篇。

2018年，配合改革开放40周年主题宣传，文化版编者策划并组织文章，在一版开辟了《春天的故事·改革开放40周年》；配合"一带一路"主题宣传，策划了《专访·丝路故事》；3月初，配合全国两会召开，开辟了《见证两

2018年3月2日《中国档案报》二三通版《海棠花的思念》纪念周恩来诞辰120周年

会》栏目；配合纪念周恩来诞辰 120 周年做了《海棠花的思念》专刊；配合纪念毛泽东为雷锋同志题词 55 周年做了专刊。2018 年特别在四版《珍档阅览》栏目下开辟了子栏目《中国档案文献遗产》，依据中央档案馆、国家档案局编撰的 4 册《中国档案文献遗产名录》，邀请各馆专家深入解读入选珍贵档案文献，让社会大众领略与感受档案的独特魅力。

2. 追求品质，用深度成就高度

在文化版的策划、编辑中，对选题、约稿、采访，包括标题、遣词造句、时间节点、人物核实、版式设计等等细节，一定要高标准要求，精益求精地落实到版面，只有注重每个细节，才能呈献给读者高品质作品。现在，文化版的 90% 以上版面是编辑根据选题策划邀约的作品和记者采访作品，这在一定程度上保证了"追求品质从源头抓起"。

（1）契合时政，编与研中创作文化精品

各地档案馆的专家学者，围绕党和国家的中心工作保管、挖掘馆藏档案，在开发档案信息资源中编辑资政史料、举办专题展览、制作音像制品等等，他们有占据档案资源的优势，文化版编者需要及时与之沟通，使其有意识地在编研档案课题中选取若干可以展开撰写档案故事的素材，以此创作的档案文化文章既是专家们编研课题的衍生成果，又是一种让大众走近、认知档案的休闲阅读作品，是档案文化的重要传播方式之一。

例如 2013 年 4 月 29 日文化版三版上刊登的《"一团火"温暖冰心》，这篇作品通过挖掘馆藏珍贵档案，讲述了 1978 年已经 78 岁的冰心老人为撰写《颂"一团火"》报告文学，曾经三次专门采访时年 60 岁的全国劳模张秉贵的故事。配合"五一"节时间点刊登，是有新闻时效性的好作品。2015 年纪念抗战胜利 70 周年，7 月 3 日一版刊登的《〈卢沟桥歌〉黄钟大吕震人醒》《宁为战死鬼　不做亡国奴——七七事变激发的中华民族抗争精神》，就是配合七七事变爆发及全民族统一抗战的开端这个历史节点组织的稿件。8 月 14 日三版《钩沉·生死营救援华美军》栏目中刊登的《营救白格利欧中尉》等系列文章，是依据解放军档案馆馆藏档案，讲述晋察冀抗日根据地军民营救坠机援华美军的故事。9 月 11 日、18 日两期的二三通版《英雄赞歌——档案见证 9·3 抗战胜利阅兵十大英模部队的烽火岁月》（上、下），这是中国第二历史档案馆编研专家通过挖掘"9·3"阅兵宣传档案展览中的部分档案，与文化版编辑及时沟通，在做宣传展览的同时选取特色档案撰写文章，从档案的视角回顾十大英模部队的光荣历史，让广大读者更深入地了解十大英模部队的风采。大阅兵结束后，他们就及时撰稿，采用一文、一档、一图的形式，5个英模部队故事组一个通版，共两期，版面图文并茂，既有视觉冲击力，又蕴含厚重的历史，也有丰富的知识。这两期通版，获得了中国报业协会颁发的"大阅兵——全国报纸大阅兵报道优秀版面巡礼"三等奖。

（2）主动出击，"走"与"转"中采撷鲜活素材

聚焦时政和社会热点，文化版编者既要做好邀约稿件的选题策划，一旦发现、获得好的采访线索，也要深入一线采撷鲜活素材完成主题创作。这几年，围绕重大报道，文化版都会刊发记者们北上南下在"走转改"中通过采撷鲜活素材创作的感人故事。

例如2015年围绕纪念抗战胜利70周年，在赵一曼烈士牺牲纪念日（1936年8月2日）前的7月31日一版刊发了《红装白马驰原野　甘将热血沃中华——访抗日女英雄赵一曼的孙女陈红》；8月14日一版刊发了《慰安妇，永远不能愈合的伤口——访中国"慰安妇"问题研究中心主任、上海师范大学教授苏智良》，等等。文化版记者全年在《专访》栏目推出采访作品26篇，共计12万字。

2016年，配合六一儿童节，文化版记者采写了《童趣漫画伴随我们走过的岁月》；纪念茅盾诞辰120周年，采写了《春蚕到死丝未尽　时过子夜灯犹明》；纪念中国共产党成立95周年，采写了《海外寻档　再现建党伟业的风云激荡》；九一八事变85周年之际，采写通讯《百年人生留青史，终生不忘抗联情》；在巴西里约奥运会上中国女排荣获冠军后，采写了《风雨彩虹　铿锵玫瑰》；时值鲁迅诞辰135周年、逝世80周年之际，采写了《周令飞：还原一个更真实亲切的鲁迅》；纪念中国工农红军长征胜利80周年之际，采写了《人民共和国从这里走来》《浸透着浓浓鱼水情的红色热土》《萧华创作＜长征组歌＞的前前后后》。全年记者完成采访作品20余篇，共计16万字。

2017年围绕"纪念全民族抗战爆发80周年"，在《专访·抗战记忆》栏目，发表了由文化版记者采写的抗战亲历者、抗战名人之后等文章，如《巴

金——穿越抗战烽火的"战士"作家》《从"战地护士"到"四大名旦"——访著名表演艺术家秦怡》《"名将以身殉国家　愿拼热血卫吾华"——访抗日名将左权将军女儿左太北》《回望战火洗礼的岁月——发生在浙江丽水军民抗战往事》等；八一建军节前，发表记者采写文章《军歌伴着战旗飞——著名军旅词作家王晓岭创作＜当兵的人＞等三首歌曲背后的故事》。全年记者完成采访作品 12 篇，共计 8 万字。

2018 年，配合"一带一路"宣传，文化版开辟《专访·丝路故事》，记者通过寻访海、陆古丝绸之路遗址，采撷有关史料、口述故事，创作了《追寻万里茶道远去的驼铃声——访内蒙古茶叶之路研究会会长邓九刚》《七月，到千年古港凭海临风——寻访海上丝绸之路历史遗址纪实》；配合六一儿童节，记者深入河北小山村当年小英雄王二小牺牲的地方，采访了与小英雄王二小当年一起站岗放哨的伙伴史林山，创作了《永远的王二小》；4 月，抗美援朝烈士况重晚的 18 封战地家书面世并受到社会关注，文化版记者第一时间奔赴江西高安市，采访了况重晚的亲人，创作了《18 封战地家书中的家国情怀》，把书信档案背后烈士的亲情、报国情清晰地传递给读者；八一建军节前，一版刊发了记者采写的《誓以忠诚铸"国刀"——访中国人民解放军陆海空三军仪仗队指挥刀研制者沈从岐》。

鲜活的素材、感人的故事、历史感的档案是文化版面生动、质感的重要因素，只有坚持"走转改"，深入到最基层，贴近实际、贴近生活、贴近群众，我们的文化作品才会有温度、有品质。

（3）邀约名家，言与论中拓宽宣传空间

从创刊至今，文化版推出的档案专家专栏有：中国第一历史档案馆专家李国荣长期开辟的专栏《石室百言》，至今已刊发作品 125 篇；短期开辟的专栏有中央档案馆专家杨继波的《悦读·中国共产党党旗的故事》《悦读·毛泽东藏书的故事》等；中国第一历史档案馆专家李国荣的《清宫档案揭秘》、专家胡忠良的《宫苑遗珍·大内造制》及《品鉴·清代公务印章》；中国第二历史档案馆专家王俊明的《品鉴·民国公务印章》。

近年，有越来越多的文化、历史、社会学专家学者关注档案并充分利用档案，这将助推档案服务社会发挥更大的价值。文化版在编辑策划中要创新理念，广开思路，让更多的名家名篇出现在我们的报纸上。

4 责任编辑 王乃迟 版式设计 卢晓旭
电子邮箱 dawangmoving@163.com
2018年12月7日星期五

中国档案报

石室百言
专栏作家 李国荣 125

雍正帝的防火意识

宫中防火

官衙防火

民间防火

紫禁城铜制大铜缸

中国第一历史档案馆藏
雍正帝御批"大灾何能保其必无，惟随备息之患为要。"

品 鉴·民国公务印章(16)

荣典之玺

□ 王俊明

"荣典之玺"正面、侧面及印文

"荣典之玺"钮座背面大陆时期，"荣典之玺"随蒋介石的行踪辗转反侧而沦落

从《中国档案报》1995年1月9日创刊至2018年12月7日已刊登125期的《石室百言》栏目，专栏作家为李国荣

2017年，文化版配合"迎接党的十九大胜利召开"这一主题，邀约中央档案馆档案专家与社会知名红色作家余玮在文化版开辟了《红色足迹·聚焦中共一大到十八大》专栏；2018年，为增强文化版的知识性、可读性与文化性，邀请社会评论家刘仰在四版开辟《档案文化世象》专栏，以融贯中西、通释古今的视角，以档案为切入点，比较中西文化的差异；邀请文学作家张建安在三版开辟《尘音将落》专栏，讲述蔡元培、叶圣陶等文化名人人生的最后一段时光，展现他们对待生活的态度，体味人生的感悟；邀请收藏家张丁在二版开辟《珍藏书信》专栏，从有温度的字里行间感受家国情怀；邀请北京京味作家刘一达在三版开辟《往事·胡同记忆》专栏，在他的京腔京韵里，为读者展开一幅幅老北京的民俗画卷；邀请民俗学家屠剑虹在四版开辟《寻踪觅迹·绍兴典故》专栏，让读者在文化名城的街头巷尾追寻古迹，感怀历史。以上这些专栏刊发的文化作品，有对我党发展历史中重大节点的回顾；有对档案文化现象的评论；有对文化名人人生落幕的最后追忆；有对书信档案中家国情怀的感动与励志；有对京城风土民情的描绘；有对南国小城街头巷尾中历史文化遗存的寻觅。每一篇文章，都是有信仰、有担当、有温度的文化作品，这也是文化版对拓宽宣传空间，提升报纸文化品质的有益尝试。

三、传承文化，弘扬中华民族精神

档案见证历史的发展，也是承载历史文化的遗存。档案、历史、社会、文学专家学者，通过挖掘档案、研究历史，找寻档案与时下热点问题相契合的创作点，沟通古今，传承文化，弘扬中华民族精神。

1. 档案备受关注，传播载体多样

档案的真实性、历史性，使其社会关注度越来越高。一是近年在荧屏上有很多直接以档案来命名的电视栏目。如北京卫视的《档案》、中央电视台中文国际频道的《国宝档案》、广东电视台新闻频道的《解密档案》等栏目。档案这一概念在电视媒介领域的活跃，使传统的档案利用有了新的传播渠道和展示平台，这些栏目经过几年的实践与开拓，也成为品牌栏目。观众对档案的关注程度随着对档案栏目观看次数的增多、与对档案栏目喜爱程度的增

加而增加。之所以栏目受欢迎，是栏目讲故事的档案视角、档案特色，是因为观众希望通过栏目去获得档案中所蕴含的历史知识、历史文化。二是档案刊物纷纷加强历史文化内容，并充分利用当地主流媒体扩大档案文化宣传。各地档案局（馆）主办的档案刊物，无论是公开出版还是内部交流，近年有不少期刊纷纷改版，大幅增加了历史档案文化内容所占比重，有的直接改为档案文化专刊；不少省市县档案局（馆）和当地电视台、报刊等社会媒体合作，开辟专题、专栏、专版等，都是通过挖掘历史档案，讲述档案背后的故事。三是各地档案部门或个人不断推出的档案微信公众号如雨后春笋，读者可以更便捷地阅览到更多的档案文化作品。

2. 坚持"质量为王"，加强编研成果推广策划

面对档案文化传播途径的增多与档案文化作品需求量的大幅增加，笔者认为，各地档案局（馆）应对相关问题有更进一步的重视。对于当地档案编研成果的推广，加强统筹策划、顶层设计，加大对当地档案编研、文化宣传人才的培养力度，针对档案信息开发、档案文化创作，给予更多情感上的鼓励与政策上的支持。这是创作优秀编研作品的根本保证。

为更好地推广各地优秀档案编研作品，文化版编者一是要进一步加强与各地编研专家的沟通，及时了解各地编研工作开展、编研成果推广情况，不断创新选题视角，拟定契合时政、热点的选题策划方案；二是要进一步提高择稿标准，坚持"质量为王"，在有限的版面推出高品质文化作品；三是进一步提升编辑素养，不断"充电"，补足自身知识短板，以敬畏之心、匠人之心面对每一篇文化作品，让文化版成为读者喜闻乐见的一份报纸。

作为档案行业主流媒体，《中国档案报》与时代脉搏共振，与生活相关，与民众相连，关注社会，追踪热点，讴歌真情，我们要严格落实政治家办报要求，围绕中心、服务大局，牢记社会责任。文化版则既注重新闻性又注重档案性、艺术性，我们要力求使文化版更全方位、多角度地贴近生活、反映生活，与全国百万档案工作者一道共同守望兰台，继续为社会大众讲述更加精彩的不一样的档案故事，展现中华文化永久的魅力与时代风采。

档案资源开发利用的
现状与对策研究
——以北京地方档案资源开发为例

北京市档案馆　梅　佳

档案资源是人类社会活动中积累起来的、以档案为核心的各类档案信息要素的集合体，具有共享性和开发利用价值。以北京市档案馆为例，作为省级国家综合性档案馆馆藏各类档案资料 250 万卷册，跨越 400 年历史，真实地记载了近现代北京政治、经济、文化和社会生活的发展脉络，特别是民国时期和中华人民共和国成立后档案，所反映的历史面貌完整，内容覆盖广泛，形成一条连续、完整的社会发展历史信息链，具有极高的开发利用价值。科学开发档案资源是传承历史文化、保护城市风貌、彰显文化魅力的有效手段，也是促进首都经济社会发展，建立"城市名片"的重要途径。

一、北京地方档案资源开发概况及特点

1. 档案资源开发利用的组织形式

目前，北京的档案资源开发利用工作多以档案馆（室）专业人员为主，少部分项目与有关部门、单位合作进行，个别项目开展跨区域、跨部门、跨行业、跨馆际合作。其主题策划的基本模式是，由档案开发利用部门围绕国家重大决策、重要庆典、纪念日、首都中心工作、社会热点及公众焦点问题

组织策划，或由开发人员提出选题纳入工作计划，在选题的来源上具有个体性、机构性、组织性、社会性。

开发利用的形式主要包括：提供档案及政府公开信息查阅；编研出版档案资料汇编、史料期刊；举办档案展览、展示；组织档案文化讲座、讲坛及档案馆日活动；通过网络（数字档案馆）提供档案咨询及查阅服务；借助社会媒体展示档案内容和价值等。开发成果类型大多为档案文献汇编、专题资料汇编和文件汇编、档案史料刊物（丛书）、档案影印及画册、档案展览等。进入21世纪后，贴近社会热点和各层次公众需求的开发成果不断增多，其呈现方式除纸质书刊出版物外，也有电子出版物、电视专题片、纪录片、报刊专栏及"两微一端"推送等。

2. 档案资源开发利用的特点

档案资源开发的突出特点是选题多样、覆盖面广，涉及历史与现实、重大事件与社会发展、人文与自然等各方面。

北京市档案馆自20世纪80年代起，依托馆藏档案资源，通过编研出版档案资料汇编、出版史料专刊专辑和画册、举办展览、拍摄电视专题片等形式进行档案开发利用工作，截至2017年底，共编研出版专题性档案史料书籍、画册近60种5000余万字；编辑出版《北京档案史料》丛书132期（辑）

北京市档案馆编：《北京档案史料》丛书

3000 余万字；举办档案展览 70 余个，其中 19 种书籍 28 次荣获国家、省市级优秀图书奖及档案学优秀成果奖。

在开发项目中，重大事件类选题主要包括辛亥革命、五四运动、日本侵华与中国人民抗日战争、北平和平解放与中华人民共和国成立等方面。对于城市解放档案和抗战档案开发面广，程度深，成果丰硕，呈现系统性，编研出版《北平和平解放前后》《北平的和平接管》《国民经济恢复时期的北京》及"十一五"国家重点图书出版规划项目《北平解放》等，多次举办有关北平和平解放各类展览，1988 年出版的《北平和平解放前后》是全国第一部关于城市解放的档案史料汇编。自 1987 年起，陆续编研出版《"七七"事变前后北京地区抗日活动》《北京抗战图史》《日伪在北京地区的五次强化治安运动》《日伪北京新民会》《绝对真相——日本侵华期间档案史料选》《日本侵华罪行实证——河北、平津地区敌人罪行调查档案选辑》等书籍，同时配合重要时间节点举办抗战题材档案展览。在 2015 年"南京大屠杀死难者国家公祭日"前后，多家主流媒体对国家出版基金资助项目《证据——日本侵华暴行调查档案全编（京津冀卷）》的编研出版进行了专门报道。

经济社会类选题主要包括城市规划、市政建设、商业金融、城市管理等方面，如《北平历届市政府市政会议决议录》《近代北京城市管理法规研究》《民国时期北平市工商税收》《北京的中国银行（1914—1949）》《国民经济恢复时期的北京》及《二十世纪北京城市建设史料集》等，对于研究北京近现代城市发展史具有重要的史料价值。

历史文化类选题主要包括北京的会馆、寺庙、园林、历史遗存与人文、教育以及近代著名历史人物等方面，如《北京会馆档案史料》《北京寺庙历史资料》《北京的名园名山》《档案中的北京文化》《北京教育档案文萃》，以及由编研人员征集并点校整理、编辑出版的记录历史风云人物杨度早年生活的《杨度日记》和晚清重臣那桐 1890—1925 年的《那桐日记》等。随着"五位一体"总体布局、京津冀协调发展战略的提出，绿色生态环保成为公众的关注点，2018 年北京市档案馆编研出版了《西山——永定河生态环境治理》史料专辑，今后此类选题的档案资源开发作品将会越来越多。

北京市各区档案馆限于馆藏资源和编研力量，更多采用参与和合作的方式进行开发利用工作。其中较有代表性的是西城区档案馆的"宣南文化"社会化合作模式，利用地域优势，与专家学者合作编辑出版《北京街巷胡同分类图志》《北京宣南寺庙文化通考》《北京宣南历史地图集》；自 2001 年起编发内部资料《西城追忆》，与区有关部门合作出版《西城追忆·文物保护专辑》等，并陆续将《西城追忆》内容结集出版《西城往事》。门头沟区档案史志局的京西文化（古道、古村落、文化生态）和红色文化资源开发较有特点，与区党史部门合作出版《烽火平西》《京西革命斗争史》，与区文史部门合作编辑出版《在门头沟区的北京之最》《门头沟古村落档案》《潭柘寺戒台寺历史文献资料汇编》。此外，东城区档案馆与专家学者合作编辑出版《生正逢时——清皇族后裔金毓嶂口述家族史》；海淀区档案馆与区政协文史委、区方志办、区党史研究室等合作编辑《中央领导与海淀》文史专辑以及《不容忘却的历史——二战时期被强掳到日本的海淀劳工幸存者口述历史》《百年海淀撷忆》《北京海淀古镇风情——郭云鹏钢笔画集》等；通州区档案馆与区政协合作编辑《辛亥革命在通州》；密云区档案馆与区党史部门合作编辑出版《密云地区抗日斗争史料选编》《白乙化烈士纪念文集》等等。

二、北京地方档案资源开发实践

1. 坚守 30 余年编研特色的《北京档案史料》

《北京档案史料》是北京市档案馆主办的一份兼跨档案与历史学界的学术性、资料性档案编研出版物，创办于 1986 年，以"发掘史料、公布档案、提供利用、推进研究"为宗旨，以刊登有关北京地区的档案、资料和发表相关史学论文、文章为基本内容。截至 2017 年底已连续出版 132 期（辑）3000 余万字，其中挖掘公布档案史料 700 余组（专题），获得北京市党史优秀征研成果一等奖、中国档案学会第五次档案学优秀成果二等奖，被称为"研究北京史不可缺少的必备的学术性、资料性丛书"。其编辑思想和内容特色主要体现在：

第一，明确定位，坚守特色，服务社会。30 多年来，《北京档案史料》注重形式更新，更注重选题内容的丰富和拓展，配合社会热点，围绕中国近现代重要历史节点、重大纪念日和首都工作大事要事或突发事件，及时组织专栏或策划专题，以馆藏档案为支撑，适时整理公布、编辑出版，凸显档案史料为资政参考和决策服务的特殊功用。关注学术前沿问题，精准、及时研究公布档案史料为学术研究服务是其又一主要职责。2000 年以来《北京档案史料》编研公布史料的重心向经济发展、文化教育、城市建设、社会管理等领域转移，突出地方特色，为学术界提供了大量具有原始性、权威性的档案史料，搭建了社会利用档案的平台，对于推动相关领域的研究发挥了不可或缺的作用。同时，关注公众阅读需求，拓展内容范围，从多方面多渠道挖掘稿件，注重登载有关北京文化和人文特色的史料和资料性文章，为报刊、电台、电视台等新闻媒体及社会公众宣传北京、了解北京提供了第一手的资料。

第二，加强策划，深度开发，形成系列。为保持内容的多样性，《北京档案史料》刊发档案史料主题相对广泛。为满足读者专题阅读需求，在连续出版 10 余年、有较丰富的史料贮备基础上，2003 年起策划出版《北京档案史料精选本》，以更系统、更便捷的方式为学术研究和社会利用服务。2005年和 2007 年分别编研出版《绝对真相——日本侵华期间档案史料选》《二十世纪北京城市建设史料集》，引发社会关注。《绝对真相——日本侵华期间档案史料选》在全国图书征订会上位居出版社送展的近百种书籍征订排行榜第五位，2006 年获得中国档案学会第五次档案学优秀成果一等奖。之后这一形式被固化下来，先后编研出版了《档案中的北京五四》《档案中的北平抗战》《档案中的北京党史与党建》《档案中的北京文化》《档案中的北京地名变迁》《辛亥革命后的北京》《北京文化叙事》等多部史料专辑。

2. 主动作为，拓展资源开发内容和开发广度

在研究公布馆藏档案史料同时，北京市档案馆编研人员还注重搜集保存在民间的近现代著名人物或代表性人物的日记、笔记、口述史料及田野调查资料，经过细致考证和精心点校整理后，自 2001 年起陆续以在《北京档案史料》连载或结集的形式，编辑出版了《杨度日记》《廷杰存稿》《那桐日记》《那桐奏折存稿》等，并促成这些珍贵手稿原件捐赠进档案馆收藏。在《杨度日记》原件捐赠暨出版座谈会上，戴逸、李文海等教授称：《杨度日记》以《北京档案史料》特辑的形式首次正式出版，"实是史学界的一大收获"。在《那桐日记》原件捐赠暨出版座谈会上，与会专家学者认为：对《那桐日记》的点校、整理、出版可以看作是国家保护文化遗产的一项重要工作。这些文

献史料的抢救性采集整理、点校出版，对于还原历史细节、推动史学研究、丰富馆藏档案种类和内容都是不可多得的。

同时，注重档案资源开发的社会性和广泛度，依托馆藏档案，整合市区两级档案资源，北京市档案馆与新闻媒体合作，进行档案资源三次深度开发。2009年五四运动90周年之际，在《北京青年报》开设《五四之光——五四档案解读》系列专题，连续6天整版刊出后，引发读者及新浪、搜狐、凤凰网等网络热议，获"好稿奖"；2011年为纪念中国共产党成立90周年，于"七一"前夕在《北京日报》推出8个版面的《北京党史图志》特刊，受到有关领导、专家学者、业内同行和社会公众的充分肯定。

《北京党史图志》报样

3.《京张铁路百年轨迹》的编研策划创新

京张铁路是中国人自行设计和建造的第一条干线铁路，1909 年 10 月建成通车，北京市档案馆藏有入选首批《中国档案文献遗产名录》、拍摄于 1909 年的《京张路工撮影》（全本）。2013 年下半年，北京确定申办 2022 年冬奥会，规划修建北京至张家口的新京张铁路，且 2014 年恰值京张铁路建成通车 105 周年，基于此，在深入研究馆藏档案、调研了解有关铁路建设规划及国家图书馆、首都图书馆藏资源的基础上，编研部门提出选题策划，计划以馆藏《京张路工撮影》为线索，采取田野调查拍摄、走访知情者口述、馆藏档案与馆外资料相结合的方式，编研出版一部反映"京张铁路今昔变化"的史料专辑。

编研工作整体构想分田野调查、访谈拍摄、分析比对、编研撰写四部实施。首先，按照京张铁路线路分成北京城区、昌平、延庆及河北张家口 4 个地段，自 2014 年 4 月 24 日至 11 月 2 日，由北京市档案馆档案编研和征集人员组成的京张铁路实地考察组，先后 8 次，运用田野调查的方法，选取重要车站、水塔、路桥、隧道等为调查点，对京张铁路沿线现状及遗存进行实地考察，对火车站台、修车房、水塔、路基、铁轨、铁路桥、涵洞、隧道等重要建筑物、构筑物进行拍摄。第二，通过寻访知情者和铁路工作人员，采集口述史料，并有针对性地向京张铁路的研究人员约稿组稿。第三，将馆藏《京张路工撮影》与考察、拍摄的照片相比对，选取最具印证性的新旧照片收录书中，力求直观，图文并茂。第四，在充分熟悉历史背景和相关资料基础上，对实地考察所得到的调查情况进行分析、研究、考证，最终撰写出有一定深度和水平的 4 个地段的考察报告。为使该书更具资料性和凭证性，特别增加了对詹天佑先生亲自编写、1915 年 12 月由中华工程师学会出版的《京张铁路工程纪略》的运用，摘录相关历史记述，以资料链接的形式，与考察报告、新旧京张铁路照片配合使用，相辅相成、相得益彰。

在编排体例设定上，以京张铁路北京城区段、昌平段、延庆段和河北张家口段为序，编写考察报告、新旧照片和资料链接，构成全书的主体部分。在每一地段前设置篇章页，明确标示该地段的铁路线路走向，并选载最具代表性的新旧照片各 2 张，起到概览和揭示作用。其后编排《京张路工撮影》简介、《京张铁路工程纪略》解读和特约稿件；前言和后记置于书之首尾，

北京市档案馆馆藏：《京张路工撮影》

组成一部完整的编研作品。

2014 年 12 月《京张铁路百年轨迹》出版发行。该书主要收录了编研人员撰写的 4 篇考察报告，以及从实地考察拍摄的 260 余张照片中精选出的 72 张照片和选自馆藏《京张路工撮影》的 38 张照片；收录了中国第二历史档案馆、中国铁道科学研究院、中国铁道博物馆、北京交通大学等专业人员撰写的资料性文章，全面、立体地展现了京张铁路百年变迁的发展轨迹。该书的编研是对馆藏《京张路工撮影》的开发与再现，是以田野调查结合实证研究的方式开发馆藏珍贵档案资源的一次有益实践。其顺利出版，得益于京冀两地档案部门形成的良好区域间的协调机制，体现了档案部门与文物、图书、铁路等部门跨领域、跨界开展编研合作的成果，创新了馆藏档案和非馆藏文献结合运用、新旧档案资源结合运用的模式。

三、档案资源开发利用的难点及问题

2016 年，通过对 48 个省市档案馆及北京市 16 个区档案馆的调查分析，可以看出在开发利用工作中，被调查对象的 90% 以上存在档案资源不丰富、开发利用人员和经费不足等问题。

除受人财物保障条件的影响外，主要难点和问题归纳为：一是档案资源状况的有限性、保管利用制度的规范性与社会公众档案利用需求的广泛性、无限性之间的矛盾；二是档案资源的整理编目、鉴定开放状况与开发利用进程不相匹配的矛盾；三是档案资源开发深度、广度的局限与满足社会多元化需求间错位、缺位的矛盾；四是在档案资源开发利用工作机制创新、资源整合和力量统筹方面有待进一步加强。其表现为真正实现档案资源共享、优势互补、多层次多类型的开发精品成果不多，一些开发成果受众面较小，传播渠道较窄，社会性不够强，且成果类型和载体形式相对单一，纸质出版物和传统展现形式居多，多媒体融合、大众喜闻乐见的成果较少。

四、档案资源开发利用策略与方法

2014 年 5 月，中共中央办公厅、国务院办公厅印发了《关于加强和改进新形势下档案工作的意见》（以下简称《意见》），《意见》是党中央、国务院全面系统指导加强和改进档案工作的纲领性文件，反映了新时期党和国家对档案工作的新要求。2015 年 7 月 30 日，习近平总书记在中央政治局第二十五次集体学习时强调"让历史说话，用史实发言""要坚持用唯物史观来认识和记述历史，把历史结论建立在翔实准确的史料支撑和深入细致的研究分析的基础之上"。开发利用档案资源是法律赋予档案部门的职责，是沿袭历史传统、开展公共服务的一种主要形式，更是落实以人民为中心的发展观，有效地服务于经济社会发展、为国家治理现代化提供有力支撑的主动作为。

1. 加强顶层设计，注重统筹规划

档案是历史的真实记录，以其原始记录性成为"今世赖之以知古，后世赖之以知今"的历史文化遗产，在服务社会、维护国家核心利益、建设社会主义核心价值观、提升中华民族凝聚力等方面有着无可替代的重要作用。《意见》指出要"拓展服务渠道，紧紧围绕党委、政府、本单位和其他单位及人民群众的需要，主动开发档案资源，积极提供档案信息服务，通过报送或推介相关档案信息、编辑出版档案选编、举办档案展览、制作电视节目、发布

网络视频、发行音像制品、送档案信息进农村和社区等多种形式，全方位为社会提供档案信息服务。"

党的十八大以来，党中央、国务院高度重视档案开发利用工作，中央领导同志多次就历史档案开发利用工作作出指示批示。2015 年 12 月，国家档案局与财政部共同编制《"十三五"时期国家重点档案保护与开发工作总体规划》（以下简称《总体规划》），明确国家重点档案工作的重心由原来的对档案实施"抢救和保护"转向"保护与开发"。《总体规划》明确了国家重点档案保护与开发的总体目标、主要任务和范围，提出由国家确定和组织的重大专题开发项目，资助围绕社会关切的重点专题开发项目。这是首次从国家层面对档案开发利用工作做出统筹规划的指导性文件，必将有力地促进开发利用工作的健康发展。北京市的国家重点档案保护与开发项目业已启动。

2. 创新档案资源开发机制，优化开发利用工作

（1）建立区域性开发协调机构

随着现代社会公民信息观念、文化意识、档案意识的普及与提高，对档案信息需求的不断变化，加强地区间、部门间、馆际间合作，加强国内外交流，建立开放性的开发渠道，协调各类档案资源与开发力量，组织区域性开发协调机构，优化开发工作合作共赢成为趋势。2014 年 8 月，北京、天津、河北省档案局签署了"京津冀档案事业协同发展合作框架协议"，按照"需求导向，资源共享，优势互补，共赢发展"原则统筹三地档案工作，在京津冀协同发展的大背景下，形成比较开放的区域交流合作机制，共同策划实施一批具有社会影响力和一定市场考量的档案资源开发精品项目。

（2）整合资源，走向社会化多方合作

档案开发利用是一项智力型工作，其成果是知识密集型、资料富涵型产品，开发利用应着重资源整合、选题策划研究和开发力量合理配置。在选题策划和资源来源上，应立足馆藏档案，又不仅限于馆藏，注重适度整合纳入馆外的档案资料和非档案类社会文化资源作为补充，共用共享。在项目组织上，以档案部门为主导，各部门参与、相互协作，各档案馆（室）间、不同行业多部门间纵横联合，特别是与历史研究机构、党史、地方志部门、图书馆、博物馆等文化文博部门合作，形成"合作开发、优势互补"的工作模式。档案资源开发的具体技术、成果制作、资源维护、运营等可采取政府购买、外包等形式，在广泛利用社会资源的操作层面完成。

3. 创新选题策划，适应多层次的社会需求

（1）注重利用需求研究，加强选题策划的针对性

《意见》指出"各档案馆（室）要加强对档案信息的分析研究、综合加工、深度开发，提供深层次、高质量档案信息产品，不断挖掘档案的价值，努力把'死档案'变成'活信息'、把'档案库'变成'思想库'，更好为各级党委和政府决策、管理提供参考。"高点站位，充分发挥好档案独特优势，为公众提供第一手翔实的历史信息，决定了开发利用选题策划既要围绕重大历史事件、重要纪念日、著名人物，又要关注社会热点和社会需求；既要突出主旋律，弘扬先进文化，又要具有本地区、本行业的特色。同时，选题策划还要具有兼顾性，能满足不同阶层、不同职业读者的需要，既要有严谨翔实的档案史料汇编、档案研究著述，也要有体现可读性和普及性的编研材料和作品。就北京而言，着力为国家和首都中心工作服务；为推动京津冀协同发展、北京城市副中心建设、筹办 2022 年冬奥会冬残奥会服务；为全国文化中心建设服务是近年来开发利用选题的重点。

（2）多角度做好不同层次、不同类型的档案资源开发

当今时代社会生活日趋多元化，公众档案需求日趋多样化，《意见》指出"在服务对象上，既为有关部门和单位服务，又为广大人民群众服务；既为城市发展和市民服务，又为新农村建设和农民服务。……特别要积极把涉及民生的各类档案、信息及时整理、鉴定出来，优先提供利用，更好为维护人民群众合法权益提供支持。"档案资源开发应将服务对象从为专家学者、编史修志和资政参考服务拓展到为社会公众服务，多方面了解、研究社会热点，依托档案资源，结合地方特色及人文优势，寻求与公众需求的结合点，在选题选材、作品类型、载体形式、传播和组织上采用大众喜闻乐见的表达方式，推出"适销对路"的图书、期刊、展览和音视频作品，兼具史料性、知识性、鉴赏性，满足不同层次需求，扩大受众面，提升开发成果的含金量。

4. 利用现代技术推进开发利用和成果传播

随着网络技术的快速发展，网络服务将成为档案部门提供公共服务的主要方式，档案资源开发模式的改变将拓展开发的空间，多媒体编辑技术将丰富资源开发的手段，网络提供的全新传播媒介更利于开发成果价值和服务作用的发挥。

首先，随着现代技术的发展，开发方式和手段的拓展有助于形成载体形式多元的开发成果。通过网络或数据库，获取互联网信息文档，运用多媒体技术对文字、数据、影像、图片、声音等多种媒体信息进行综合处理并开发，促使档案信息的广泛利用。开发成果的载体形式将出现纸质、电子产品、网络等并存局面，有的以数据库形式展现。北京数字档案馆建成后，档案资源开发将与数字化及网络建设衔接，构建网络开发平台，实现开发利用方式的历史性转变。

其次，树立融媒体理念，运用多样化的传播方式，借助大众传媒将开发成果以多媒体、影像化的立体呈现，最大限度地提高开发成果的社会认知度和利用度。档案部门应将报纸、广播、电视、网络互为整合、互为利用，着眼开发成果内容宣传性的挖掘，兼顾亲民视角、文化内涵和公益色彩，寻找可为宣传造势的热点、焦点，以新闻发布、话题制造等形式，多角度、全方位、立体式宣传引导公众，营造整体舆论环境，注重参与性、互动性和多样化，达到"立体化传播"的效果。2016 年，北京市档案馆在"北京记忆——北京文化资源大型数字平台"设置"京张铁路"专题网页；2017 年推出官方微信公众号"晒"档案、"秀"档案、"唱"档案，在更大范围宣传档案资源开发成果，传播历史文化，构建信息时代的城市记忆。

编辑研究档案信息资源 服务经济社会发展的创新实践与探索

天津市档案馆 于学蕴

　　档案编研工作是社会文化工作的重要组成部分，主要是编纂研究档案文献以传承弘扬历史，撰写档案故事以服务教育群众，编发信息专报，以顺应党政中心工作。在开展编研工作的过程中，始终坚持深入挖掘馆藏，服务党政中心工作，服务人民群众文化需求，服务天津历史文化传承的工作思路；坚持开放的人才观，对外实行开放编研，广泛利用社会力量，对内实行主编负责制，广泛调动干部的工作积极性；坚持务实，持续创新，大胆创新和拓展档案编辑研究工作成果形式，不断探寻实现档案价值最大化的方式和途径。2010 年以来，天津市档案馆档案的编研工作取得了长足发展，做了前人所未做过的事，取得了前人未曾取得的成就，在开发档案资源、服务天津经济社会文化建设方面开辟了新领域，做出了新贡献，扩大了天津市档案馆的社会文化影响。

一、创新档案编研开发的时代背景

　　1. 开展编辑研究档案信息资源是落实党中央关于推动文化繁荣发展的必然要求

　　在综合国力特别是经济实力、文化实力激烈竞争的大背景下，党的十七大做出了推动社会主义文化大繁荣大发展的战略决策。党的十八大提出了社会主义现代化建设"五位一体"的总布局，文化建设成为国家总体布局的重要组成部分。我认为，没有社会主义文化的繁荣发展，就没有社会主义的现代化，文化建设是五大战略总布局的"魂"。文化建设的目标是建设文化强国。党的十九大提出坚定文化自信，推动社会主义文化繁荣兴盛的任务，强调文化是一个国家、一个民族的灵魂，文化兴国运兴，文化强民族强，没有高度的文化自信，没有文化的繁荣兴盛，就没有中华民族伟大复兴。要坚持中国特色社会主义文化发展道路。文化强国就是在世界文化交融交锋中，增强中华文化的影响力，始终成为一种生生不息的优势文化。党和国家对文化工作的重视，良好的政策氛围为我们开展档案编辑研究工作提供了外部条件。

2. 编辑研究档案信息资源是发挥档案资源价值作用的需要

档案作为一种独特的历史文化资源，是人类文化资源的重要组成部分，是一种重要的文化资源。天津地处京畿，据通衢，扼海口，军事与经济地位十分重要。天津市档案馆藏天津市各个历史时期的档案170万卷册，其中天津商会档案、近代邮政档案、李鸿章筹办洋务档案等列入国家档案文化遗产。清末档案、北洋政府时期档案、抗日战争时期档案及民国政府档案等系统完整，数量浩繁，内容丰富，是研究天津近代历史乃至中国近代历史不可多得的资源宝藏。作为承担着档案资源保管、开发、传播重任的国家省级综合档案馆，天津市档案馆应该开发多层次、多载体的档案文化产品，把"死档案"变成"活信息"，把"档案库"变成"思想库"，使档案资源的价值优势得到充分发挥。

3. 开发档案信息资源是档案编辑研究工作自身发展的要求

档案文献编纂工作在我国有着悠久的工作传统。据专家考证，档案编纂起源于孔子编订六经，孔子对这项工作要求"述而不作"，即要求忠于原文，至今的档案文献编纂出版出版还在遵循这样的原则，对于历史研究提供了第一手的系统史料。我认为，档案文献编纂是档案编辑研究工作传统的成果形式，还不能最大限度地发挥档案的价值作用。"十二五"以来，随着经济社会和文化建设的发展，档案编辑研究工作面临着新的发展机遇，而信息技术的迅速发展，能够使编研成果传播得更远、更快、受众面更大，实现共享。而在 2010 年，我馆的编辑研究工作存在着研究成果少、形式单一、经费投入不足、研究人才严重不足等问题，制约着档案信息资源在天津经济社会发展以及促进天津文化繁荣发展中作用的发挥，因而档案馆的社会影响力、知名度以及其他功能作用的发挥都受到局限。

二、创新推动档案编辑研究工作发展的基本举措

1. 充分认识档案文化服务社会的定位

在文化强国建设中，在为人民群众、为历史研究、为党政中心工作的服务中，我们档案人的优势在哪里。我为档案总结了区别于其他文献的三大特征：一是原始记录性，在第一时间记录人们的社会实践活动；二是丰富系统性，按照立档单位进行归档管理的文献，一件件组成案卷，一卷卷组成全宗，若干全宗记录一个地区的历史，浩繁的档案资源贯穿其中的是人们实践活动的历史联系，因此它浩如烟海，数量庞大，而且排列组织有序，具有系统性；三是历史回溯性，是不可再生的、独一无二的可以重现历史的资源宝藏。档案资源因此优势，往往会成为史学界、媒体和群众关注的焦点，在 2011 年建党 90 周年和辛亥革命 100 周年以及 2015 年抗日战争胜利 70 周年纪念活动中，档案馆的纪念活动得到了天津各主流媒体和整个社会的关注，在重大纪念活动中档案以其真实的历史回溯性成为舆论关注的焦点。

2. 拓展档案编辑研究成果的形式

我把档案的编辑研究工作的内涵进行了新的归纳，档案研究成果既要有忠于原文，采用传统的档案文献汇编，又要有编撰档案故事，采用文学化的叙事技巧，展开合理想象但基本史实须真实的大众型文化书籍、文献纪录片、文艺作品、档案视频等各种形式的文化产品，还要有研究时效的资政成果，为社会和人民群众提供档案文化服务。对编研工作提出了历史研究型出精品，服务大众型社会化，资政参考型短平快的档案编辑研究工作思路，使编研工作的聚合点、着力点、落脚点，更能体现贴近现实、贴近群众的文化工作原则，更能体现档案为文化强市做出更大贡献的价值追求，更能不断创新档案编辑

研究工作的新局面。

3.树立大编研的理念整合社会各类资源

　　打造一支专业化的编研队伍，是促进档案编辑研究工作创新发展的人才保障。在局党组的支持下，针对我馆研究人员薄弱的状况，抓住我馆每年面向社会招考工作人员的机遇，整合高校、科研院所社会力量，主要打造了三支队伍：第一支队伍，建立近代天津历史研究中心，通过与高校广泛建立合作编研关系，又通过整合天津地方历史研究高端人才，使这些高端人才为编研项目的立项和结项发挥把关作用。第二支队伍，通过建立高校学生在档案馆教学实习基地，整合一批历史专业的硕士生、博士生，组织档案基础整理队伍，负责项目档案文献的初级录入点校工作，由于都是历史专业的学生，确保了基础工作的质量。第三支队伍，强化我馆专职业务骨干队伍。通过公开招聘，招入博士生、硕士生，发挥现有档案编辑人员作用，由他们带课题带项目，发挥了组织和主编的作用。这三支队伍，充分保障了档案编辑研究工作的创新发展。

天津市档案馆近代天津历史研究中心成立座谈会暨揭牌仪式

三、开发档案信息资源工作的创新成效

2010 年以来，天津市档案馆档案编研工作成果达 4000 多万字，影印出版 14 项，成果形式实现了大创新，这些成果中，不仅有传统的档案文献汇编，更多的是大众型文化书籍、文献专题片、网络视频以及大量的报刊专栏等等创新成果，创新思维推动创新实践，创新实践结出了丰硕的创新果实。

1. 瞄准热点开发档案编研文化产品

档案原始记载并忠诚再现历史的特性，重大纪念活动都是周期性的，在纪念活动的高潮中，档案文化产品格外吸引各方关注，往往成为社会、媒体关注的热点，是发挥档案文化作用、扩大档案文化影响的重要途径，在开展编研工作进行策划选题的时候首先选择具有现实意义的题目。2011 年是中国共产党建党 90 周年，辛亥革命 100 周年，2015 年是伟大的抗日战争胜利 70 周年，都是影响中国历史发展进程的大事件。先后组织出版了《中共天津历史档案选编（1921—1949）》《辛亥革命与天津档案资料选编》《日本在津侵略罪行档案史料选编》等。天津地方主流媒体得知整理档案的消息，主动找到我们提出开展合作，与天津电视台国际频道制作并播出了《辛亥革命天津记忆》10 集电视专题片、《夜光——抗日锄奸团纪实》3 集电视专题片，与《天津日报》《城市快报》《中国档案报》合作开辟专栏，刊载纪念文章

天津市档案馆部分编研成果（一）

天津市档案馆部分编研成果（二）

百余篇，成为地方纪念活动中一幅亮丽的档案风景。2019年是中华人民共和国成立70周年，2021年是建党100周年，我们提前进行了谋划，启动了中华人民共和国成立后重要文件汇编工作，开启了党史人物纪录片的拍摄。与天津电视台合作摄制的大型纪录片《海河》已列入国家档案保护与开发项目。《海河》将全面、整体展现海河及其流域的沧桑变化，力争为建党100周年奉献一部文化精品。

2. 贴近百姓打造档案文化特色品牌

有人说，生活故事远比书籍的描绘更为精彩，因为它是真实生动的。档案具有以故事、图像记载历史的特征，档案记载有的就是故事，有的可演绎成故事，而且是生动合理的真实故事，这就为开发原创性文化产品提供了第一手素材，我们藉此与天津人民出版社共同推出了《天津旧事丛书》《近代中国看天津》《中国老画报》《档案与历史》大众型通俗读物，形成享誉全国专业系统的四大档案故事品牌。在《天津日报》推出了《打开红色档案》《天津老银行》《珍贵档案》等专栏，《九河风雷》《抗日杀奸团故事》在天津《今晚报》以副刊头条分 80 期连载。我馆的档案开发工作不仅在全市文化建设中展示了档案文化的实力，并在全国档案系统文化宣传方面走在了前列。

近代百年中国社会经历了无比深刻的变革，天津以其独特的地理位置而首当其冲，1860 年天津被迫开埠，成为中国北方最大的商埠，从而在客观上加速了天津城市的近代化历程，到二十世纪二三十年代，天津作为华北物资集散地和金融中心的北方中心城市地位确立，奠定了今天天津经济发展的基本格局，是对天津历史发展影响最大的百年。在这百年的发展历程中，人是决定性的因素。是什么样的人引领了天津的近代文明，从创建民族工业到近代教育，从发展航运港口到举办城市交通，从电报电话到邮政警察，这背后有的是披荆斩棘、敢为人先，有的是坎坷踏尽、坚韧不拔，有的是海纳百川、兼收并蓄，为我们熔铸了近代天津自强不息、勇于创新、开放包容的城市精神。天津市档案馆倾力推出囊括千人的《近代天津名人传略》研究成果，首此系统撰述近代天津人物的生平事迹，是天津第一部大型任务工具书，目前已出版了 5 卷。另有 2 卷已递交出版部门。

目前，天津市档案馆已经形成了"天津旧事""近代天津名人传略""近代百年看天津""档案与历史""民国故事"五大系列文化产品，共计 30 余部。

3. 深度开发提升档案学术研究水平

打破传统整理层次，赋予更多的研究意义，开展资政服务。在传统的工作方面我们也赋予了创新涵义，提升传统型工作的层次。我们建立了近代天津历史研究中心，明确了近代租界、金融、企业、商贸 4 个发展方向，目前 3 个课题带头人的培养已经基本成熟，他们在整理出版档案的同时，都在撰写专著，商贸项目正在物色培养人选。聘请了 29 位兼职研究员，做研究中心课题最后的把关工作。我们编辑出版了《清代长芦盐务档案史料选编》《大陆银行档案史料选编》《金城银行档案史料选编》《盐业银行档案史料选编》《中南银行档案史料选编》等重点编研项目。我认为，编辑整理档案的过程，也是研究提升史料价值的过程，在编辑整理档案时，常常会启迪对现实问题的思考。我们依托近代天津大陆、金城、盐业、中南银行等"北四行"档案史料的出版，撰写了一批学术论文，组织召开了"近代天津金融史暨档案史料整理出版学术研讨会"，全国经济史、金融史学界的顶级专家、中青年骨干学者出席研讨会，编辑的学术论文集全面阐述了近代天津金融业的发展各个方面，是首部专门研究近代天津金融史的论文成果，为天津市委市政府重塑北方金融中心战略，提供了历史的借鉴，在学术界产生了广泛影响。依托《清代长芦盐务档案史料选编》的出版，与长芦盐业总公司共同组织召开了长芦文化与天津城市发展研讨会，深入研讨了长芦盐业对天津城市发展的影响，传承了天津的历史文脉。我们与天津人民银行签署战略合作协议，提出了合作开发天津银行历史档案的四项内容，将在全面整理出版天津银行历史档案的基础上，邀请业内专家举办第二次天津金融史研讨会，把我馆的研究工作提升到新的水平。

档案编研开发与档案文化建设

拓展思路 顺势而为 在档案编研领域精耕细作

——内蒙古自治区档案编研工作的回顾与思考

内蒙古自治区档案馆 王艳萍

赤峰市档案馆 范海燕

档案编研是以馆藏档案为主要对象，在对档案史料进行深入挖掘、研究的基础上，使原始的、分散的、互不统属的、隐性的档案信息以专题性的、条理化的、系统化的形式展现出来，以满足社会各方面的利用和需求，是更高层次的档案开发形式。内蒙古自治区的档案编研工作以 1959 年内蒙古自治区档案馆成立为始，和档案馆其他业务同生共存，至今已走过了 60 年的发展历程，回顾和总结这 60 年的经验和体会，对谋划和推进未来内蒙古自治区的档案编研工作具有深远意义。

一、从无到有，从小到大，内蒙古自治区的档案编研工作逐步开展

1947 年 5 月 1 日，内蒙古自治区早于中华人民共和国两年成立，作为全国第一个少数民族自治区，在百废待兴中开始了各项事业的恢复和发展。1959 年 4 月 9 日，内蒙古自治区党委批转了自治区党委办公厅、人民委员会办公厅《关于成立各级档案管理机构和档案事业机构的意见》，决定成立内蒙古自治区档案局和档案馆以及各盟市、旗县的档案行政管理机构和保存档

案的事业机构，于是内蒙古自治区档案馆及盟市、旗县档案馆相继建立。虽然建馆之初的工作重点主要放在接收、整理、保管档案等基础性工作上，暂时没有专门的编研机构和人员，但作为主动提供利用档案方式的延续，各级档案馆也开展了部分编研工作，只是当时的编研成果种类不多，篇幅不大，大多是资料汇编。诸如《关于城市人民公社问题资料》《1958 年以来内蒙古党委文件摘录》等。

十一届三中全会后，全国档案工作开始进入恢复、整顿、发展、提高的新阶段，"文革"中被撤销的档案管理机构陆续恢复。1980 年 2 月 14 日，中共中央、国务院批转了国家档案局 1979 年 8 月召开的全国档案工作会议的报告，指出："工作基础较好的档案馆要着手进行档案史料的编研工作，研究档案内容，汇编档案史料，参加编史修志，为历史研究服务。工作基础较差的档案馆，也要朝着这个方向努力。"这是中华人民共和国成立后关于档案编研工作最早而明确的指示。为了贯彻中央的指示精神，1980 年内蒙古自治区档案馆成立了编研室，1984 年又根据馆藏档案特色和工作需要，成立了蒙文档案部，负责蒙文档案的收集、整理和编研。全区各级档案馆也相继设立了编研机构，档案编研工作开始走上有机构有人员的正规发展轨道，并随着社会经济的发展和八十年代全国范围的编史修志工作的开展，档案编研工作迎来了快速发展的契机。时至今日，在编研人员的不懈努力下，全区的档案编研工作跨上了一个新台阶，取得了一些成绩。这一时期全区档案编研工

内蒙古自治区档案馆部分编研成果（一）

作的特点是：

其一，围绕党和政府的中心工作、围绕社会需求开展编研。档案是历史的真实记录，其涉及到的政治、经济、文化、民族关系、外交等诸多方面的内容都是党和国家进行现实决策的重要参考，自古就有以史为鉴，可以知兴衰，可以明得失的名言。习近平总书记在浙江工作期间就强调："经验得以总结，规律得以认识，历史得以延续，各项事业得以发展，都离不开档案。""治理国家和社会，今天遇到的很多事情都可以在历史上找到影子，历史上发生过的很多事情也都可以作为今天的镜鉴。"

内蒙古自治区一直是中国北方的重要生态防线，2000年朱镕基总理专门到内蒙古自治区考察生态建设，并明确将我区列为京津风沙源重点治理区。为了积极配合全区各地大规模开展的生态建设，内蒙古自治区档案馆编写了《穿越风沙线——内蒙古生态备忘录》，这是第一部利用档案资料编写的反映内蒙古自治区生态环境演变的著作。鄂尔多斯市档案馆编纂了《绿色档案·荒漠治理者的足迹》，锡林郭勒盟档案馆编纂了《锡盟自然灾害实录》。

2003年上半年，"非典"疫情爆发后，内蒙古自治区档案局接连下发通知指导"非典"档案的收集工作：《关于在"非典"防控过程中做好档案工作的紧急通知》《关于做好防治非典型性肺炎文件材料及时收集归档工作的通知》，并在"非典"疫情结束后，及时编写了真实记录全区抗击"非典"全过程的《内蒙古自治区抗击"非典"志》，呼和浩特市档案馆编纂了《抗击"非典"呼和浩特日志》，通辽市档案馆编写了《通辽市非典型肺炎防治工作大事记》，乌兰浩特市档案馆撰写了《乌兰浩特市抗击"非典"大事记》，这些编研成果对各级政府今后应对突发公共卫生事件有重要的参考价值。

内蒙古自治区各级档案馆还根据馆藏和现实需要，将利用率较高的档案编辑专题目录，为查阅者提供便利。诸如内蒙古自治区档案馆将馆藏有关乌兰夫革命活动、民族政策、行政区划、土地征用、绥远"九一九"和平起义前绥远部队序列及起义后部队改编序列、《北洋政府公报》《盛京时报》《伪满洲国政府公报》中的内蒙古、党和国家领导人视察内蒙古、整风运动和反右派斗争等档案，编辑了20多个专题索引。通辽市档案馆编辑了《机关事业单位工作人员和离退休人员工资调整文件汇编（1996—2001）》，兴安盟档案馆编辑了《兴安盟招商引资文件汇编（1980—2001）》，乌兰浩特市档案馆编辑了《城市建设管理文件汇编》，其他各级综合档案馆也在这方面做了很多工作。这些系统的、专题性的目录大大方便了利用者，不失为一种简洁、快速的编研形式。

其二，立足馆藏，坚持地方特色和民族特色。馆藏是档案编研的根基和保证，馆藏在某种程度上就是一个地方历史之集大成。作为少数民族地区，清政府、北洋政府、国民党政府对内蒙古地区采取了和内地不完全一样的统治政策，由此形成了大量具有地方特色和民族特色的各门类档案。以清为例，其对内蒙古地区实行的会盟制度、联姻制度、宗教制度等等，都化作档案留存下来。全区各级综合档案馆馆藏清顺治元年至宣统三年的清代档案47个全宗75000多卷册，内容涵盖清政府在内蒙古地区的建制、经济、文化、宗教、移民、边界等各项政策，有满蒙汉三种甚至是满蒙汉藏维五种文字合璧的档案，其中不乏档案珍品，如清廷的诏书、敕命、册封、王公世袭家谱等。保存较为完整且档案数量超过百卷的有喀喇沁等衙门档案5个全宗。近年来，各级综合档案馆紧紧围绕馆藏档案，从不同角度开发了独具内蒙古特色的编研成果，受到专家学者的好评。编辑出版了《伊盟王公台吉世袭表传》《清朝科尔沁三位皇后尊徽、理丧、加谥史料辑录》《清代蒙古各旗札萨克和王公世袭集》《和平使者——康熙四公主和硕恪靖公主在清水河境内的生活轨迹》《奉命征讨准噶尔史料汇编》《六世班禅经过阿拉善史料汇编》《内蒙古人民革命青年团蒙文档案史料选编》《内蒙古统战史档案史料选编》《土

内蒙古自治区档案馆部分编研成果（二）

鄂尔多斯市档案馆部分编研成果

内蒙古自治区档案馆、内蒙古大学蒙古学院、准格尔旗人民政府合编：蒙文版《准格尔旗札萨克衙门档案》（全41册）

默特旗务衙署》《中国第一个民族自治区诞生档案史料选编》《绥远"九一九"和平起义档案史料选编》《内蒙古中西部垦务志》《土默特历史档案集粹》《大青山抗日游击根据地档案资料选编》《内蒙古民族团结革命史料选编》《民国时期西北盐政史料》《解放初期包头禁烟禁毒情况》等等，为内蒙古地区近现代史研究提供了宝贵资料。

其三，蒙文档案编研工作开始起步并逐步发展。作为少数民族地区，蒙文档案是一大特色。全区各级综合档案馆馆藏蒙文历史档案约 9 万卷。阿拉善旗的历史档案完整而珍贵，自康熙二十四年（1685 年）建旗以来形成的 7000 多卷清代和民国档案全部在 1949 年阿拉善旗和平解放时移交给当地政府，是一笔难得的文化遗产，其中蒙文档案 58000 多件。有蒙文档案的档案馆大都配备了蒙语工作人员，或在编研力量不足时和大学、研究所、古籍办等合作开发蒙文档案，陆续编辑出版了《东蒙自治政府蒙文档案汇编》《准格尔旗蒙文专题资料汇编》《苏尼特右旗蒙古文史料》。内蒙古自治区档案馆、中国第一历史档案馆、内蒙古自治区蒙古史研究所共同影印出版了蒙文版的《清实录》。阿拉善左旗档案馆和伊克昭盟档案馆、内蒙古师范大学联合，将馆藏清代蒙文手抄本《亲征平定朔漠方略》整理、注释出版，成为国内首套蒙文版的《亲征平定朔漠方略》。内蒙古自治区档案馆和伊克昭盟档案馆、内蒙古古籍整理办公室、伊克昭盟成吉思汗研究所等单位合作编纂了"成吉思汗八白室"系列丛书，包括《新校勘"成吉思汗金书"》《成吉思汗八白室》《成吉思汗八白室与鄂尔多斯人》。这套系列丛书选用了大量档案、文献，是研究成吉思汗八白室、鄂尔多斯以及蒙古族历史、文化、风俗的宝贵资料，大受研究者的好评。

其四，寻求多方合作，积极推进编研工作。档案编研是一个条件性工作——档案、人员、经费三者必不可少。内蒙古自治区是经济欠发达地区，出版经费一直是困扰编研工作的一个难题。为此，编研工作者立足现实，采取多种形式开展工作。一是"看米下锅"，在经费不足的时候，先编纂馆藏本、内部发行本，待经费充足时再公开出版；二是"找米下锅"，借助社会力量，合作编研档案史料。这种方式的编研，其他省市也多有实践；三是发挥自身优势，积极主动参与编史修志，尤其是 80 年代全国大规模修志时期。

二、内蒙古自治区档案编研工作的不足

1. 全区档案编研工作发展不平衡

个别盟市、旗县没有专门的档案编研机构和人员，业务或放在办公室或归于宣传教育，遇有编研任务，临时抽调人员。编研成果主要集中在相对比较简单的大事记、组织沿革、档案馆指南、目录索引、利用效益选编等"老几样"上，编研质量参差不齐，立意选题不新，受众面窄，且内部发行的居多，这当然与基层档案馆馆藏状况和编研人员的素质有关。

2. 编多研少，编研失衡

编和研是一个工作的两个方面，相互联系，相互支撑。编是基础，研是提高。尽管编的过程也含有研的成分，诸如材料的选取、题目的确定、章节

的设置，都有对编研细节的斟酌。但总体来讲，编相对简单，研则是更高层次的在对原始档案充分分析、研究的基础上呈现的成果，体现的是作者占有、把握和分析档案史料的能力，在这一点上，我们还处在努力阶段。

三、对未来内蒙古自治区档案编研工作的思考

1. 站稳政治立场，把牢服务方向，严格履行档案编研工作者的职责

档案工作是一项记录历史、传承文明、服务社会、造福人民的事业，是党和国家事业发展不可或缺的基础性工作，具有很强的政治性。作为档案开放和公布的一种形式，所有的编研成果都必须符合档案的开放原则，必须以维护党和国家利益为出发点。编研工作者的首要职责是把牢政治方向，提高政治站位，牢记"档案工作姓党"，要做到编研工作与党和政府的中心工作相吻合，与时代的要求相吻合，与社会的需要相吻合。挖掘那些闪光的、正面的、积极向上的内容，这才是档案编研工作的价值所在。

2. 顺应时代潮流，充分利用现代科学技术，把档案编研工作推向新的高度

这个世界唯一不变的就是，一切都在变化之中。21世纪是一个日新月异的时代，是一个新观念新思维新技术层出不穷的时代。"你用的知识和工具越落后，你的事情就越多，你的效率就越低"。伴随着档案工作领域的不断拓展，档案的接收范围、接收渠道、接收种类不断扩大，为档案编研工作提供了无限的选材空间。信息技术、网络技术的发展以及档案数字化的开展，为档案编研搭建了一个全新的信息采集、编辑、发布平台。这个平台可以实现除纸质印刷以外，实效性更强、受众更广、成本更低、更具画面感的成果表现和传播形式，进而实现馆藏多媒体档案的编研和档案的多媒体编研。而集文字、录音、录像、影片等档案载体为一体的编研成果，更符合"读图时代"人们对信息传播模式的要求，从而实现档案编研工作的终极目标——档案信息的快速传递、档案资源的共享和编研成果的社会化。借助网络的编研既可以长篇大论，也可以短小精悍，既可以是故事性的讲述，也可以是图文并茂的文献展示。在保证档案信息安全的前提下，信息技术和网络技术为档案编

呼和浩特市档案馆部分编研成果

研提供了一切可能。目前，很多发达省市的综合档案馆和专业档案馆已经在探索或者在实践这种编研模式。我们唯有顺应并努力赶上。

3. 借势借力，努力打造编研精品

精品的打造不是纸上谈兵，需要真才实学。2017 年 10 月国家档案局下发了《关于开展副省级以上综合档案馆业务建设评价工作的通知》，在测评标准中，关于编研的部分一共是 4 分，细分为内部资料、公开出版、合作编研以及获得国家级和省部级奖项四个等级，标准越高，分值越高，这从一个侧面反映了国家档案局对编研工作的整体要求。

近年来，国家档案局出台了多项政策，对档案开发利用工作给予政策和资金上的支持。2015 年 12 月，国家档案局、财政部联合印发了《"十三五"时期国家重点档案保护与开发工作总体规划》（以下简称《规划》），《规划》对馆库建设、档案目录体系建设、档案资源开发都作出了明确指示。2016 年国家档案局又下发了关于编纂《抗日战争档案汇编》的通知，计划用十年时间，将保存在全国各级档案馆中的抗战档案汇编出版。这就是大势，是国家档案局对全国档案工作的指导和引领。为此，内蒙古自治区档案馆根据馆藏，抓

档案编研开发与档案文化建设

住机会，于2016年申报了重点档案开发项目《清末内蒙古中西部垦务档案汇编》（暂定名），将馆藏526卷垦务档案，除个别破损和部分蒙文满文档案外，全部影印出版，为研究清末在内蒙古中西部地区的开垦对内蒙古地区的建制、农牧业经济、生产生活方式、土地制度、民族关系、自然环境等方面的影响提供原始资料。2017年内蒙古自治区档案馆又申报了《内蒙古自治区档案馆藏抗日战争档案选编》，呼和浩特市档案馆申报了重点档案开发项目，编纂出版了《伪蒙疆政权时期"巴彦塔拉盟"》和《日伪统治时期的归绥》。2018年巴彦淖尔市档案馆和乌兰浩特市档案馆也分别申报了《抗日战争档案汇编》项目。今后，我们还将继续借助国家档案局的政策和资金支持，加大编研力度，统筹规划全区的编研工作，在档案编研领域有所作为。

其次是借力。在自身编研力量不足的情况下，我们要学会借力，借助高校、科研院所、党史办、地方志乃至其他省市档案专家学者的力量，取人所长，补己之短，多方合作，共同编研，特别是编纂大型的、多卷本的、高水平的编研成果，一定要高手合力完成。《旅蒙商档案集粹》是内蒙古自治区档案局和蒙古国国家档案局合作编纂和出版的。从2004年始，内蒙古自治区档案局先后三次派人赴蒙古国国家档案局征集有关档案史料，书中收录的很多档案都是首次公开，填补了旅蒙商档案史料的空白；内蒙古自治区档案馆还与香港零至壹出版有限公司合作编纂了《中国档案精粹·内蒙古卷》；土默特左旗档案局与呼和浩特塞北文化研究会合作出版了《土默特历史档案选》（民国时期）；中共内蒙古自治区委员会党史资料征集委员会、中国人民解放军档案馆和内蒙古自治区档案馆合编了《大青山抗日游击根据地资料选编》（历史档案部分）。所以，合作编研已经被档案部门证明是可行而有效的，并在信息技术和网络技术的支持下，合作编研会越来越通畅、便捷。

随着时代的进步和社会经济的多元发展，档案工作的外延不断扩大，档案编研在选题选材、编辑手段、成果类型、公布方式、受众需求等方面都发生了重大改变。"未来已来，无人幸免"，我们必须顺应时代的潮流思考档案编研工作，把握方向，找准位置，在档案编研这块五彩田园中，精耕细作，收获成就。

辽宁省档案馆推动档案编研
创新发展的探索与实践

辽宁省档案馆　里　蓉

党的十一届三中全会，开辟了改革开放的新时期，也为档案编研工作的开展提供了前所未有的机遇。40 多年来，特别是经过国家开放历史档案以来的不断探索、总结和提高，辽宁省档案馆档案编研工作全面发展，取得了可喜的成绩。

一、档案编研下足"六个功夫"开局起步

档案信息服务于社会进步和经济发展，是档案工作永恒的主题。档案工作的服务有多种形式，档案编研是主要形式之一。改革开放以来，辽宁省档案馆以提质增效为抓手，在六个方面下足功夫，推进编研理论和实践创新，档案编研之路越走越宽。

1. 健全机构，在完善编研机制上下功夫

编研工作是更好地发挥档案的作用，提高档案馆工作水平的一项重要工作。为适应开展这项工作的需要，1980 年，我馆即设立了编研部，配齐配强了编研工作力量，着手开展档案史料的编纂工作，先后编辑出版了《辛亥革命在辽宁档案史料》《东北义和团档案史料》《忠义军抗俄斗争档案史

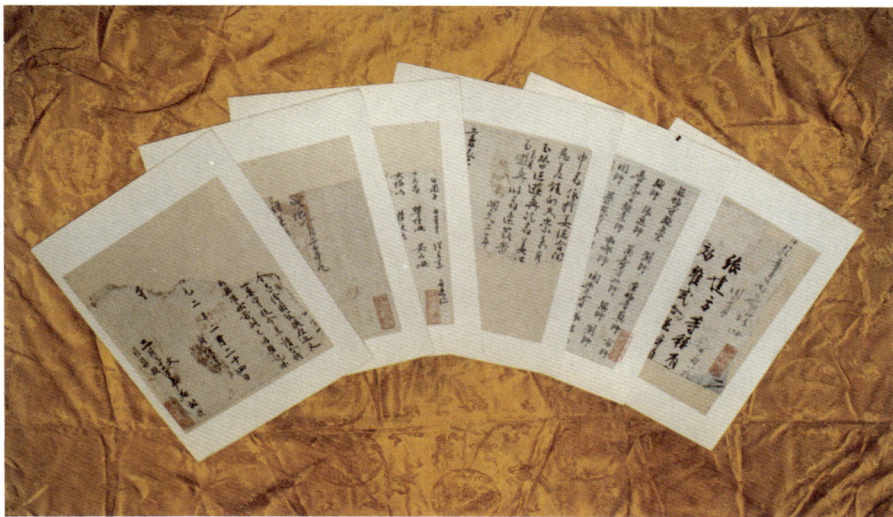

辽宁省档案馆馆藏：6件唐代档案，其中5件是唐开元二年（714年）吐鲁番的西州蒲昌府公文案卷，主要内容是蒲昌府府兵名簿、值班府兵接替及寺庙法师名单

料》《地方志档案选编》等等。应该说，在全国起步较早。随着改革开放的进一步深入，档案馆的编研工作也随之前进。为适应新形势发展的需要，上世纪90年代，我馆从立足打造编研大馆出发，对编研机构做了新的调整，1994年将编研部与利用部合并，组建了档案信息开发利用部。我馆采取了档案信息开发利用部与其他业务部相结合的形式，各自承担不同的课题，互相配合，协同工作，既发挥档案信息开发利用部在编研工作中的主力作用，又发挥其他业务部结合各自实际工作搞编研的积极性，藉以促进多出成果，快出成果，普遍提高业务人员的水平。"大编研"改革绝不仅仅意味着机构合并，重在提质增效。这一机制的转变，使我馆编研工作进入了快速发展时期，10年间，编辑出版档案史料汇编40余种150余册5000余万字，编辑出版各类学术著作20余部。这些编研成果发行海内外十几个国家和地区，扩大了档案馆在社会科学领域中的影响，受到社会各界专家学者的广泛赞誉。同时，在资政育人、服务经济社会发展等方面也创造了显著的社会效益，应该说，走出了一条既符合馆情，又利于事业发展的编研模式，在建设编研大馆的道路上迈出了坚实的足迹。

2. 精准定位，在强化服务上下功夫

改革开放以来，全社会档案意识不断增强，人们对档案的需求越来越多，各地区档案部门纷纷开展个性化档案信息服务，变被动服务为主动服务。与之相适应，做好服务成为档案编研工作的出发点和落脚点。为此，辽宁省档案馆围绕服务理念，构建相应的档案编研制度，选择相应的编研方式，满足多元化的需求，实现档案编研服务社会化。从服务对象看，有为领导决策提供参考的资政类编研，如 2003 年中央做出治理本溪、抚顺采煤沉陷区的决策后，我馆仅用两天时间便将该地区有关历史沉陷资料上报省委、省政府。省领导批示：材料很有意义，档案局主动为经济工作服务的精神和做法值得称赞；编辑《辽宁省近百年来重大疫情及防治史料》，在我省抗击"非典"期间发挥了重要作用。2004 年中央做出振兴东北老工业基地战略决策后，我们编辑了《近现代辽宁工业发展概述》《辽宁老工业基地形成和发展》等材料计 20 余万字，提供给有关部门，为制定全省有关方针政策，编制长远发展计划提供依据。2005 年 10 月，我馆在国民党荣誉主席连战来沈怀旧寻亲之际，又快速反应，出色编辑完成了连战母亲赵兰坤在辽宁私立坤光女子学校读书任教的档案材料，此书作为珍贵礼品，由时任省委书记李克强转赠给连战，为海峡两岸统一大业做出了重要贡献。2006 年，时任中央政治局常委李长春同志到抚顺视察，提出要把抚顺战犯管理所"修旧如故"，建成爱国主义教育基地。根据中央领导这一指示精神，省委将恢复抚顺战犯管理所历史原貌的查证任务交给我馆。我们就恢复原抚顺战犯管理所历史原貌及所涉及的一系列矛盾和问题，在此前相关部门调研近 3 年时间仍没有查清定论的基础上，仅用 3 个多月时间便完成了调研任务，解决了长达 3 年抚顺战犯管理所恢复历史原貌问题引发的纠纷。时任省委副书记王唯众称该工作"是一个历史性贡献"。也有为普通公民一般利用的文件汇编；有为学者开展史学研究的档案史料；也有为工作参考提供的资料汇集。从服务领域看，涉及政治、经济、文化等方方面面。从服务范围看，横跨多业。总之，我馆始终把利用档案搞好服务作为编研工作的指导思想和工作方向。回顾多年的工作实践，我们深深体会到，深化档案编研工作，首先在指导思想上要明确每一个编研课题的出台，都要有较好的服务定位，通过多形式的编研工作，拿出好的编研作品，实现编研工作的服务宗旨。

3. 把握社会需求，在优化编研选题上下功夫

选题是编研工作的首要环节。档案编研作为信息开发利用的重要部分，只有主动增强服务意识，积极应对时代需求，扩展选题范围，才能形成顺应时代主流的档案编研选题思维模式，充分发挥出档案文化价值。所以，我们在落实选题时，始终坚持做到以下三点：

（1）围绕中心、主动参与。档案编研的选题只有贴近党委、政府的工作中心，贴近人民群众，才能有效地为经济建设、社会发展服务。让档案编研成果满足社会各界及人民群众的需要，是档案编研工作的出发点和归宿。

（2）立足馆藏、突出特色。奉系军阀档案是我馆的馆藏特色，历来为史学研究者所关注。多年来，我馆在奉系军阀史料的开发上投入了大量的人力物力，制定了切实的编研计划，前后编辑出版了《中华民国史资料丛稿·奉系军阀密信》《中华民国史资料丛稿·奉系军阀密电》《奉系军阀档案史料汇编》《奉系军阀高级官员密信》《辽宁省档案馆珍藏张学良档案》《张学良与东北易帜》。其中《张学良与东北易帜》在 1998 年 12 月召开的"东北易帜暨东北新建设国际学术研讨会"上，作为重要研究资料交流，受到国内外专家学者的欢迎，并由"张学良基金研究会"将此书送给了张学良将军珍藏。

（3）争取立项、确保落实。立项是编研成果实现自身价值的最佳形式，它不仅能确保编研资金、人员、计划的落实，而且社会效益明显，因此，每年我们都把立项作为一项重要工作来抓。如 2003—2004 年，我馆争取到了东北边疆史研究课题，编辑了《东北边疆档案选辑》，该选编包括外交、边务、朝鲜移民、安东海关、旗人生活等多项内容，共计 70 余册。

4. 挖掘馆藏，在"研"字上下功夫

档案编研工作，是档案信息开发利用的深入发展。多年来，我们在编纂档案史料的同时，也注意大力提倡学术研究。

（1）将研究与编纂紧密结合，发现了大量以往未接触过的材料，澄清了许多史实，取得了可喜的成绩。如 1991 年参与撰写的《九一八事变丛书——"九·一八"事变图志》，获 1992 年第六届中国图书奖一等奖。1993 年参与撰写的《关东文化大词典》，获 1995 年全国第三届优秀教育图书二等奖。

1994 年参与撰写的《甲午战争图志》，获 1996 年度辽宁省精神文明建设"五个一"工程入选作品奖。2003 年编译的《盛京皇宫和关外三陵档案》，是全国少数民族古籍"十五"规划重点项目，为沈阳市"一宫两陵"申报世界文化遗产提供了直接的文献依据。2005 年，为纪念抗日战争胜利 60 周年，编写的《国难 国耻 国愤 国魂》大型画册，该书出版后，时任省委副书记王万宾称此书"是一部难得的爱国主义教材"。2014 年，《冯庸和冯庸大学》荣获辽宁省第八届传记文学奖，并接受了由辽宁省社会科学联合会、辽宁省文艺理论家协会、辽宁省传记文学学会联合颁发的"凤祥杯"，这是辽宁省档案界首次获得这一殊荣。2015 年，《风物辽宁》系列丛书（全 3 册）获评全国优秀社会科学普及作品奖，等等。

（2）积极寻求与地方媒体合作，加强档案文化宣传，讲述档案中的故事。如 2006 年，我馆与《辽沈晚报》合作开设了《文化大讲堂》栏目，该栏目以原始档案为素材，由省馆业务干部撰稿，讲述辽宁地区的历史、人文、地理等故事。该栏目 2006 年 10 月创办，截至 2007 年，省馆共有 45 名作者累计发表文章 59 篇，共发 87 版。《文化大讲堂》栏目创办以来，以其知识性、可读性赢得了社会的广泛认同和赞誉，成为读者最喜爱的栏目，社会影响广泛。2008 年，围绕辽宁解放 60 周年，我馆与《辽沈晚报》合作开办了《纪念沈阳解放 60 周年大型系列书场》栏目，与《华商晨报》联合举办了《影像辽宁 60 载》栏目，真实再现了沈阳解放的历史，重温了中华人民共和国成立 60 年来辽宁省发展成就。省馆有 80 名作者累计发表文章百余篇。2010 年 5 月，为加大档案文化的影响力，我馆又与《辽宁日报》合作开办了《风物辽宁》栏目，发掘出一批群众喜闻乐见的史料，共编辑出版文章 200 篇，总字数达 33 万字，成为辽宁地区档案文化品牌。2014 年，为纪念甲午战争爆发 120 周年，我们与《中国档案报》合作，公布馆藏百余件甲午战争档案。2018 年，我们与《辽宁日报》再次合作，开办《辽海印记》专栏，截至目前，共发表文章 8 篇，从新闻采访的视角介绍辽宁省档案馆乃至整个辽宁地区各级档案馆珍藏的档案，引起社会广泛关注。

（3）参与学术研究，发表了一大批有学术价值的文章，一些同志被吸收为档案学会、史学会、少数民族语言研究会等学术团体的常务理事、理事、会员，在学术研究领域越来越受到尊重和认同。

5. 适应市场，丰富形式，在系统开发上下功夫

传统的档案编研工作，往往以单一史料形式出版，社会认知面窄，影响范围也受到局限。上世纪90年代，史料汇编出版难成为档案编研发展的瓶颈。为解决这一问题，我们十分重视对图书市场的调查，根据市场需求，确定选题，及时调整出版形式，将编辑中小型专题史料向编辑大型、系统、成册史料转轨，将单纯铅印出版向影印转型，如广西师范大学出版社为我们影印出版了《中国明朝档案总汇》《辽宁省档案馆珍藏张学良档案》等等，总计100多册。与市场的深度融合，使我馆的史料汇编出版工作走出了低谷。

6. 突出特色，强化宣传，在重点档案开发上下功夫

辽宁是抗日战争的起点。辽宁省档案馆馆藏档案中保存有党在辽宁领导人民开展抗日斗争的档案文献，以及日本侵略东北的大量罪证档案。多年来，我馆立足于馆藏，着力开展日本侵华史和抗战历史研究。截至目前，辽宁省档案馆已公布出版《"九·一八"事变档案史料精编》《罪恶的"七三一""一〇〇"侵华日军细菌部队档案史料选编》《日俄战争档案史料》《中日甲午战争档案汇编》《日本侵华罪行档案新辑》《满铁经济调查会档案史料》《满铁与卢沟桥事件》《满铁密档·满铁与侵华日军》《满铁密档·满铁与劳工》《满铁密档·满铁机构》《满铁密档·满铁与移民》《满铁调查报告》《日军宣抚班档案史料》《日本开拓团档案史料》《东北抗日义勇军档案史料》等汇编专著200余册，填补史学领域空白，引起国内外高度重视和广泛关注。中央电视台、辽宁电视台、上海电视台等多家媒体纷纷到馆查阅档案，制作专题片，档案馆的社会教育职能得到了有效发挥。

二、档案编研理论与实践创新取得一系列成果

多年来，辽宁省档案馆紧紧围绕中心、服务大局，勇于探索，坚持编研有机统一、地域特色与时代特征融为一体，档案编研理论与实践创新取得一系列成果，为开创新时代档案编研工作新局面提供了有力的理论和实践保障。

辽宁省档案馆部分编研成果

1. 辽宁省工业文化发展中心正式获得批准在我馆挂牌成立

辽宁省工业文化发展中心是全国档案系统第一个工业文化发展研究专门机构，是辽宁档案部门贯彻落实党的十九大精神，全力服务辽宁经济社会发展的又一创新举措。作为省级国家综合档案馆，辽宁省档案馆在馆藏146万卷档案中，有近百万卷为近代历史档案，卷帙浩繁，内容丰富，尤以近代工业档案最为完整系统，真实记录和见证了辽宁的工业发展历程。辽宁省工业文化发展中心的成立，为推进辽宁工业文化发展研究开辟了一个崭新领域，必将在推动辽宁工业文化发展研究方面发挥出应有的作用。2018年7月23日，省委常委、秘书长刘焕鑫与原辽宁省档案局局长许桂清共同为中心成立揭牌。

2. 精心编纂推出精品编研成果，提高了档案部门在社会的影响力与地位

近年来，辽宁省档案馆立足馆藏，着眼全局，多措并举，推进档案编研再度迈上新台阶。如2017年，辽宁省档案馆坚持质量引领，以馆藏满铁档案为切入点，申报"馆藏涉日党史史料整理研究"课题，经全国哲学社会科学规划领导小组批准获得国家社会科学基金特别委托项目。国家社科基金项目具有较强的导向性、权威性和示范性作用，属于我国高层次的科研项目。此次申报成功，是辽宁省档案馆首次获得国家社会科学基金项目，实现了档案馆科研工作里程碑式的跨越，对于扩大档案部门的社会影响力具有重要支撑作用。同年，时任辽宁省委副书记、省长陈求发视察省档案馆。求发省长指示档案工作要为辽宁老工业基地全面振兴发展提供优质服务。档案馆根据省长要求，组织编辑了《辽宁经济社会发展综述1953—2015》《辽宁记忆》。9月2日，求发省长作出重要批示："省档案局编辑的《辽宁经济社会发展综述1953—2015》《辽宁记忆》，对省市县政府领导干部了解辽宁经济社会发展历史，调整'十三五'规划，具有很好的借鉴作用。"40多年来，辽宁省档案馆紧紧围绕党和国家工作大局，编辑出版了70多种史料、研究著作和宣传作品，总计6000多万字。

3. 编发《辽宁档案资政》，将"档案库"变成"思想库"，提升了档案编研服务中心工作的层次和水平

近年来，我馆围绕中心，贴近实际，积极探索档案资政服务的新思路，努力扩展资政领域，改进资政形式，于2010年3月创办了《辽宁档案资政》。《辽宁档案资政》创刊8年来，共编发38期，其中近10期得到省领导的批示。2018年初以来，省档案馆紧跟党和国家时政大势，聚焦全省振兴发展主题，先后编研《辽宁工业"全国第一"》《改革开放以来党和国家领导人关于辽宁国有企业改革讲话（摘要）》《辽宁省1954年至2013年历次机构改革文件汇编》，高效推动档案编研与中心工作同频共振，为服务省委、省政府决策提供了重要参考，得到省领导连续3次的批示。"省档案局对改革开放以来党和国家领导人关于辽宁国有企业改革论述进行了整理，很有现实意义。请省档案局按照'围绕中心、服务大局'要求，继续做好相关工作。"这是辽宁省委常委、省委秘书长刘焕鑫在辽宁省档案馆编报的《改革开放以来党和国家领导人关于辽宁国有企业改革讲话（摘要）》（辽宁档案资政［2018］第一期）上的批示。3月19日，刘焕鑫在《辽宁省1954年至2013年历次机构改革文件汇编》上批示："请将此件发到省级以上领导参阅。"3月26日，分管档案工作的副省长崔枫林在《辽宁档案资政》［2018］第三期上批示："省档案局围绕中心工作，支持改革，反应快速，值得充分肯定和表扬！要继续

发挥好存史资政作用，为辽宁新一轮振兴贡献力量。"

4. 拓展档案服务社会功能，探索出一条适合辽宁省档案馆馆情的档案编展之路

辽宁的档案展览工作，与发达省份相比起步较晚。在过去相当长的一段时间里，档案展览形式和办展模式的临时性特征非常鲜明。我们真正把它定位为档案编研的主要形式来发展，要从 2012 年算起。这一年，为促进档案展览业的发展，拓展社会服务功能，发挥新馆在经济社会发展中的重要作用，我馆设立了档案编研展览处。通过编研、展览、资政、宣传全面融合，发挥新机制优势，逐步摸索出一条适合辽宁省档案馆馆情的编展工作思路。这条思路就是着力打造档案展览的三个层面：

（1）着力使档案馆成为党建教育主阵地。如 2016 年，在国家档案局的大力支持下，我们与省直机关工委联合举办"信仰的力量——学党章党规、学系列讲话，做合格党员学习教育主题展览"，在全省"两学一做"学习教育活动中，掀起了持续的参观热潮。许多单位把展览作为"党员活动日"的生动课堂，组织党员在这里重温入党誓词，缅怀革命先烈伟绩。仅 8 月 1 日"党员活动日"一天，就接待省直机关 27 个单位 1200 余人。时任省委常委、秘书长吴汉圣专门就展览作出批示，给予充分肯定和高度评价。近些年，辽宁省档案馆还与《辽宁日报》合办"铁纪·铁流——党的纪律建设专题展"、与省委老干部局合办"向长征精神致敬——辽宁 27 位老红军英雄事迹展"，

铁血沉思——满铁与七七事变主题档案展览

均取得良好的社会反响。2017 年，适逢七七事变爆发 80 周年，辽宁省档案馆联合省直机关工委举办"铁血沉思——满铁与七七事变主题档案展览"。此次展览共展出 57 天，接待各界参观 22000 余人，引起广泛关注和强烈社会反响。展出期间，时任辽宁省委副书记、省长陈求发，时任省委常委、宣传部长范卫平等领导专程参观展览。省委常委、省委秘书长刘焕鑫还在展览总结报告作出批示："展览主题鲜明，内容丰富，充分发挥了史料的教育功能。省档案局、省直机关工委精心组织，周密安排，做了大量卓有成效的工作，应予充分肯定。"

（2）着力使档案馆成为传播人文历史文化的重要窗口。档案展览是传承历史记忆、彰显地域文化的重要载体，也是档案部门做好中华优秀传统文化传承发展工作的主要平台。辽宁省档案馆新馆建设之初，便将展览筹备工作全面启动，确定了抓住馆藏档案特点、展示地域文化特色、以档案讲故事、以档案说历史的办展思路，并在此基础上最终完成了"清代皇室档案"和"辽宁记忆"两个展览的陈列布展。2013 年新馆建成后，我们以两个常设展览"清代皇室档案"和"辽宁记忆"为依托，以临时展览作补充，着力使档案馆成为传播辽宁人文历史和文化的重要窗口。5 年来，共举办各类档案展览 15 个，参观观众超 20 万人。其中 2016 年 8 月，欧盟商会 60 余位欧洲驻辽宁各大企业高管到馆参观，这是我馆建馆 60 年来接待的首批国外团体参观者。2018 年 7 月 15 日，中国国民党前主席连战率参访团来馆。华美的皇室典籍与精彩的双语讲解相得益彰，使参观者对辽宁悠久的历史和丰厚的文化底蕴赞叹不已。

（3）着力使档案馆成为涵养中小学生家国情怀的沃土。2015 年 11 月，辽宁省档案馆被教育部、国家档案局授予全国中小学档案教育社会实践基地。为让孩子们在档案馆得到精神上的富养，辽宁省档案馆秉持"从近处着手，向长远推进"的理念开展工作，与浑南区教育局签署了《中小学生档案教育暨爱国主义教育基地共建协议》。自 2016 年秋季学期起浑南区 31 所中小学校的 30000 多名学生于每周三、周四和周五分期分批到档案馆参观展览、观看视频、听取讲座。档案馆还与北京师范大学沈阳附校、浑南区第一小学、辽宁省实验小学开展深度合作，共同开设历史课堂、合作开发中小学生爱乡课程，使社会教育职能得到了更加充分的发挥。

三、以"四个着力"不断开创档案编研工作新局面

十九大报告明确指出，中国特色社会主义进入新时代，我国社会主要矛盾已经转化为人民日益增长的美好生活需要和不平衡不充分的发展之间的矛盾。具体到档案编研领域，作为编研大省的辽宁省档案馆，其档案编研水平与经济社会发展、人民群众期待还有一定差距，必须紧跟时代步伐，始终坚守初心使命，在着力把牢政治方向、着力突出地域特色、着力推进改革创新、着力加强队伍建设四个方面下功夫，不断开创档案编研工作新局面。

1. 着力把牢政治方向，强化意识形态凝聚力引领力

档案编研开发是档案部门对外宣传的窗口和阵地，其政治方向、意识形态直接影响受众。担负起档案编研开发工作的历史使命，坚定正确的政治方向至关重要。档案编研工作者要时刻牢记"身在故纸堆，心中有宗旨"，必须有强烈的政治担当，将习近平新时代中国特色社会主义思想作为贯穿档案编研开发的一条红线和主线，在"五位一体"总体布局和"四个全面"战略布局中找准档案编研开发的发展方向和实现路径。

2. 着力突出地域特色，以机构改革为契机，在整合中集聚"旗舰效应"。

要转换思维，在遵循档案编研规律的同时，充分体现地域特色，有特色有优势才会有影响力、传播力和竞争力。李克强总理在 2018 年的政府工作报告中指出："为人民过上美好生活提供丰富精神食粮，要弘扬中华优秀传统文化，继承革命文化，发展社会主义先进文化，培育和践行社会主义核心价值观"，这些都是各级档案部门应积极开发档案资源，为之提供服务的重要方面。进入新时代，我们要认真回顾和总结"十二五"期间的发展，以"五大发展理念"为指导，特别是以机构改革重组为契机，在资源整合中突出地域特色，集聚"旗舰效应"，打造档案编研新的增长点，为中国特色社会主义文化的繁荣兴盛凝聚起实现民族复兴的磅礴精神力量做出档案编研工作者的贡献。

3. 着力推进创新引领，激发编研工作第一动力

创新是以新思维、新发明和新描述为特征的一种概念化的过程，它是一个民族进步的灵魂，是国家兴旺的不竭动力，也是一项事业永葆生机的源泉。习近平同志在党的十九大报告中指出，我们要推动中华优秀传统文化创造性转化和创新性发展。贯彻落实总书记讲话精神，推动档案编研开发实现创造性转化和创新性发展，激发编研工作第一动力，一定要坚定不移地始终把握"三个坚持"。

（1）坚持创新驱动。档案编研工作者一定要勇敢地拥抱变化，走出"舒适区"，要注意培养"崇尚创新"的价值取向，找准服务现实社会的"契合点"和"形式"，实现有效转化，激发内生动力。

（2）坚持有效供给。党的十九大报告中提出，当前社会主要矛盾已经转化为人民日益增长的美好生活需要和不平衡不充分的发展之间的矛盾，但问题在于，尽管我们进入了品质消费、精神消费的时代，但精神生产的准备不足，高品质产品的准备不足成为当前各个经济门类所面临的共同问题，而这同样也成为档案编研开发面临的突出问题。为顺应这一历史性变化，满足人民群众对党和国家工作提出的新要求，供给侧结构改革由此也成为当前和今后一个时期我国各领域、各门类发展的逻辑重点。如何从供给侧发力，生产具有时代特点，富有精神内涵的档案文化产品，对推动新时代档案编研开发具有重要意义。

（3）坚持融合发展。站在新时代新起点上，档案编研要实现新作为，必须积极扩大并提升档案文化产品的供给规模与质量，必须增强统筹意识，增强协作意识，有效整合资源，积极凝聚力量，实现宣传效果最大化。

4. 着力加强队伍建设，不断提升档案编研水平

事业的发展，核心在人才。人才是做好档案编研工作的关键。新时代要做好档案编研工作，必须有一支政治素质高、业务能力强、工作作风过硬的队伍。要提升政治素质。方向涉及根本、关系全局、决定长远。正确的政治方向是档案工作的灵魂和统帅，也是推动档案编研开发工作发展的基本遵循和根本保证；要练就一流的专业水准，即认真的态度、高度的工作激情，以及一流的标准；要练就过硬工作作风。档案编研工作意义重大、责任重大、

使命光荣，作为编研工作者要有奉献精神、敬业精神。此外，档案部门各级党组织和领导干部都要有人才意识，把人才工作的重点更多地放到使用上来，以不同形式，在职务晋升、岗位任用等方面向优秀人才倾斜，把各类人才的积极性、创造性引导好、保护好、发挥好。人才不是天生的，是同好的环境和平台互相成就的。"既要考虑利益，也要凝聚情怀……为人才成长细致入微地提供良好的生态环境。"

新时代档案信息开发与
文化建设关系刍议

吉林省档案馆　王　放　李秀娟

党的十九大报告提出了新时代文化建设的基本方略。可以概括为四句话：明确了文化建设在中国特色社会主义建设总体布局中的定位，提出了新时代文化建设的目标，指出了新时代文化建设的着力点，提出了新时代文化建设的基本要求。档案是人类社会发展的历史记录，它既是重要的信息资源，又是宝贵的历史文化资源。档案部门在推动新时代文化建设方面具有独特的资源优势。推进档案文化建设，为新时代文化建设搞好服务，既是党和政府对档案部门的要求，也是档案事业自身发展的需要。档案部门要依托丰富的档案信息资源，开发出具有吸引力的档案文化产品，吸引更多的群众走近档案，熟悉档案，通过档案文化感受社会的发展变化。档案信息开发是档案工作的重要组成部分，是档案馆向社会提供服务的一项重要的基础性工作。做好档案信息开发工作，对于促进新时代文化建设具有积极的作用。

一、服务新时代文化建设是档案信息开发之灵魂

十九大报告指出，文化是一个国家、一个民族的灵魂。文化兴国运兴，文化强民族强。没有高度的文化自信，没有文化的繁荣兴盛，就没有中华民族伟大复兴。满足人民过上美好生活的新期待，必须提供丰富的精神食粮。

档案横跨百业、纵贯千年，浩瀚的档案资源中包含着政治、经济、军事、科学、技术、宗教等丰富多彩的文化价值，积淀并承载着一个国家、一个民族共同的精神特质。五千年文明得以传播、延续、继承和发展，离不开档案的重要作用。通过对档案文献的二次开发利用，转化为新的文化成果，使档案成为一种"活"的文化。可以说，档案信息开发成果发挥着独特的文化传承与传播作用，能够唤起社会对民族根源的认同与归依，追溯源远流长的文化血脉，传承优秀的文化传统，提升国家的文化软实力和文化自信。

李明华局长在 2017 年 12 月召开的全国档案局长馆长会议上的讲话中指出，适应建设社会主义文化强国的需要，切实加大优秀档案文化产品制作力度，利用档案弘扬中华优秀传统文化、革命文化和社会主义先进文化，引导人们树立正确的历史观、民族观、国家观、文化观，坚定中国特色社会主义文化自信。因此，档案部门应站在增强中华民族文化自信的高度，做好档案信息开发工作。

二、丰富档案资源是服务新时代文化建设之本源

馆藏档案是档案信息开发工作的根本，脱离了馆藏档案，档案信息开发工作就成了无源之水、无本之木。档案馆要按照《各级各类档案馆收集档案范围的规定》，进一步加强档案资源体系建设，要不断拓展档案收集领域，在通过正常途径接收应进馆档案的同时，要把目光投向社会、投向民间，加大档案资料的征集力度，把反映本地域开发建设历史、城市变迁、社会发展、重大事件、民风民俗、非物质文化遗产等方面的不同门类、不同载体的档案资料征集进馆。同时也要加大专业档案接收进馆力度，丰富馆藏资源，优化馆藏结构，形成结构合理、内容丰富的档案资源体系，为服务新时代文化建设奠定坚实的基础。吉林省印发了《吉林省名人档案管理办法》，省档案馆制定了《关于开展吉林省教、科、文领域"名人"档案资料征集的工作方案》，收集吉林省教、科、文领域名人信息。2017年征集乒乓球冠军王皓档案50余件。多方征集日军家书档案、伪满殖民教育档案、日本老兵口述档案和伪满洲地图5000余件，填补了馆藏空白。

档案信息开发工作的特殊性，要求在充分占有大量原始档案的基础上，

方可进行高质量、高效率的信息开发。馆藏档案数量多，如果仅仅看一卷卷、一页页的纸质档案，何时才能把信息开发工作的第一步——摸底工作做完。更不必说选材、编辑了。尤其是档案信息开发工作要围绕中心工作，抓住契机，但时机稍纵即逝。提高效率是开展信息开发工作的前提。档案馆要加快推进数字档案资源建设。数据是基础性资源，也是重要生产力。馆藏档案的数字化是档案数据资源的重要来源。在资源积累的过程中，档案馆要特别注意数字资源的规范问题，不论是档案数字化副本还是电子档案，要确保从其生成起，就符合国家标准，能够有效检索和利用，为档案信息开发和资源共享奠定基础。有条件的档案部门还可以开展图像识别研究，将图像数据转换为文本数据，为深化检索、查询利用提供更大便利。

三、贴近中心与民众是服务新时代文化建设之目的

档案信息开发工作要紧紧围绕国际国内有关重大问题和经济社会发展热点问题、围绕党和政府的中心工作，利用馆藏档案资料，编写能为领导决策服务的参考资料，同时要贴近社会热点，开发人民群众喜闻乐见的档案文化产品，为社会提供多方面的服务。近年来，日本右翼不断煽动反华言论，挑起事端。长春市曾是日本侵华时期伪满洲国的"国都"，也是日本关东宪兵队司令部所在地，吉林省档案馆拥有日本关东宪兵队司令部来不及销毁的埋藏地下的档案铁证。这些档案 90% 为日文，真实记录了日本侵华的各种活动和罪行，史料价值极为珍贵。能否稳妥地利用档案这一特殊武器，让档案发声，反击日本右翼，担负起档案人的历史使命，成为摆在吉林省档案馆面前的课题。吉林省档案馆调整工作重点，将日本侵华档案整理翻译开发提上议事日程，集中人力对馆藏日本侵华档案调查摸底，加大馆藏日本侵华档案翻译、整理工作的力度。成立了 15 个子课题开发组，涉及南京大屠杀、731 部队细菌战、强征"慰安妇"、奴役劳工、对东北实施移民侵略、镇压东北抗日联军等内容。从 2014 年 4 月 22 日起，吉林省档案馆分别举行了四场中外媒体见面会，公布了日本侵华罪证档案。中央电视台、光明网、人民网、凤凰网等多家媒体报道。在中宣部的统一部署下，吉林省档案馆和中国社会科学院日本研究所共同举办了两场日本侵华档案国内、国际学术研讨会。获得国家

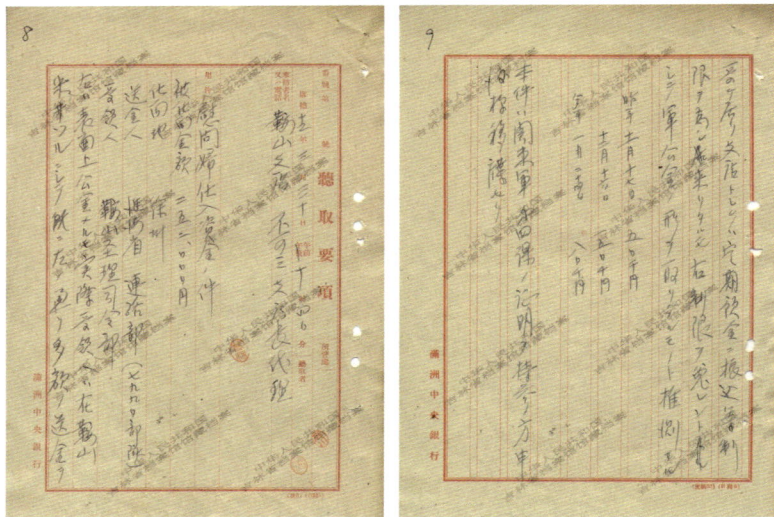

吉林省档案馆馆藏：1945 年 3 月 30 日伪满洲中央银行资金部外资课关于“慰安妇”采购资金问题的电话记录。此件档案入选第四批《中国档案文献遗产名录》

出版基金支持，与吉林出版集团编辑出版了《铁证如山——吉林新发掘日本侵华档案研究》《铁证如山——吉林省档案馆藏日本侵华邮政检阅月报专辑》等系列丛书 7 卷，对日本军国主义研究及日本侵华史研究具有重要的理论研究价值和学术研究价值。该丛书被翻译成英、日、韩、俄 4 种文字在海外发行，为世界人民了解日本在二战期间犯下的侵略罪行起到了重要作用，增强了境外宣传效果，引起广泛关注。

近年来，吉林省档案馆与吉林日报报业集团合作，在《吉林日报》文化周刊版块专门开辟了《档案吉林》栏目，以档案为独特视角，回望历史。全年除节假日休刊或有专题活动占用版面以外，保证每周二在《档案吉林》栏目刊发一篇文章，取得良好的社会效果，引起社会各界关注，一些人专门阅读并收藏栏目刊发的文章。在与《吉林日报》开辟合作栏目的同时，筹划《档案吉林》系列丛书的编辑工作，经过协调和沟通，得到了省、市（州）领导的肯定和重视，时任省委书记王儒林为丛书作序，时任省委秘书长房俐担任丛书主编。涉及到的各市（州）、县（市）委书记分别为各分卷作序，分管领导担任分卷主编。系列丛书以全省各级档案馆馆藏档案资料为载体，以档案为线索，通过一件或一组珍贵档案，着重介绍档案关联的历史事件、历史

人物，揭示档案背后的故事，讲述吉林历史与文化。由于系列丛书来源翔实，经专家论证，列入《吉林省历史文化资源整理保护与利用调研课题项目》，并纳入省委宣传部组织的《吉林省历史文化资源书系》，这标志着档案文化已成为全省文化事业发展的组成部分，还原了档案文化应有的地位。策划《清代吉林历史研究工程》，第一本书《清代吉林机构及印章图录》已出版，从清代吉林机构及印章相结合的角度，形成独具特色的研究成果。

四、多形式开发档案信息是服务新时代文化建设之途径

在档案信息开发形式上，应注重编、研结合，以编促研，以研带编，以编著公开出版的书籍、编印内部资料、档案图集、重要档案选编、拍摄电视文献纪录片等多种形式开发档案文化产品。在组织方式上，要改变档案部门单打独斗搞信息开发的状况，逐步向开放的、多方联合搞信息开发的方向发展。省档案馆联合央视李鹰工作室、长影集团拍摄了 5 集专题纪录片《世纪罪恶——关东军宪兵队埋葬档案追踪》。该片依托馆藏档案 731 "特别移送"名单线索，寻访被 731 细菌部队活体实验的 "特别移送" 人员遗属和遭受日

军细菌战残害的受害人，揭示这场细菌战给中国人民造成的累世伤痛，给中华民族造成的深重劫难。与中国人民抗日战争纪念馆、中国人权发展基金会等单位先后在国内外联合举办"铁证如山——吉林省档案馆馆藏日本侵华档案展""侵华日军化学战和细菌战罪行图片展"等，发挥爱国主义教育基地、青少年爱国主义教育基地和中小学档案教育社会实践基地的作用，既弘扬了中国人民伟大的抗战精神，发挥了档案在培育社会主义核心价值体系中的社会作用，又深刻揭露了日本侵略者的丑恶行径和滔天罪行，为爱国主义教育提供了载体，在国内外引起强烈反响。2018 年 9 月 3 日"铁证如山——吉林省档案馆馆藏日本侵华档案展"在台北市开展，台湾地区前领导人马英九先生参观展览。

五、档案信息开发人才培养是服务新时代文化建设之关键

人才是档案事业发展的关键，更是档案信息开发产品质量的根本保证。建设一支高水平的档案信息开发队伍，首先要加强对现有档案信息开发人员综合能力的培养。组织信息开发人员参加一些有针对性的教育培训，进一步优化知识结构；要走出去，多与档案信息开发工作做得好的同行交流学习，拓宽视野，逐步提高信息开发能力。2015 年至 2018 年，吉林省档案馆与韩国东北亚历史财团、首尔大学合作，连续 4 年派研究人员参加在韩国举办的"日军'慰安妇'问题国际学术研讨会"，与国际学者就"慰安妇"制度建设等问题展开深度研讨，了解了国际"慰安妇"问题研究的最新动态。其次要加强引进优秀人才。选配到档案信息开发岗位的人员，除了应具有一定的档案专业知识外，还要具有深厚的文化历史知识和较强的语言文字能力。几年来，吉林省档案馆结合馆藏特色档案，通过公务员招聘，引进日语、满语、俄语、朝鲜语人才及历史学人才，满足档案开发研究的需要。再次要努力培养专家型人才，提升档案馆在史学界的地位。吉林省档案馆通过与吉林大学等院校深入合作，着力培养日本侵华档案研究领域博士、硕士等高层次人才，形成了以高级专家、博士人才为引领的专家团队，扩展了档案研究人才的视野。吉林省档案馆与省委宣传部合作承担了国家社科基金重大委托项目"吉林省档案馆藏日本侵华档案整理研究"，经过 3 年努力，"南京大屠杀前后人口

对比研究"等 15 个子课题组完成了项目研究，2017 年通过全国哲学社会科学规划办公室审核，顺利结项；与吉林大学合作开展教育部委托重大项目"吉林新发掘日本侵华档案中若干重大侵华罪行研究"，制定了项目实施方案，确立的 11 个子课题组形成了一批标志性成果；"吉林涉日档案资料的保护与开发"项目被国家档案局确定为"国家组织和确定的重大专题开发项目"4 大项目之一。在这些项目中，由领军人才和高级专家领题，组成研究小组，带动青年骨干研究力量梯队成长，明确任务，落实责任，规定时限及成果形式，在档案研究工作中努力培育业内有影响力的专家。最后要借助外脑，积极与高等院校、研究机构、党史部门等联系，共同申报项目，共同开展研究。2019 年，吉林省档案馆与吉林省社会科学院签订了合作研究协议；与伪满皇宫博物院组成项目研究团队，开展"东北近代建筑"研究。

新时代地方综合档案馆
推进档案编研开发与档案文化
建设的新实践

——以黑龙江省档案馆为例

黑龙江省档案馆　王　芳

　　随着党的十九大的召开，中国特色社会主义进入了新时代。黑龙江省档案馆作为地方综合档案馆如何在中国特色社会主义新时代，在举国全面建成小康社会决胜阶段，在黑龙江省全面振兴发展关键时期，利用丰富的馆藏档案资源，围绕党和政府的中心工作以及时政热点问题，通过编研开发，打造形式多样、内容丰富的档案文化精品，推进地方档案文化建设，以充分展现地方综合档案馆档案文化自信，更好地发挥地方综合档案馆"资政辅政"作用，使档案信息真正成为推动黑龙江省经济社会建设的优质信息源，为早日建成小康社会，全面振兴黑龙江做出档案部门最大的贡献，是摆在我们省级地方综合档案馆档案编研工作者面前的新课题，新课题要有新答卷，付诸新实践。为此，笔者在剖析黑龙江省档案馆馆藏档案资源开发优势以及调研近年来档案编研开发情况的基础上，探寻促进新时代地方综合档案馆档案编研开发建设，以推动地方档案文化建设的新路径。

一、黑龙江省档案馆馆藏档案资源开发优势

　　黑龙江省档案馆作为省级地方综合档案馆具有馆藏档案资源数量充足，内容丰富、系统、完整，形成时间久远，载体形式多样，档案形成机关级别较高，且有较强的地方性等档案资源开发优势。

　　第一，黑龙江省档案馆馆藏历史档案形成时间久远、时间跨度大，最早的历史档案形成于1684年，距今已有330余年的历史。第二，黑龙江省档案馆作为综合档案馆决定了馆藏档案内容丰富、全面、系统。馆藏档案资料89万余卷（册），不仅数量大，内容也极其丰富，涉及政务、军事、司法、外交等社会的方方面面，并大部分独立形成全宗。每个全宗下面又分若干个目，较全面系统地记录了部门的职能范围和基本活动情况。如馆藏黑龙江将军衙门全宗档案是清代地方军事机关至今保管较完整的一个全宗，该全宗共有4.3万余个案卷，内容不仅反映了黑龙江地区的军事、旗务、民政、司法、财政经济、人民斗争、气象、邮电、中外交涉及社会风情民俗等方面情况，而且也反映了当时国内有影响的一些重大事件。该全宗案卷数量之多，内容之丰富，史料价值之大，居全国14个将军衙门档案之首。第三，馆藏档案载体形式多样，具有较高的历史价值和文物价值。馆藏档案大部分为纸质载体的公文档案，有少量的胶片、徽章等特殊载体档案。纸质载体档案中又有敕书、邮票、商标、钱币票样、银行票据、地图、信函等形式的档案，这些档案既有历史价值又有文物价值。馆藏纸质档案形式多样，风格独特。有中国传统的折子式、筒子式、两者兼有式及一般式等多种不同形式的档案，不同时期的档案在公文程式及公文用语方面也有差别，且大多为手工书写，是研究清代、民国、日伪等时期公文程式及其演变的极好材料。第四，省级档案馆性质决定馆藏档案形成机关的级别较高。黑龙江省档案馆属省级档案馆，收管档案的范围包括本地区具有最高职能部门及所属机构形成的档案，这些档案反映了本地区重要方针政策和重大事件、主要职能部门的中心工作和基本情况。如黑龙江行省公署全宗档案。第五，黑龙江省档案馆属地方档案馆，地方档案馆决定馆藏档案内容带有黑龙江地方性。黑龙江省档案馆馆藏档案记录了本地区的社会实践活动，较全面地反映了本地区的历史、文化、政治、经济、民族、宗教等方面的面貌。如馆藏有反映鄂伦春等本地区少数民族活

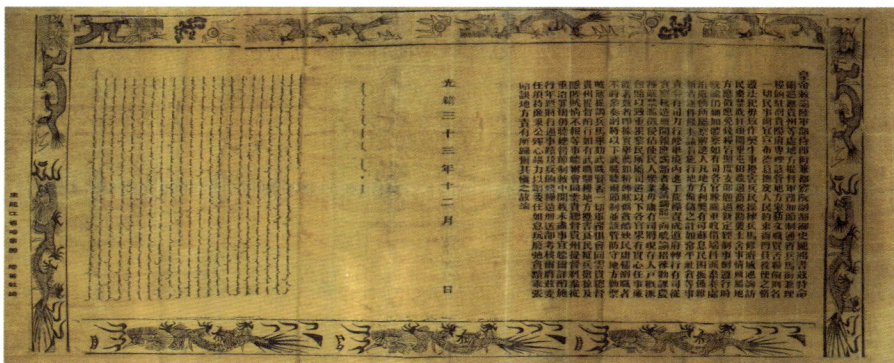

黑龙江省档案馆馆藏：光绪三十三年敕谕誊黄图

动的档案、有地方政权组织档案等。第六，馆藏档案语种较多。有中文、满文、蒙文、俄文、日文、英文等不同语种的档案。满文、蒙文现在已很少使用，这部分档案不仅具有史料价值，而且又是语言学家研究语言不可多得的珍贵材料。

总之，从黑龙江省档案馆馆藏档案客体本身来看，蕴藏着许多潜在的编研开发价值，如果能有效地挖掘并利用这些珍贵的馆藏档案资源，采取灵活多样的形式打造有黑龙江地方特色的档案编研精品，那么就可推动黑龙江省地方档案文化建设。

二、近年来黑龙江省档案馆档案编研开发基本情况

近年来，黑龙江省档案馆积极开展各种档案编研开发活动，使档案馆的文化功能和文化氛围得到了有效提升，档案文化为大局、为中心、为广大人民群众服务成绩显著，推动了黑龙江档案事业的发展。

1. 深挖馆藏资源，奠定编研基础

一是 2013—2015 年黑龙江省档案馆针对馆藏重点全宗档案全面开展了珍品调查工作。成立了调查小组，确定档案重点全宗，抽调了解历史、能读懂古公文的档案人员，调查珍品档案，登记造册，以备利用；二是寓馆藏档案信息资源调查于档案馆的各项工作之中。既完成了档案管理部门的工作计划，

又挖掘了馆藏档案信息资源，还避免了专项调查给档案带来的损坏，可谓一举多得。如借助历史档案张页号编制等基础整理工作，发现馆藏珍品档案，登记造册，摸清家底。

2. 依托馆藏资源，打造编研精品

（1）编撰文献丛书，推出编研精品

黑龙江省档案馆编研机构成立于1964年，至今已有50余年。50余年来，在馆领导的高度重视和编研人员的辛勤努力下，依托省级地方档案馆特有的档案资源优势，通过联合编研、以研带编等方式，相继编撰出版书籍70余种，其中《黑龙江历史大事记》1986年获中国档案学会档案学优秀成果二等奖；《中东铁路》1992年获中国档案学会第二次档案学优秀成果二等奖；《黑龙江省档案馆指南》1997年获中国档案学会档案学优秀成果三等奖；《731部队罪行铁证》2004年获黑龙江省第十一次社科优秀成果三等奖、2006年获中国档案学会第五次档案优秀成果一等奖等。这些编研成果，方便了利用主体对馆藏档案客体的有效利用，受到了利用主体的好评。

此外，近年来，黑龙江省档案馆利用丰富的馆藏档案资源，围绕党和政府的中心工作以及时政热点问题，充分发挥档案的"资政辅政"作用，主动服务，编写史料文章，并以简报的形式于《龙档资政》刊登，旨在使档案信息真正成为推动黑龙江省经济社会建设的高效信息源，为早日建成小康社会，全面振兴黑龙江做出档案部门最大的贡献。《龙档资政》推出至今已出刊14期，受到省、市（地）领导和有关部门的关注和好评。先后有省委常委、常务副省长李海涛，省委常委、秘书长张雨浦等5位省领导为《龙档资政》签批20余次。

（2）举办专题展览，展现编研精品

利用爱国主义教育基地，举办各类专题档案展，展现编研精品。2001年黑龙江省委、省政府命名黑龙江省档案馆为省级爱国主义教育基地。2009年黑龙江省档案馆搬迁新址，利用1000平方米的档案展览大厅，围绕党和政府的中心工作、重要节点，依托馆藏档案资源，举办各类档案展览，对社会开放。如举办"让档案为历史作证""黑龙江历次党代会展""黑龙江历史记忆"等展览。通过举办固定展，使档案馆真正成为宣弘扬龙江文化的教育阵地。

此外，黑龙江省档案馆还根据流动展览主题突出、内容集中、规模较小、便于搬动等优点，不定期举办各种主题的流动展，方便群众参观。如自 2013 年开始，连续 5 年在"6·9"国际档案日之际，分别以当年活动主题举办流动展；举办"铭记抗战胜利"等流动展览，并将展览办到社区、机关、部队、学校、监狱等单位，拉近档案与民众的距离。

（3）利用媒体功能，宣传编研精品

利用媒体的传播功能，发布档案文献、档案珍藏、发掘的档案故事和各方面的研究成果，为社会提供档案信息服务，更好地担负起公共档案馆的文化教育责任。如 2003 年，借助清代呼兰府《婚姻办法》成功列入《中国档案文献遗产名录》之契机，利用"黑龙江新闻夜航"电视媒体专访及《中国档案报》《新晚报》专题报道等宣传馆藏，扩大知名度，使黑龙江省档案馆珍藏的清代呼兰府《婚姻办法》档案文献很快引起了社会各界人士的关注。

三、探寻黑龙江省档案馆档案编研开发的新路径

虽然黑龙江省档案馆档案编研开发取得了一定的成绩，但还不能满足"十三五"时期经济建设和百姓对档案文化产品的需求，编研产品还存在数量多，精品少；编纂多，研究少；一般材料多，特色材料少；为历史服务的选题多，为现实服务的选题少等不尽如人意之处。因此，新时代地方综合档案馆必须深入开展档案编研开发，积极融入经济社会发展大局中，创新工作思路和服务方式，为经济发展、为社会民生服好务。

1. 瞄准服务时机，增强服务意识

档案编研者要瞄准服务时机，增强主动为经济建设和社会发展服务的意识，改变过去编研产品为历史服务的选题多、为现实服务的选题少等问题，增强工作的主动性、预见性、创新性，紧跟形势，根据国家经济文化建设和地方区域发展的实际需要选择具有现实指导、借鉴意义以及社会热点等方面的课题，及时主动开展编研工作，为领导决策提供借鉴和参考。如黑龙江省档案馆根据黑龙江省委、省政府立足黑龙江实际，提出了构建"黑龙江陆海丝绸之路经济带"的总体设想，充分发挥档案"资政辅政"作用，利用馆藏

有关"中东铁路"方面的档案，撰写了《中东铁路与黑龙江地区历史上的"一带一路"》史料文章，刊发在馆编印的《龙档资政》简报上，呈（报）送省市主要领导、市（地）主管领导以及省直主要单位、市（地）档案部门。受到省委常委、常务副省长李海涛等有关领导的高度关注和好评。

2. 加强基础建设，夯实编研基础

一是加强资源建设，丰富编研内容。丰富和优化馆藏量、增强档案信息存储能力是实现档案编研、满足利用者需求的前提条件和必要手段。尽管黑龙江省档案馆馆藏档案资源具有一定的编研资源优势。但是还不能满足"十三五"期间档案编研工作的需求，必须根据实际需求，突出地方特色，关注地域文化，广开渠道，加大档案馆接收、征集、整合档案资源力度，以满足经济建设和百姓对档案文化的需求。如黑龙江省档案馆到黑龙江 25 个市县征集知青到黑龙江上山下乡的档案资料，并建立"知青档案目录数据库"。

二是加强信息化建设，提高编研效率。档案编研工作想多出成果，快出成果，信息技术手段的运用是必不可少的。但是，近年来由于受经济条件、人才局限以及基础工作薄弱等诸多因素影响，黑龙江省档案馆档案信息化建设整体工作进展缓慢，给档案编研工作带来不便，也使馆藏档案信息资源与其他信息资源不能整合，不能实现档案信息共享，影响了档案编研效率。为此，地方综合档案馆要展现编研精品，须尽快解决制约档案信息化建设的瓶颈问题，以适应新技术环境下档案编研工作需要。

3. 借助外援力量，丰富编研精品

地方综合档案馆要树立合作编研理念，以丰富编研形式，提高编研质量。地方综合档案馆要用己之长，克己之短，就不同编研选题，借助相应外力，联合打造编研精品。如就地方综合档案馆史料研究专业人员匮乏，编研成果编纂多、研究少的问题，可以针对史料选题，请相关专家联合开发编研产品；就专题展览展现手法单一、科技含量不足问题，可以和专业设计公司合作；就编研产品单一问题，可以同广播、影视、网络等多媒体合作，联合打造满足社会需求、大众喜爱的声像编研精品。此外，地方综合档案馆不仅要利用好各级档案网站，把档案网站打造成档案文化建设的窗口，还要利用好知名

网站，借节日或纪念日之机，主动和知名网站联手打造档案编研产品。

4.打造宣传平台，扩大受众范围

根据主题、传播目的和受众类型选择档案文化产品宣传形式。充分利用平面媒体和立体媒体，通过报纸、期刊、书籍、广播、影视、网络、智能手机等传播媒介宣传档案开发成果，提高档案文化信息的辐射面和利用率。如利用智能手机宣传文化产品。利用移动应用的便捷性及其丰富强大的应用软件能为广大用户带来最大的实用性及娱乐性优势，宣传档案文化；再如推送"可以带走的档案文化"。此外，还可以利用书签、明信片、宣传卡片、水杯、文具用品等小件档案产品，宣传档案文化。

以馆藏档案为元素的折扇

5.利用地缘优势，促进国际交流

档案作为一种文化财富，它是有国界的，但是作为一种文化资源，它又是人类共享的。档案开放已经成为当前世界的潮流，各国通过档案的交流，增进了彼此的了解和友谊，为我们构建和谐社会创造了良好的外部环境。通过异质文化的交流，使我们在吸取他国先进经验的同时，也传播了中国的档案文化；通过异质文化的交流，使我们在不断地学习摸索中形成最具中国特色的档案文化，为世界所知所赞。如黑龙江省档案局（馆）已经与近邻俄罗斯哈巴罗夫斯克边疆区档案局、斯维尔德洛夫斯克州档案局建立了每年互访机制，并签署了交流合作计划或交流合作意向书，在维护国家利益的基础上最大程度地开展档案领域的有效合作，以促进中俄两国的档案文化交流。

深入挖掘城市记忆
助力上海文化品牌

——上海市档案馆编研工作回顾与前瞻

上海市档案馆　邢建榕　董婷婷

文化品牌是一座城市的精神载体，承载着城市的人文历史、文化品格和理想追求。最近上海开展打响"上海文化"品牌工作，制订了《全力打响"上海文化"品牌加快建成国际文化大都市三年行动计划》，其中提出要用好用足上海红色文化、海派文化、江南文化的丰富资源，全面打响"上海文化"品牌，加快建成国际文化大都市。

作为上海文化的重要资源和载体，讲好档案里的故事，这不仅是我们上海档案的品牌，也可以成为"上海文化"的品牌。因此，回顾上海市档案馆编研工作的一些做法，探索下一步工作的拓展路径，会有利于今后工作的开展和提升，进一步发挥好档案资源的社会价值和资源优势，为"上海文化"品牌建设注入独特的档案元素。

一、立足馆藏编纂，开拓对外合作

近年来，上海市档案馆着力推进档案文化建设，牢牢抓住重大纪念活动、社会关注热点等契机，制作、出版具有档案特色的系列读物，推出微信公众号，拍摄微纪录片，不断提高编研质量，提升编研水平。

1. 编纂史料珍品

馆藏档案是编研工作立足之本，一直以来，编研人员不断深挖馆藏档案资源，潜心编撰、研究，档案编研成果丰硕。2012 年 11 月《上海近代广告业档案史料》出版，该书内容全部选自馆藏，其中部分来源于上海公共租界工部局的英文档案，时间跨度约五十年，分为租界广告管理、华界广告管理、上海市广告商业同业公会广告管理、广告业研究文稿等四部分，图文并茂，配有近 300 幅图片。

2013 年 12 月出版《上海珍档——上海市档案馆馆藏珍品选萃》，该图集是从馆藏 350 余万卷（件）档案中精选而成，浓缩了上海历史发展的精粹，反映了上海城市发展的前世今生，充分展现了"上海是理解近现代中国的一把钥匙"。全书计收录档案及实物图片 500 余幅，其中大量档案文献为首次公布，时间跨度自晚清至 1949 年，内容分为上海溯往、租界始末、海上风云、城市发展、万商云集、多元文化六大板块，系统梳理并反映了近代上海历史发展的源流和概貌。

2014 年 5 月《海上金融——上海市档案馆藏档》图册出版，该书主要从金融的视角回溯上海这座城市的历史，通过大量的档案、照片和相关实物，再现开埠以来上海的金融历史和现状。这些珍档涵盖银行、保险公司、证券交易所、同业公会等，种类齐全、数量多、价值高，全书分成三大章节，分别是外商金融机构、华商金融机构和解放初期的上海金融业，并且附录了 1847—1949 年上海外商银行一览表和近代上海主要金融人物一览表。

2014 年 11 月出版《上海市档案馆藏中国近现代名人墨迹》一书，本书精选 223 件近现代名人墨迹，均为函札，既体现出名人档案的特点，也便于集中展示和观赏。书中所收函札虽限于每人一件，但内容独特、书法精妙、体例整齐。本书所选函札，绝大多数为首次公开，许多内容涉及一些重大历史事件，隐涵着许多重大历史变故，对解密历史内幕、探悉历史真相，具有重大价值。

2015 年 12 月《日本侵略上海史料汇编》（上、中、下）出版，该书在原有出版史料书籍的基础上，进一步增补新发掘相关档案史料，重新整理编纂而成。全书凡 254 万余字，三大卷本，系统整合抗战时期上海的档案史料，使其更加完备。每卷各有侧重，并按时间顺序和内容分章编排。上卷侧重辑

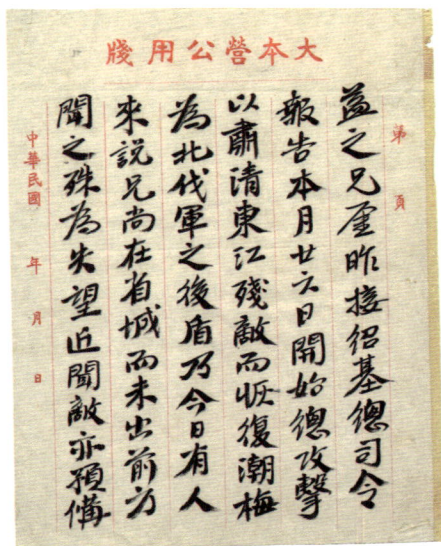

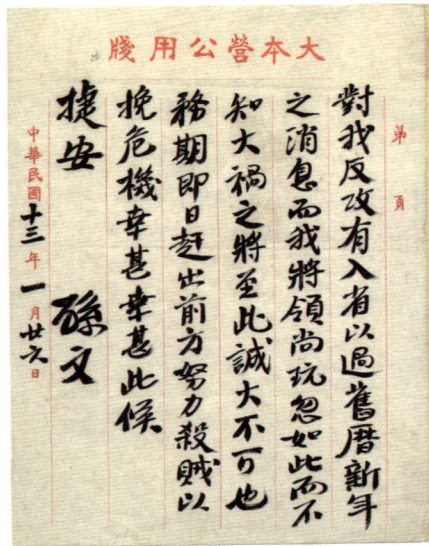

上海市档案馆馆藏：珍贵档案之孙中山致朱培德函（1924年1月26日）

录日本侵略上海的战事史料，中卷侧重辑录占领期间日本在上海扶植操纵傀儡政权及其残暴统治的珍档秘辛，下卷侧重辑录日本对上海的经济统制与掠夺等方面的史料。

2016年6月，出版《上海的俄罗斯记忆》图册。该书为回顾和展示百余年来上海与俄罗斯人文交往的历史，进一步增进中俄两国人民的传统友谊，以馆藏档案文献和图片资料为基础，充分借鉴已有研究成果，精心编撰而成。6月24日，《上海的俄罗斯记忆》新书首发暨专家研讨会在市档案馆外滩馆举行，俄罗斯驻沪总领事A.叶夫西科夫应邀出席并接受赠书，其对该书给予高度评价。

2017年3月，经过一年多的精心选编和悉心考订，《不忘初心——上海市档案馆藏红色文献选萃》出版。该书选录馆藏红色文献190余组，采用图片700余幅，旨在从党的宣传工作的角度，再现我党在上海建立宣传工作阵地，传播马克思主义，宣传党的政治主张，组织动员人民群众参加反帝反封建革命斗争，反抗日本帝国主义侵略，领导全国人民反内战反独裁，建立人民民主政权的历史过程。相关专家学者对该书出版给予高度评价，认为这是把红色资源利用好、红色传统发扬好、红色基因传承好的一次有益尝试。

档案编研开发与档案文化建设

2. 开拓合作途径

除了深挖馆藏之外，上海市档案馆还积极开拓编研渠道，加强与外单位合作，不断网罗各方材料，推出了一系列编研精品。

2012年3月，由上海市档案馆与印度驻上海总领事馆合作编辑的《泰戈尔与上海》一书出版，配合了当年中印友好年的相关宣传活动。

该书是以"泰戈尔的中国之旅"图片展为蓝图，精心编辑而成，是上海市档案馆首次以一个外国文化名人为主题编辑出版的图书。围绕一个主题，从海内外广泛收集资料，升华和拓展了传统编研方式，因为有关泰戈尔的图片和档案本馆并未收藏，如何做到"无中生有"？这是以往所没有经历过的新工作。我们以泰戈尔到过的中国所有城市为线索，从当地的图书馆、档案馆和老报刊中，收集到了许多极为珍贵的历史资料，图文并茂，通过约8万字、200多幅图片，比较完整地勾勒出泰戈尔与中国、泰戈尔与上海的不解之缘。本书荣获第12届"银鸽"奖（由中共上海市委外宣办组织）。该书出版后，相关展览被引进到印度泰戈尔故居进行永久陈列。

而《日出东方——中国共产党诞生地的红色记忆》一书的出版，则是上海市档案馆和中共上海市委党史研究室共同策划，合作出版的。该书于2014年6月出版，以通俗易懂、图文并茂的形式，将共产党在上海发展壮大的过程呈现在读者面前，以大量鲜活生动的实例，再一次印证了上海在中国革命史上的重要地位。该书分为上、下两册，总体脉络划为建党时期、土地革命战争时期、抗日战争时期和解放战争时期四个板块，共收录革命历史故事200余篇，图片千余幅。将翔实丰富的史料，以平实通俗的笔调写成一则则精彩的故事，使之成为独具文化普及价值的党史读物，满足了不同层次读者的阅读需求，宣传了作为中国共产党诞生地——上海的红色记忆。

2014年11月《外滩影像：1841—1949》图册的出版，则是在征集民间收藏家收藏的基础上，结合原有馆藏照片档案编撰而成。该书的图片，主要来源于一位照片爱好者，他积一生之力，搜集了数千张极为珍贵的外滩照片，并将年代线索融入历史时序的脉络中，集中反映外滩不同历史时期的发展风貌，使得消逝已久的外滩旧貌得以重现。我们与他进行了多次接触后，达成了捐赠意向，也因此促成了该图册的出版。图册分为大都会的原点、新世纪之光、黄金时代、硝烟下的黄浦滩、奔向光明等章节，完整地勾勒出外滩百

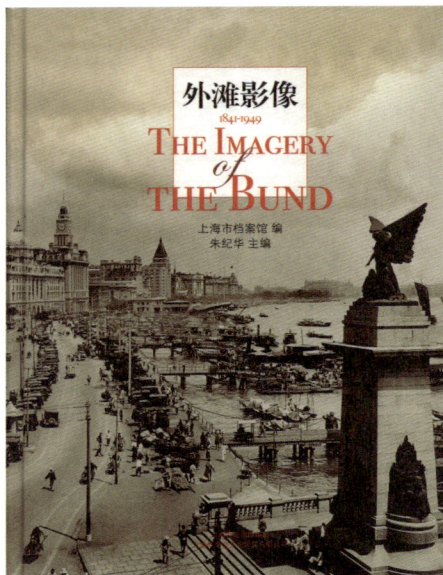

上海市档案馆编：《外滩影像》

　　年的辉煌历程，再现百余年外滩华丽转身的一个个精彩瞬间，可以说，是从档案和历史的视角对上海这个特殊城市空间一次新的解读。

　　2017年7月编撰出版《我们的故事——精算师在上海》（中英文对照）图册，该图册部分内容与框架体系源自档案馆与陆家嘴金融贸易区管委会等机构联合举办的同名展览。为深化相关问题研究，助力上海国际金融中心建设，我们在展览基础上，通过深入挖掘、精心整理馆藏相关档案文献，大量增补有关内容，并与上海财经大学等院校和有关人员通力协作，编撰完成了该图册。该书为社会公众开启了一扇了解中国精算师职业的窗口，读者从中不仅可以洞悉中国精算师职业艰辛探索的不凡历程，也能通过一个职业群体的兴衰管窥中国社会的巨大变迁。

二、不断创新形式，扩大社会影响

1. 推出微信公众号

　　在传统的编研形式之外，上海市档案馆紧跟时代潮流，推出微信公众号，努力创新传播形式。2016年3月4日，"档案春秋"微信公众号正式上线，首条推送吸引超过10万人次阅读，上线25天即获开通原创保护和留言功能（一般需半年以上），在全国档案行业200多家微信公众号日、周、月排行中多次名列榜首，目前关注粉丝人数已超过14000。

平时，结合时事改编推送"档案春秋"历年精彩文章，节假日还会推送和节日主题相关的内容，如在三八妇女节、五一劳动节、六一儿童节、十一国庆节，推出馆藏相关老照片精选系列。在"6·9"国际档案日当天，精心编辑并推送2016年"上海市档案日"系列活动预告和馆藏红色珍档公布有关内容，获得受众积极反馈。

截至2016年12月中旬，共推送微信推文110篇，选编文字60余万，配图1100余张。其中数十篇次经我方授权被凤凰网、"澎湃新闻"、《国家人文历史》、《解放日报》、"伴公汀"、《作家文摘》等权威媒体网站或微信公众号转载。

2017年"档案春秋"微信公众号继续保持良好发展态势。全年推送微信104篇（约40万字，配图1500余张），191篇次经授权被全国及上海的新媒体转载，其中"上海发布"、《国家人文历史》、"上海观察""澎湃新闻"《文汇报》等五家权威媒体的转载量达135篇次。2017年位列全国档案微信公众号（省级）排行榜榜首。

"档案春秋"微信公众号从内容取材、二次传播等方面着手，重点加强与"上海发布"、《国家人文历史》、上海电视台等部分权威媒体的多渠道、多形式合作。以与"上海发布"合作为例，自2017年5月以来，双方已联合发布有关"外滩""豫园""淮海路""文庙"等反映上海历史变迁的图文推送20余篇次，同时也借该平台向上海市民宣传、推介档案部门的重点工作和精彩活动。截至2017年12月，累计微信、微博推送33篇次，点击量超过460万。不仅提升了"档案春秋"微信号的综合影响力，也拓展了档案馆对外宣传的渠道，使新媒体与档案宣传工作有机结合，取得了1+1>2的成效。

2.打造城市微纪录片

为了让编研成果更加形象生动，上海市档案馆探索更多编研形式，微纪录片就是其中一种。

2016 年 8 月我们拍摄制作"城市记忆"系列微纪录片——《上海记忆——他们在这里改变中国》。该项目为"十三五"期间上海市档案馆与上视纪实频道（真实传媒）联合打造的城市外宣品牌，立足全球化语境，契合新媒体传播方式，凸显档案特色。该片共 8 集，每集 8 分钟，是档案馆为纪念建党 95 周年、迎接建党 100 周年推出的外宣力作，也是顺应移动互联网时代即时性、轻量化传播的最新尝试。影片以珍贵文献、历史画面、实地探访等多种形式，全景式地再现了自 1921 年诞生至 1937 年全面抗战爆发 16 年间，中国共产党在上海波澜壮阔的历史。特别值得一提的是，《毛泽东传》作者、原 BBC 记者、英国历史学家菲利普·肖特担任全片历史叙述人，不同于以往党史题材的纪录片，该片以一位西方记者的视角探究中共创建的历史必然性，以全球化的视野追溯中国人民选择自己道路的内在逻辑。片中鲜见刻板说教，肖特的理性观察和偶尔轻松幽默的表达使全片于深刻中体现特殊的亲和力。全程英文主持，别具宣传效应。

影片在上海电视台纪实频道首播后，国庆期间又登陆中央电视台英语新闻频道向全球播放，引发社会各界强烈反响和好评。播出 3 个月后即获全国优秀纪录片奖。

2017 年我们又以金融历史为主题，策划拍摄"城市记忆"系列微纪录片（第二部）——《上海记忆——金融的变迁》，共 8 集，每集 12 分钟。这次菲利普·肖特通过实地探访和珍贵档案展示，深入浅出地讲述上海金融业百年发展历史。馆藏金融档案是该片一大看点，这些珍贵档案记录了上海乃至中国金融发展史上许多重要的历史事件和人物。如上海证券物品交易所创立之初的档案文献、1934 年上海商业储蓄银行董事长陈光甫牵头上海金融界请求稳定银价致美国罗斯福总统电原文、中国征信所创立之初的档案文献、中国金融界早期著名人物的照片及日记手稿等。

2017 年 5 月 24—27 日，《上海记忆——金融的变迁》在纪实频道黄金时段首播后，引起社会各界广泛关注，新华社、《人民日报》、中新社、上海电视台、《解放日报》、《文汇报》、"澎湃新闻"等各类媒体做了详细报道。该片荣获第十二届"中国纪录片国际选片会"创优评析历史文献类一等奖，并被中宣部对外推广局列为对外宣传项目，在该局支持和指导下进行海外推广。

三、提升办刊水平，构筑学术联系

1. 不断提升办刊水平

常规编研工作继续扎实推进。《上海档案》和《档案春秋》是上海市档案馆出版的两本月刊。

前者是专业档案期刊，虽为内部发行，但创刊以来致力于宣传档案和档案事业，介绍上海档案工作的新经验、新成果和新信息，传播档案学理论，增强档案业务交流，打造海派档案文化，广受档案界同仁称赞。后者是一本综合性档案文化类刊物，集真实性、可读性和教育性于一体，刊载文章注重正能量，兼具轻松休闲和史料收藏双重价值，近年来深得社会好评。

上海市档案馆以两本杂志为重要平台，普及档案文化。《上海档案》是从档案人、档案工作的视角见证上海的发展，《档案春秋》则是从市民个人的角度辅以档案的支撑，展现个体在上海这座大都市中的经历和生活变迁，刻画一个个鲜活的历史片段。2013年《档案春秋》对相关栏目进行了适当调整，2015 年《上海档案》进行扩版，进一步充实杂志内容，丰富杂志内涵。两者皆有志于凸显档案文化，传承城市精神。

2. 深化档案史料研究

《上海档案史料研究》论丛是另一项常规编研成果，旨在深层次开发档案信息资源，深化上海历史研究，加强档案馆与学术界的联系与交流，为本馆档案文化开发利用提供坚实基础。论丛创办于 2006 年，每年两期，2017年起改为一年一期，设有《专题研究》《口述历史》《读档札记》《档案架》《档案指南》《学术动态》等栏目。该书并不局限于对上海一地的研究，而是在更为广泛的基础上探讨上海与周边地区的发展关系，以及与全国政治、经济、文化上的相互联系、交融和影响。

我们认为，没有一定的学术研究作为基础，绝没有相应的档案文化普及和传播，这两方面相辅相成，因此即使在办刊人手紧张的情况下，仍继续加强与学术界的交流，继续出版好论丛。

四、传播档案文化，开展档案评审

1. 市级档案文献遗产评选

为保护和传承城市记忆，上海市档案馆不断探索档案深层价值，2011 年正式启动本市"记忆工程"，开展上海市档案文献遗产和优秀档案文化传播项目的申报、评审工作。

2011 年 6 月，上海市档案馆在全市档案系统内启动首批市级档案文献遗产评选活动，前后历时两年，从制定申评规则，到组织发动，再到初审、复审、终审，最终有 9 项珍贵档案入选本市首批档案文献遗产名录。该项目与"世界记忆工程"及"中国档案文献遗产工程"一脉相承，旨在保护不可再生的宝贵资源，留存人类不容遗忘的历史记忆。首批入选的 9 项上海市档案文献遗产，包括《鼎丰公记酱园合同议据》《黄天白所写之嘉定大事记》等 6 项档案，及已列入《中国档案文献遗产名录》的《共产党宣言》中文首译本、江南机器制造总局档案和上海总商会档案。

2014 年 10 月，第二批市级档案文献遗产评审工作正式启动。这次评审活动突破了原来只在档案系统内部开展的先例，直接面向整个社会，包括上海图书馆、犹太人纪念馆以及收藏家个人，大大扩展了参评范围。在专家评审环节，增设申报单位论述和答辩环节，规范答辩流程，使整个评审活动更加专业化和透明化。最终，中国近现代名人函札汇集、盛宣怀档案、犹太难民上海逃难生活档案、近现代中国婚书等 8 项珍贵档案，入选第二批档案文献遗产名录。两届入选项目的档案从多个侧面反映了上海政治、经济、文化等方面的历史变迁，折射出上海城市近代化的发展历程，凝聚着上海社会发展的共同记忆。

2. 市级优秀档案文化传播项目评审

在启动上海市档案文献遗产评选活动的同时，为开发档案资源，弘扬档案文化，上海市档案馆同步开展上海市优秀档案文化传播项目评选活动，"十二五"期间，成功举办两届上海市优秀档案文化传播项目评选活动。首批有包括"中共建党早期珍贵影像的首次发现与推广项目""浦东记忆"系列展等在内的 12 项优秀档案文化传播项目获奖，而"红星照耀中国——外国

"红星照耀中国——外国记者眼中的中国共产党人"档案展

记者眼中的中国共产党人"档案展、《海上警察百年印象（1843—1949）》、《上海电信史》等 10 个项目荣获第二批上海市优秀档案文化传播项目。这些获奖项目汇集了近年上海有关部门的优秀档案展览、出版物及影像制作成果，展示了档案资源及档案文化传播在文化交融中的独特魅力。

3. 积极协助世界记忆遗产申报

世界记忆遗产又称世界记忆工程或世界档案遗产，是联合国教科文组织于 1992 年启动的一个文献保护项目。其目的是对世界范围内正在逐渐老化、损毁、消失的文献记录，通过国际合作与使用最佳技术手段进行抢救，从而使人类的记忆更加完整。迄今，全球已有数百份文献入选名录。2015 年 10 月，由国家档案局牵头申报的《南京大屠杀档案》榜上有名，成功入选，上海市档案馆也协助参与了这项申报工作。这次申报成功，既是维护史实之举，也是捍卫尊严之举，更是维护和平之举。此后，上海市档案馆还参与了"慰安妇"档案的申遗工作。

五、近期的工作重点

1. 配合国家任务，推进重大选题

一是《抗日战争档案汇编·上海卷》编纂工作。为贯彻落实习近平总书记关于加强抗战档案史料收集整理、深入开展中国人民抗日战争研究的重要指示精神，由国家档案局牵头在全国档案系统内开展《抗日战争档案汇编》编纂工作。上海市档案馆按照国家档案局要求，于 2017 年 10 月成立上海市《抗日战争档案汇编》编纂出版工作领导小组和《汇编》工作编纂小组。根据馆藏抗战档案情况，拟定上海市档案馆《抗日战争档案汇编》工作实施方案及编纂项目计划表。

经初步摸底清查，馆藏抗战档案主要涉及 Q 类（民国时期档案）、R 类（日伪时期档案）及 S 类（同业公会档案）全宗群，计 65 个全宗，14 余万卷档案，650 余万页。内容主要包括日本两次侵略上海战役及日本占领上海时期造成的人身伤害及损失、日伪对沦陷区的经济掠夺、强征劳工等罪行，以及上海民众支援抗日军队及郊区抗日游击队活动等，预计将出版 30 册《抗日战争档案汇编·上海卷》，目前此项工作正在积极推进之中。

二是多种形式讲好党的故事。2021 年，我们将迎来建党 100 周年，这也是我们党确立的第一个百年奋斗目标——全面建成小康社会真正实现之时。上海是中国共产党的诞生地，红色基因深深蕴藏在这座城市的血脉中，目前正在实施"开天辟地——党的诞生地发掘宣传工程"，上海市档案馆作为成员单位承担了相应的工作。

作为上海地区档案资料的主要保存机构，我馆藏有大量红色革命历史资料，其中既有建党初期的《共产党宣言》初版本，也有《青年杂志》《少年中国》等大量宣传马克思主义的刊物，以及党组织在上海形成的其他重要资料，别具特色的"伪装本"，还有国民党等反动阵营档案里的红色资料，这些都是中国共产党早期历史的珍贵遗存，是弥足珍贵的红色记忆。

为迎接建党 100 周年，聚焦初心本色，弘扬建党精神，目前已经编辑出版《不忘初心——上海市档案馆藏红色文献选萃》《信仰的力量——中国共产党人的初心》等大型图册。我们将进一步深入挖掘馆藏红色档案资源，"让历史说话，用史实发言"，推出高质量的红色史料长编。此外，我们还将综合运用史料编辑、展览展示、影像制作、学术研究、新媒体传播等手段，通过"档案春秋"微信公众号、上海档案信息网等平台，讲好党的故事，真实反映党的奋斗历程，大力弘扬党的丰功伟绩。

2. 加强史料研究，完善对外合作

一是加强和拓展档案史料研究。梁启超在《中国历史研究法》中，对史料的重要性已有详细论列。随着历史研究的深化、历史研究范围的扩大，档案史料因其原始性、权威性和独特性，对历史研究的价值益发重要，这已是大家的共识。笔者在此强调的是，史料在于挖掘，即尽量利用原始档案，越原始则越可靠。一些研究者宁愿花费精力在一大堆芜杂的未经处理的史料中爬梳自己需要的素材，而不是轻松获取那些经过处理的第二手史料，原因也在于此。其次，档案史料应该予以大力拓展，除了比较传统的文史档案外，国外所存中国近现代档案以及馆藏外文档案，对补充馆藏档案缺漏、深化有关研究会起到很大的作用，但因种种条件限制，尚未大量利用和开发。第三，应突破传统所限，不断拓宽史料的涵义，对照片、函札、日记、笔记乃至老电影、老画报等方面给予关注，笔者甚至认为一些写实性强的近代文学作品，也蕴涵着极为丰富的史料价值，能够搜寻到时代的记忆和历史的面相。如茅盾的《子夜》，便是一部生动可读的"文学版"20世纪30年代近代中国经济、金融史。

二是助力历史研究。档案工作具有很强的服务属性，上海市档案馆始终保持与学界的合作与交流，助力历史研究。以金融史研究为例，上海市档案馆藏金融历史档案约为7万余卷、150多个全宗，具备较高的学术研究价值。2014年6月9日，上海金融档案史料中心在上海市档案馆外滩馆6楼隆重揭幕。作为一个档案资源与现实工作相结合的平台，金融档案史料中心整合馆内外、上海各高校、各研究机构的专业人才，进一步推进对上海金融史的研究。为了让这一平台发挥出独特优势，上海市档案馆举办金融专题展览，组织金融专题讲座，以丰富的形式、有质量的活动，确保平台的正常运作。

经与复旦大学中国金融史研究中心合作，以国家社科重点课题《上海市档案馆藏近代中国金融变迁档案史料汇编》为题，围绕近代金融机构和金融人物，进行史料汇编，出版系列史料集，扩充上海金融史资料，深化上海史

研究。其中《周作民日记书信集》入选 2013 年度上海文化发展基金会图书出版专项基金资助项目。此外，还先后出版《中央银行》《陈光甫日记言论集》《钱新之往来函电集》《上海商业储蓄银行》《上海银行业同业公会联合准备委员会上海银钱业联合准备会》等史料集。今后，在档案编研助力史学研究这方面，还应进一步加强。

三是完善对外合作机制。我们希望能够建立档案部门之间长效合作机制。以项目为抓手，加强馆际联系，进行系统性、成套性编研成果开发，从而产生规模效应。

同时，进一步加强与学术界合作交流。毋庸讳言，高校、社科院等研究机构的学术力量远强于我们，但他们的研究也离不开大量档案史料作为支撑，双方各有优势。加强与社科院、高等院校、图书馆、方志办、博物馆等研究机构和兄弟部门，以及收藏家协会等群众团体的沟通与联系，在学术研究、标准制定、公共服务和征集鉴定等方面开展合作，于人于己均为有利。

充分利用各种社会力量，调动社会各方面积极性，加强纵横联系，打破只在业内进行编研的固有模式，发展联合编研之路。加强与国内外相关机构的合作与交流，共同开发跨区域、跨文化编研成果。在组织项目策划和实施时，尽可能广泛邀请各类专家学者，开展头脑风暴，撷取他人之长，是提升编研水平的重要途径。

3. 培养人才队伍，参与文化建设

一是强化人才队伍建设。编研工作是一项专业性很强的智能型、研究性工作，需要良好的政治素质、扎实的专业知识、较高的文化素养和较强的研究能力，也需要个人的定力、耐力和毅力。事实证明，没有长期锲而不舍的努力，编研人员难以成为称职的研究人员，也难以胜任繁重的编研工作，因此他们既需要有很高的综合素养，也需要板凳甘坐十年冷的耐心。

编研人员的人才培养并非一蹴而就，尤其在不再评定职称等背景下，从所在单位的角度看，应予以更多的关心和支持。要以实际工作和项目课题为依托，在实践中锻炼人才，加快成才。以请进来、走出去等方法，积极参与对外学术交流。进一步加大人才培养力度，多渠道、多层次开展业务培训，着力提高档案编研人员的政治、政策水平和综合业务能力。

二是参与城市文化建设。《全力打响"上海文化"品牌加快建成国际文化大都市三年行动计划》提出，要对标国际文化大都市的最高标准，虚心学习兄弟省市的好做法好经验，加快打造一批海派特色突出、城市特质彰显、内涵价值丰富、感知识别度高的国内国际知名文化品牌。除了助力历史研究之外，在新的历史条件下，档案工作者可以在更广泛的范围内，尤其是城市文化的建设中发挥更大的作用，比如一是充分开发利用档案史料，为有关文化建设提供基础性史料；二是可以就城市文化建设，如历史建筑、历史风貌区和道路的保护开发等，讲好档案里的故事，提供有建设性的参考意见，甚至可以参与其中发挥实际作用；三是以史料和研究为引领，在党的诞生地挖掘宣传工程和城市文化品牌建设中，打造一批知名的档案文化品牌，成为红色文化品牌、海派文化品牌和江南文化品牌中不可或缺的重要元素。

切实做好新时代档案开发利用工作
为谱写中国梦江苏篇章贡献档案力量

江苏省档案馆　　薛春刚

党的十八大以来，江苏档案部门以习近平新时代中国特色社会主义思想为指引，紧紧围绕"强富美高"新江苏建设，大力开展档案开发利用，使档案的价值在经济社会各项事业发展中得到充分发挥，努力为谱写中国梦江苏篇章做出应有贡献。

一、顺应时代特点，深刻把握档案开发利用工作新要求

习近平总书记有关档案工作的指示和要求，是习近平新时代中国特色社会主义思想的有机组成部分，是开展新时代档案工作的指导思想。在进行档案开发利用过程中，我们牢固树立习近平新时代中国特色社会主义思想的指导地位，以习近平总书记的重要论述和重要指示，武装头脑，指导实践，推进工作。例如 2003 年 5 月 26 日，时任浙江省委书记的习近平同志在考察浙江省档案局（馆）时指出："档案工作确实要由封闭向开放，由重保管向重服务转变，要及时向领导机关、向社会提供有价值的信息，为经济建设、社会发展服务。"又如 2015 年 7 月 30 日，在主持中共中央政治局就中国人民抗日战争的回顾和思考进行第二十五次集体学习时，他强调："抗战研究要深入，就要更多通过档案、资料、事实、当事人证词等各种人证、物证来说话。"

总书记的重要指示，深刻揭示了档案和档案工作的重大价值、根本任务和工作路径，并且赋予了新时代的鲜明特色。这些指示和要求，体现出三个方面鲜明的精神实质：

一要充分认识到档案的重要价值。作为历史事件真实记录的档案，对维护历史真实面貌发挥着首要的证据价值，所以"抗战研究要深入，就要更多通过档案、资料、事实、当事人证词等各种人证、物证来说话"。在各种证据材料中，档案是第一位的，证据效力最高的，发挥着不可替代的作用。抗战研究如此，其他各种历史研究也都莫不如此。

二要准确把握档案工作的根本目的。中华人民共和国成立近70年来，国家投入人力、物力、财力等各种资源，一代又一代档案工作者不懈努力，我国建立起了世界上规模最大的国家档案事业体系，档案资源的接收、管理等基础工作科学化、规范化、现代化水平越来越高。但是，档案基础工作的科学化、规范化、现代化，仅为开发利用工作打下了基础，提供了前提，并不是档案部门追求的终极目标。档案工作的根本目的是通过对档案的开发利用，为现实各项工作提供服务，为新时代中国特色社会主义建设事业发挥作用。档案工作成绩的大小，最终要落实到开发利用档案，为社会各方面提供服务所取得的成效上。

三要切实践行档案开发利用工作的服务观点。新的时代，新的任务，对档案开发利用工作提出新的要求，指出了明确的方向。我们按照新时代新要求，努力改变档案只藏不用、重藏轻用的陈旧思路和做法，把为江苏经济社会各项事业提供有效的档案信息服务作为工作的目标和重点，瞄准各项现实工作的需求，大力开发档案信息产品，努力为新时代中国特色社会主义事业做出档案贡献。

上述三个方面，相互支撑、相互配合。习近平总书记关于档案工作的指示和要求，在这三个方面都有充分的体现，展现出鲜明的时代潮流气息、强烈的实践问题导向和鲜明的历史文化底蕴。我们把这些指示和要求，作为全省档案开发利用工作的指针、实践的遵循和检验工作成效的标准，确保档案编研工作沿着正确的方向，取得优良的成绩。

二、确立实践观点，不断推出更多更好的档案文化产品

1. 通过规划设计，确立档案开发利用工作的重要主体地位

档案编研工作在全省档案事业的总盘子中占据重要位置，得到了高度重视；档案编研工作经费得到充足的保证，档案编研队伍得到了配齐配强。无论是档案工作五年规划，还是每年的年度计划，编研工作都得到应有的重视。《江苏省"十三五"档案事业发展规划》用了专门篇幅，对档案开发利用工作进行系统论述，并作出详细规划，明确了"围绕大局提供档案史料服务、努力打造档案文化品牌、精心办好档案陈列展览"三项重点任务，确定了"中国共产党在江苏档案史料开发利用项目""新四军在江苏档案史料开发利用项目""江苏抗日战争档案史料开发利用项目""中国近代民族工商业档案史料开发利用项目""民国江苏教育档案史料开发利用项目""民国江苏司法档案史料开发利用项目""建国以来江苏省重要文献开发利用项目"等7个重点编研出版项目，通过加强对馆藏档案史料典籍的整理与研究，使档案资源建设和档案事业发展成果为人民所共享，为社会所共用。

2. 建立联动机制，促进全省档案开发利用工作共同发展

省档案馆利用部作为开展档案编研工作的职能部门，不仅负责对省档案馆馆藏档案的开发利用，还要按照"全省一盘棋"的要求，承担对全省各市、县档案部门编研开发工作进行组织协调和服务指导的职责，建立起全省档案编研工作联动机制。我们以每年召开编研开发工作会议的形式，协调全省编研开发工作，让各地互相交流工作经验；以每两年一次评选表彰全省优秀编研成果的形式，展示档案史料编研开发的成功案例，使各地档案编研开发工作互相促进，多出成果，出好成果。

3. 选取重点题材，推出一批有影响的档案开发利用成果

近年来，我们大力实施"国家重点档案保护与开发工程""江苏特色记忆工程""档案史料典籍整理与研究工程"，取得了一系列具有较大影响的档案信息开发利用成果。据不完全统计如下：江苏特色记忆类成果有4种，

江苏省档案馆编：《江苏省明清以来档案精品选》丛书（全14册）

分别是《红色记忆——江苏省档案馆馆藏革命历史报刊资料选编（1918—1949）》（2014年）、《辉煌的历程——江苏省人民代表大会成立60周年史料图片选辑（1954—2014）》（2014年）、《永久的记忆——档案中的江苏抗战》（2015年）、《红色记忆——中国共产党在江苏档案史料图册（1921—1949）》（2017年）。档案史料典籍整理与研究类成果有8种，分别是《韩国钧朋僚函札名人墨迹》（2006年）、《韩国钧朋僚函札史料选编》（2012年）、《江苏省明清以来档案精品选》（全14册，2014年）、《民国时期江苏高等法院（审判厅）裁判文书实录》（全10册，2013年）、《建国以来江苏省重要文献选编》（已完成4册，2017年）、《中国共产党江苏省历次代表大会文献汇编》（上、下，2011年）、《民国江苏省政府公报》（已完成20册，2019年）等。从2012年起，我们与新华日报社合作编辑《美丽江苏》系列成果，每年1册，系统地对全省年度重点工作、重大活动和重要成就进行梳理，同步记载和留存"强富美高"新江苏建设成就，共出了6册。

三、坚持服务导向，为经济社会各项工作做出档案贡献

习近平总书记强调，档案工作要由封闭向开放，由重保管向重服务转变，

要及时向领导机关、向社会提供有价值的信息，为经济建设、社会发展服务。这一重要指示，明确了档案工作的根本方向，是新时代档案工作的根本遵循。我们按照这一重要指示，对档案开发利用工作进行再审视，再规划，切实将开发利用档案信息，为中国特色社会主义事业服务，确立为新时代档案工作的根本宗旨，将档案开发利用摆上更加突出的位置，不断满足新时代中国特色社会主义各项事业对档案信息利用不断增长的需求。

1. 确立档案开发利用工作的党性原则

始终牢记"档案姓党"政治属性，始终牢记"为党管档、为国守史、为民服务"的使命担当，严格遵守我国社会主义档案工作的政治要求，把讲政治体现在档案开发利用工作的全过程、各方面，增强政治敏锐性、政治鉴别力，自觉在政治立场、政治方向、政治原则、政治道路上同以习近平同志为核心的党中央保持高度一致，以强烈的政治担当和科学的求实精神，把档案开发利用摆在更加突出的位置，增强"四个意识"，坚定"四个自信"，确保档案开发利用工作始终沿着正确的方向推进。

2. 确立档案开发利用服务的更高标准

瞄准服务能力更强、服务质量更优、价值更加彰显、影响更加突出的目标，在系统开发、深度开发、精准开发上下功夫，全面加强和改进档案信息开发利用工作，多出展示江苏精神、彰显历史文化、体现时代特色的档案开发利用精品成果，为推动江苏高质量发展走在全国前列提供精神动力、舆论支持和思想保证。要立足档案部门的资源优势和专业优势，为党委政府决策提供优质服务，为推进"五位一体"总体布局和"四个全面"战略布局提供优质服务，为群众生产生活提供优质服务，为经济社会各项事业提供优质服务。要提升档案信息开发利用与经济社会的融合发展能力，在服务党委政府中心工作、服务经济社会发展、服务基层和群众上狠下功夫，不断提高服务的精准性、高效性、便捷性。要坚持做好让人民群众满意的档案信息开发利用工作，把不断改善民生、增进人民福祉作为档案开发利用的自觉追求，让人民群众享受到优质的档案信息服务，享有更大的安全感、幸福感、获得感。要积极融入地方思想文化工作大局，对档案信息开发利用工作做好顶层设计，

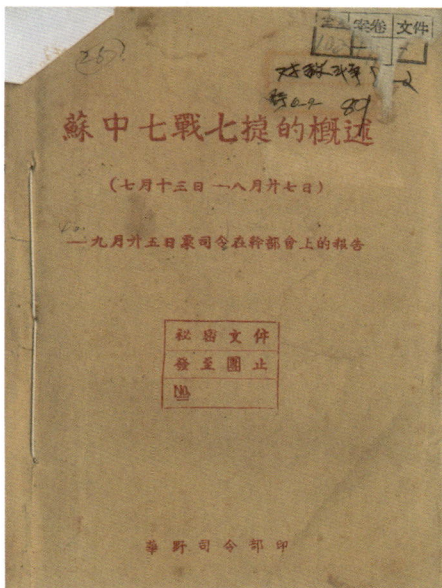

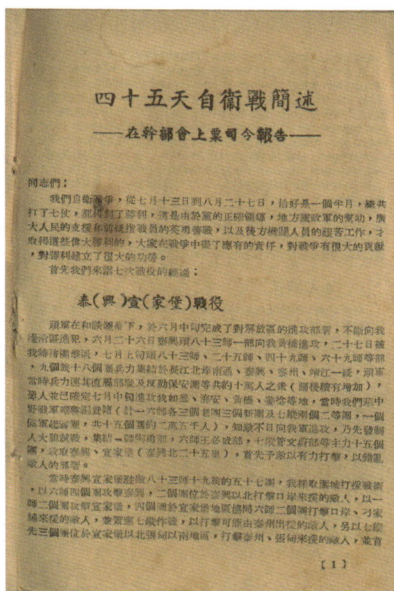

江苏省档案馆馆藏：粟裕《苏中七战七捷的概述》

加强项目引领、品牌打造、创新驱动和科技支撑，把档案资源富矿转化为文化产品宝库，努力让更多沉睡的档案活起来、动起来、响起来，不断打造有特色、有影响的档案文化名片。

3. 确立档案开发利用工作的服务重点

党的十九大提出了决胜全面小康、实现伟大复兴的宏伟目标，对新时代坚持和发展中国特色社会主义作出了全面部署。党和国家事业发展的路径十分清晰、前景十分美好。这一宏伟目标和美好前景，就是档案部门的服务方向。面对新形势新任务，江苏省各档案部门切实聚焦中央的大政方针和重大部署，聚焦省委、省政府的中心工作和经济社会发展大局，把为江苏经济社会各项事业提供有效的档案信息服务作为工作的目标和方向。2018年起，我们大力推进档案开发利用供给侧改革，除按照国家档案局统一部署，认真做好《抗日战争档案汇编》的编纂出版工作外，选取江苏四种革命精神档案史料的开发利用、改革开放40年历程档案的开发利用、南京长江大桥档案的开发利用、解放战争支前档案的开发利用等4个重大选题，实施一批重大开发利用项目工程，客观真实地反映党领导人民在江苏大地上开展革命、建设和改革开放所走过的光辉历程，为推动江苏高质量发展、走在全国前列提供精神动力、舆论支持和思想保证。

（1）江苏四种革命精神档案史料的开发利用。诞生于江苏大地的雨花英烈精神、周恩来精神、新四军铁军精神、淮海战役精神，是中国共产党人在江苏大地上践行初心和使命的真实写照，是江苏革命历史的光荣，是永不褪色的精神丰碑，也是新形势下推动江苏发展的力量源泉。本项目通过挖掘整理档案馆馆藏有关档案史料，编纂党的历史教育档案史料读本，创建党性教育主题教室，传承红色基因，激励江苏广大干部群众在习近平新时代中国特色社会主义理论指引下，始终"不忘初心、牢记使命"，为建设"强富美高"新江苏，实现"五个迈上新台阶"，实现高质量发展走在前列而不懈奋斗。

（2）改革开放40年历程档案的开发利用。对馆藏反映改革开放40年辉煌历程的档案史料，特别是对图片档案加以发掘和整理，以新旧对比的表现手法，"以史实发声，用档案说话"，直观形象地再现改革开放40年来，全省上下认真贯彻落实党中央、国务院决策部署，主动适应经济社会发展变化的时代要求，满足人民群众对美好生活的向往期待，发展经济、造福百姓的辉煌成就，激励我们贯彻落实习近平总书记"江苏嘱托"，改革开放再出发，向党和人民交上一份满意的答卷。

（3）南京长江大桥档案的开发利用。1968年建成通车的南京长江大桥，是长江上第一座由中国自行设计和建造的双层式铁路、公路两用桥梁，在中国桥梁史乃至世界桥梁史上具有重要意义。2018年是南京长江大桥建成通车50周年，借此机会，我们联合中铁武汉大桥局推出一批南京长江大桥档案文化产品，真实还原在半个世纪前那个特定的历史条件下，党和人民克服重重困难，建成世界第一流雄伟大桥的历史壮举。已经完成五项成果：一是建立南京长江大桥档案数据库；二是汇编出版《南京长江大桥档案》系列丛书；三是与南京电视台合作拍摄五集档案电视专题片并在央视四套"国家记忆"栏目播出；四是举办南京长江大桥专题展览；五是开发一系列与南京长江大桥有关的文创产品。通过这些档案开发利用产品，唤醒民众记忆，鼓舞爱国热情，为新时代新征程吹响前进的号角，激发昂扬的斗志。

（4）解放战争支前档案的开发利用。淮海战役、渡江战役是解放战争后期最具有战略决定意义的战役，它们都发生在江苏大地上。2019年是淮海战役、渡江战争胜利70周年纪念，值此机会，利用馆藏丰富的人民群众支前档案史料，编纂《人民必胜——淮海战役支前档案选编》《人民必胜——渡江战役支前档案选编》。此项重点编纂出版任务已经完成，4月22日，在渡江战役胜利70周年纪念日前夕，江苏省档案馆联合南京、徐州、扬州、泰州等5家综合档案馆以及有关合作单位，举办了出版首发仪式，并依法向社会公布一批淮海战役、渡江战役支前档案。通过这种方式，再现人民群众对解放战争的全力支持和巨大贡献，歌颂党和人民的血肉联系、和军民的鱼水之情，教育引导广大党员干部不忘初心，在新时期继承党的优良传统，坚持党的群众路线，切实践行以人民为中心的发展理念。

新时代的档案编研工作应当有新作为。我们决心高举习近平新时代中国特色社会主义思想伟大旗帜，认真贯彻落实省委、省政府的决策部署，不忘初心、牢记使命、强化担当，着眼文化强省建设需求，不断打造有特色、有影响的档案文化名片，倾力推出更多无愧于民族、无愧于时代的档案文化精品，推动江苏档案信息开发利用工作不断做出新成绩，努力为谱写中国梦江苏篇章贡献档案力量。

坚持精品意识　打造档案编研品牌

——新时代浙江档案编研工作的实践与思考

浙江省档案馆　李　军

　　近年来，浙江省各级档案部门认真贯彻落实中央和省委重大决策部署，围绕全国档案事业发展"十三五"规划纲要，按照浙江省档案事业发展"十三五"规划制定的目标任务，特别是深入实施档案文化建设战略和活力档案建设，主动担当，奋发有为，推出了大量的档案编研精品，在服务党委、政府科学决策，推进党委、政府中心工作落实，弘扬社会主义核心价值，记录传承社会记忆，发展繁荣文化等各方面发挥了重要作用，推动了新时代浙江省档案编研工作大发展大繁荣。

一、浙江档案编研工作的实践与探索

1. 发挥资政功能，服务中心大局更加精准

　　围绕中心、服务大局始终是档案部门的重要职责。近年来，浙江省各级档案部门通过编印《档案信息参阅》等途径，积极为党委、政府提供档案资政服务。在纪念抗战胜利 69 周年之际，浙江省档案馆编印了《让历史镜鉴未来——日军在浙江细菌战的档案记录》报送省有关领导，得到省委常委、宣传部长的批示肯定；围绕全面从严治党、党风廉政建设和反腐败斗争等中心工作，编印了《浙江的纪检、监察机构概况》，为浙江按照中央部署开展监

察体制改革提供档案信息服务。

结合"两学一做"学习教育，服务党员思想政治建设，浙江省档案馆联合中央档案馆和省委党校，建设党性教育主题教室，运用档案资料开展党性教育，成为全国首批建成的省级党性教育主题教室。省档案馆还先后完成《中共浙江省委文件选编》(1978—2007)6卷的编辑出版工作，合计达300余万字。

抓住重要时间节点服务重大纪念活动。浙江省档案馆为纪念辛亥革命100周年，联合省政协文史委和《浙江日报》报业集团举办"辛亥革命在浙江——浙江省纪念辛亥革命100周年图片展"；为纪念中共浙江省二大召开60周年，与省委党史研究室合作完成《中共浙江省第二次代表大会》的编辑出版工作；为纪念抗战胜利70周年，服务对日斗争，主动公布省档案馆馆藏的侵华日军实施细菌战的档案；配合省委举办"浙江抗战烈士事迹展"；提供馆藏档案，支持抗日战争胜利浙江受降纪念馆建设；发掘馆藏档案资料，与省委党史研究室合作开展《日军侵浙细菌战档案资料汇编》编辑出版工作，联合举办"抗日战争在浙江——纪念中国人民抗日战争暨世界反法西斯战争胜利70周年图片展"。金华市档案馆与《金华日报》联合举办抗战老兵"口述历史"项目，并开设专版，刊登采访内容86期，编辑出版专辑《金华记忆抗战老兵口述实录》；在纪念抗战全面爆发80周年前夕召开的"日军'慰安妇'问题学术研讨会"上，又公布了馆藏的《金华鸡林会会则及名簿》，揭露了日本强征"性奴隶"的事实。

根据国家档案局部署，浙江启动了《抗日战争档案汇编》编纂工作，成立相关领导机构，清查馆藏抗战档案，汇总全省清查情况和数据，组织向国家档案局申报。到2018年上半年，全省有省档案馆、杭州市、杭州市临安区、海宁市、平湖市、嵊州市、金华市、兰溪市、东阳市、永康市、浦江县、衢州市、丽水市、青田县、缙云县等15家档案馆的项目通过国家档案局审核，《抗日战争档案汇编·海宁卷》等将陆续出版。全省31个综合档案馆馆藏的"日军侵浙细菌战档案"项目入选第四批浙江档案文献遗产名录。

全省各地为服务当地党委、政府中心工作，编辑出版了大量档案编研成果。如台州市档案馆围绕古村落保护编纂出版了《故园旧梦——台州历史文化村落》；金华市档案馆为纪念中国共产党成立95周年，编辑出版了《光辉历程——金华革命斗争史料图片集》；湖州市、余姚市、天台县档案馆为纪念抗战胜利70周年，分别编辑出版了《湖州"郎部"抗日英雄传》《抗战亲历》《霞起赤城——天台抗日志愿兵团出征实录》；仙居县档案馆为宣传服务"两美"浙江建设，编辑出版了《大美仙居》，等等。

2. 推出精品力作，服务文化建设更加有力

浙江省各级档案部门结合地方文化特色，编辑推出了大批档案编研精品，切实贯彻落实省委、省政府关于建设文化强省、文化浙江的决策部署，助推当地文化建设。省档案馆编辑出版了《辛亥浙江写真》大画册，刊载400多幅图片、数十件珍贵档案史料；编辑出版的《浙江20世纪图鉴》《辛亥江南》分别获得2012年浙江省第四届社科研究优秀成果奖和浙江省第十一届精神文明建设"五个一工程"奖；出版《中国档案精粹·浙江卷》；以《浙江省档案馆藏票券币章选》的出版为标志，完成"浙江省档案馆文化丛书"项目。

推进开展"浙江省百项档案编研精品"评审工作，各市、县档案馆新增百项档案编研精品数十项，涉及名人、方言等各种类型的内容，档案编研成果的文化性、多样性和地域特色更加凸显，具有浓厚的文化韵味，体现了较

浙江省档案馆部分编研成果

高的文化品位，全省档案编研工作能力和水平得到了进一步提升。如金华市档案馆推出的《八婺金名片》，具有鲜明的地方文化和民俗特色；杭州市萧山区档案馆编辑的《萧山历史名人》，精心打造古往今来地方名人全集，资料翔实、注释严谨；嘉兴市南湖区档案馆编辑的《一百个民间说唱》，选录了歌谣、戏曲、演唱和小品等不同表演形式的民间说唱，反映了当地文化的乡土气息以及劳动人民的生活情趣，图文并茂、可读性强；桐乡市档案馆与省档案馆联合编辑的《子恺漫画精选》为研究丰子恺作品及思想发挥了积极作用；其他还有衢州市档案馆编辑的《千年钩沉——图说衢州古城史话》、青田县档案馆编辑的《红色华侨杨勉家族图志》《赖相令家族图志》等。

3. 传承社会记忆，发挥存史记事功能

浙江省各级档案部门积极参与或主持编纂反映各地历史发展，记录地方社会记忆的编研作品，获得了较高的社会认可与反响，充分发挥了档案的存史记事功能。尤其是一些地方实现了档案与史志部门的整合，为修史编志提供了更大的便利，传承社会记忆成为了档案部门的重要职责。

从 2011 年开始，省档案馆每年对浙江年度重大事件和重要人物进行系统梳理和盘点，编辑出版《记忆浙江》系列丛书，全面生动记录一年里全省在经济、政治、文化、社会、生态建设、党建等各方面所取得的发展成就。已连续 6 年进入省"两会"会场发放，成为代表、委员审议《政府工作报告》的辅助读本，获得了广大代表、委员的认可与肯定。各市、县档案馆也纷纷编辑出版"记忆"系列丛书，以档案的视角记录历史发展脉络。杭州市、宁波市、绍兴市、舟山市、台州市、湖州市、衢州市等档案馆推出的"记忆"系列丛书，选题精准、图文结合，从档案的视角，记录具有地方特点的重大事件和代表性人物，引领读者感受当地的事和当地的人。"记忆"系列丛书已经成为浙江省档案系统的一个品牌，从省到市到县（市、区）纷纷作为党代会、人代会、政协会议的辅助读本。

4. 创新编研手段，社会影响力进一步提升

浙江省各级档案部门以 2003 年 5 月时任省委书记习近平同志考察省档案局（馆）时提出的档案工作要"走向依法管理、走向开放、走向现代化"为

根本遵循，以开放为导向，创新编研手段，积极联合社会力量，借助外部资源，实现了档案编研工作的可持续发展。

一方面积极借助媒体力量，扩大档案传播面和档案工作影响力。省档案馆与《浙江日报》联合主办《辛亥江南——江南寻访·档案解密》栏目，在《浙江日报》文化周刊分专题连续刊载 10 期，社会反响热烈；与浙江新闻客户端合办人文类栏目《史上浙一天》和《浙江记忆》，对浙江近代以来发生的重大历史事件进行诠释，对每年全省的重大社会经济事件进行盘点，创下了档案编研成果网络点击量的新纪录；在浙江档案网上开辟《历史上的今天》专栏，介绍浙江历史上发生的大事要事；与《浙江共产党员》杂志社合作，在《反腐败导刊》推出《浙档案》栏目，对档案编研成果进行二次开发，以档说廉，促进党员廉政教育；2018 年又与《浙江日报》共同在全省范围内推出"改革开放 40 年档案寻访"专题活动，并出版《档案寻访——浙江改革开放 40 年印记》一书。

另一方面积极与高校开展合作，加深对档案资源的研究与开发。省档案馆与浙江大学开展的战略合作项目之一，《浙江省各级综合档案馆馆藏档案精品介绍》已编辑出版了三辑；龙泉市档案馆与浙江大学合作编辑了《龙泉司法档案选编》，并召开学术研讨会，相关整理出版项目入选了国家社会科学基金重大项目、《中国档案文献遗产名录》和浙江大学"985 工程"重大项目，并获国家出版基金资助；平湖市档案馆与华东师范大学历史学系建立友好合作关系，组织成立以华东师范大学专家教授为主的研究团队，深度开发馆藏重点档案，编辑出版深层次、高质量的档案文化产品，已合作推出了第一批档案编研成果《平湖老鼎丰酱园档案整理、研究丛书》，共计 173 万字；青田县档案馆和浙江大学历史文献与民俗研究中心合作编辑出版《青田华侨档案汇编（民国）》；嵊州市档案馆与杭州师范大学合作编辑出版《嵊州市档案馆藏浙军都督汤寿潜函卷》；金华市档案馆与浙江师范大学人文学院合作开展馆藏鱼鳞册档案研究，与上海师范大学中国"慰安妇"问题研究中心联合开展馆藏《金华鸡林会会则及名簿》研究。档案部门借助高校的人才和科研力量，整理和开发了馆藏档案资源并编辑出版，实现了共享双赢。此外，慈溪市档案馆还依托市档案文化研究会，推出《上海滩视野下的慈溪商人——< 申报 > 三北商帮史料集成》，客观真实地记录了慈溪商人群体在上海艰苦

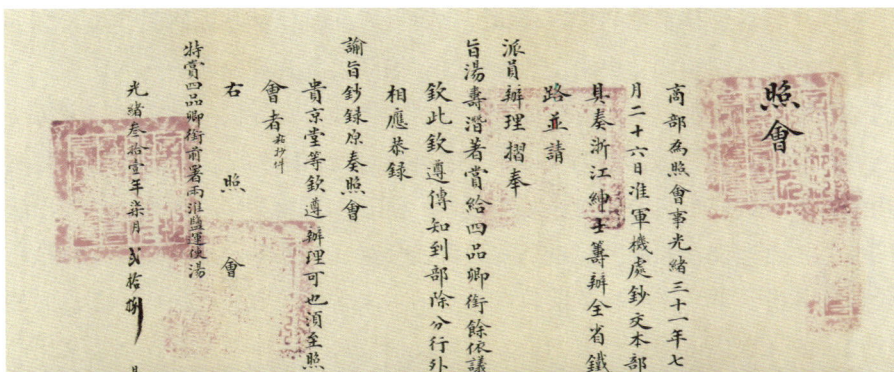

浙江省档案馆馆藏：汤寿潜档案 2059 件，形成于 1890 年至 1917 年。其中 22 件与浙江保路运动有关的档案入选首批《中国档案文献遗产名录》

创业、顽强拼搏的过程，并联合《慈溪日报》、慈溪市档案文化研究会举办了首发式，提升了社会影响力。

二、对浙江档案编研工作的几点思考

档案编研工作，是档案事业的重要组成部分，是档案工作的重要环节，是档案信息资源开发利用的重要形式和主要途径。

浙江省各级档案部门要进一步提高对做好新时代档案编研工作重要性的认识，加强组织领导，突出重点，通过对馆藏档案资源内容的深入研究，为总结历史经验教训、寻找决策依据、开展宣传教育等提供档案支撑，发挥资治襄政功能；通过收集整理各部门各单位已公开的政务信息，增强其可利用性，发挥政府信息公开查阅场所功能；通过利用档案举办展览、编辑出版图书、拍摄电视专题片、建设档案教育社会实践基地等，开展社会主义核心价值观教育、革命传统和党性教育、爱国主义教育，增强社会认同感，为加快社会主义现代化建设凝聚力量，发挥社会教育功能；通过开发档案文化产品、创办具有档案文化特色的项目等，发挥文化传播功能。努力把"死档案"变成"活信息"、把"档案库"变成"思想库"。

1. 深入挖掘研究馆藏档案资源，进一步为党委、政府中心工作服务

馆藏档案资源始终是编研工作的基础和立足点。档案部门的第一要务是充分掌握、深入挖掘研究馆藏档案资源，做好开发利用工作，在此基础上再进一步推进社会档案信息资源的开发利用。在人力、物力、财力有限的情况下，挖掘研究馆藏档案资源要把握正确的方向。

一是要开发利用馆藏档案资源为党委、政府决策提供服务，发挥资政作用。档案部门要服务中心、服务发展，利用档案资源为党委、政府决策提供资政服务是最直接的方式和手段。党委、政府作出新的重大决策，推出新的重要部署，推进新的重点工作过程中，档案部门要有针对性地、目标明确地深入挖掘研究馆藏档案资源，回顾历史决策过程，总结提炼历史经验，提出合理的意见建议，做到描述史实、总结经验、意见建议并重，以深层次、高质量的档案信息产品和服务，为党委、政府科学决策提供重要档案信息参考。

二是要扎实做好国家档案局部署的"规定动作"，完成《抗日战争档案汇编》（以下简称《汇编》）编纂工作。《汇编》是贯彻落实习近平总书记关于让历史说话，用史实发言，深入开展中国人民抗日战争系统研究，加强规划和力量整合、加强史料收集和整理等重要指示，国家档案局部署开展的一项重要工作。《汇编》是一个系统工程。既是一项政治任务也是一项业务工作，既体现档案工作的政治性，也反映编研工作的业务水平。浙江省各级综合档案馆要进一步深入学习领会习近平总书记重要讲话精神，统一思想，齐心协力做好《汇编》编纂工作，客观、系统地反映抗战历史，为深化抗战研究提供档案支撑。省档案馆将进一步加强对全省《汇编》编纂出版工作的监督指导，分解任务，汇总材料，组织交流研讨，推广好的做法与经验，研究解决全省普遍性问题，努力提升全省编纂水平。承担《汇编》编纂任务的档案馆，要按照国家档案局的部署和要求，熟悉编纂技术规范，抓好编纂工作。

2. 充分挖掘档案文化内涵，推出具有特色的档案编研精品

浙江省各级档案部门应以文化浙江建设为引领，以第二期浙江文化研究工程为契机，突出档案文化的红色基因，持续推进档案文化建设，实施浙江档案文化精品工程，积极实施"浙江省百项档案编研精品"工程。各级档案部门应围绕浙江省档案事业发展"十三五"规划，多出反映当地历史人文风貌，彰显地域文化特色的编研精品。

一要与地方文化建设相结合。浙江省第十四次党代会提出，在提升文化软实力上更进一步、更快一步，努力建设文化浙江，为经济社会发展凝聚强大精神力量、提供丰润文化滋养。全省各地积极开展地方文化建设，实施了一大批文化建设项目。建设文化浙江，对档案编研工作既是挑战，更是机遇。档案部门应积极争取当地党委、政府的支持，融入地方文化建设，纳入当地文化建设项目，获得各方面资源的保障。如上虞市（含绍兴市上虞区）委宣传部、市档案馆、市文联联合发起，市档案馆组织编纂的《上虞地方文化丛书》，一方面集中展示和体现了上虞优秀地方文化特色，是当地加快建设文化强市步伐的主要项目之一，是档案部门服务党委、政府中心工作的具体成果；另一方面也是当地档案编研工作成效的集中体现，反映了当地档案工作的整体发展水平。各级档案部门应积极围绕第二期浙江文化研究工程开发编研作品，主动融入浙江文化研究项目建设布局。

二要与重点工作相结合。各级档案部门在编研选题选材时，应考虑反映档案工作情况，凸显档案工作成效。如原宁波市江东区大力推进家庭建档工作，为数千户居民建起了家庭档案，由江东区档案馆和江东区委党史办联合编纂出版的《江东人家》全面记录了家庭成长故事，折射时代社会发展变迁，集中反映了家庭建档工作情况，为当地的档案工作做了最好的注解。"十三五"期间，浙江省重点推进了"记忆系列""乡村（企业）记忆""老照片""档

浙江省档案馆"难忘浙江事""大写浙江人""走进档案"三大常设主题展览

案文献编纂""家谱族谱""家庭档案"等系列项目构成的浙江历史文化记忆工程，各级档案部门围绕这些重点领域，积极开展档案编研工作。

三要与重大时间节点相结合。在重大时间节点推出档案编研产品，讲好档案故事，彰显档案部门的历史使命与责任担当。要结合改革开放40周年、中华人民共和国成立70周年、五四运动爆发100周年、全面实现小康等重大时间节点，浙江省各级档案部门要切实担当，发挥功能，及时推出反映这些重大历史事件的档案编研作品，反击历史虚无主义，弘扬历史主旋律。

3. 加强档案编研成果推广与二次开发，进一步提升社会影响力

档案编研成果是社会了解档案和档案工作的重要媒介，不能一藏了之、自娱自乐，而要推广并发挥其作用。要善用档案编研这一工具，面向社会做好编研成果的宣传推广工作，不断吸引社会关注，扩大社会影响。

一方面要善于借势借力。运用新兴媒体建立记忆文化网络平台，提升档案文化传播力和影响力。借助大众媒体贴近群众、了解群众需求、传播力强

档案编研开发与档案文化建设

等优势，选取社会关注度高的档案编研精品，与媒体合作进行再开发，借助媒体平台在社会上传播，提升公众对档案和档案工作的了解与关注。一旦反映社会关注度的栏目点播率、点击量等指标攀升后，媒体就会主动向档案部门寻求合作，实现档案部门与媒体的互利双赢。

另一方面要努力夯实基础。馆藏是编研的基础，把馆藏的档案资源，特别是档案精品资源推向社会，是档案部门的职责，也是提升档案社会影响力的重要手段。如浙江省档案馆以全省综合档案馆馆藏档案精品为对象，组织编辑出版了《浙江省各级综合档案馆馆藏档案精品介绍》系列丛书，在挖掘和宣传全省馆藏档案，面向社会大众推介档案文化等方面发挥了积极作用。

总之，档案编研产品的质量直接影响到档案部门的业务权威和社会形象。我们要着力培育档案工作者的"工匠精神"，努力培养编研"工匠"，做到爱岗敬业，事事较真，不断雕琢自己的产品，不断精进自己的技艺，对每件作品、每道工序都凝神聚力、精益求精，弘扬和践行档案人的职业精神。

国家综合档案馆档案编研开发的探索与实践

——以福建省档案馆为例

福建省档案馆　林　真

　　近年来，为适应建设社会主义文化强国的需要，全国各地档案馆不断探索新时代档案编研开发的新途径与新方式，加大档案编研开发的力度，档案编研开发与宣传展示工作卓有成效，受到社会各界的好评。为建设社会主义文化强国，增强国家文化软实力，实现中华民族伟大复兴的中国梦做出自己的努力。

　　作为国家综合档案馆，福建省档案馆在档案编研开发的探索实践中，立足地域特色，加强协同合作，拓宽宣传渠道，多层次、多形式地开发宣传展示档案文化，近年来编纂出版了 20 余种 80 多册档案文献书籍，在境内外举办了 50 多场展览，参观人数近百万，并形成了较为成熟的档案编研开发与宣传展示的机制和模式，在服务大局、服务社会中产生了良好效益。

一、立足地域特色，服务大局工作，深入挖掘馆藏档案

　　就馆藏结构而言，全国大部分的省市综合性档案馆馆藏资源总体上是相类似的，即包括少量的明清档案、较为丰富的民国档案、革命历史档案以及较完整的 1949 年 10 月以后的档案。因此，如何将地域特点与馆藏资源优势

结合起来，根据社会需求选择并确定编研主题，是档案编研开发工作的关键和基础。在这方面，福建省档案馆强化服务意识，立足地域特色，开发档案资源，展示档案文化，有效地服务党和国家大局工作，服务经济文化发展。

1. 开发闽台关系档案，服务两岸和平发展

福建地处我国东南沿海，与台湾一水之隔，80%的台胞祖籍在福建，闽台地缘相近、血缘相亲、文缘相承、商缘相连、法缘相循。因而，整理开发闽台关系档案资源成为福建省档案馆编研工作的重点。为此，福建省档案馆与中国第一历史档案馆、中国第二历史档案馆合作，整理编纂《明清宫藏闽台关系档案汇编》（全30册）、《明清宫藏闽台关系档案图录》、《馆藏民国闽台关系档案汇编》（全100册），其中《馆藏民国闽台关系档案汇编》入选2017年国家出版基金项目。并与福建师范大学联合开展国家社科基金重大项目"日本藏涉闽涉台历史档案的收集、整理与研究"。

在系统整理闽台关系档案的基础上，福建省档案馆重点围绕闽台抗战专题档案进行编研开发，并取得了显著成效。一是编纂出版专题档案文献。相继编纂出版了《台湾义勇队档案》、《台湾义勇队档案画册》（获第二十七

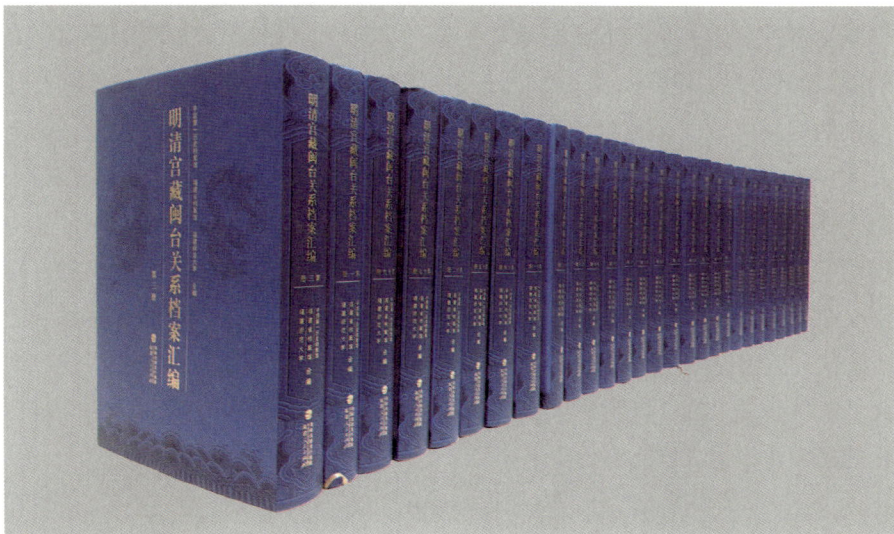

中国第一历史档案馆、福建省档案馆、福建师范大学合编：《明清宫藏闽台关系档案汇编》（全30册）

届华东地区优秀哲学社会科学类图书评选二等奖）、《中国抗日战争全景录·闽台卷》（被列为中宣部和国家新闻出版总局纪念中国人民抗日战争暨世界反法西斯战争胜利70周年重点出版物，获第三十届华东地区优秀哲学社会科学类图书评选二等奖，并入选福建省第九届"书香八闽"全民读书月活动百种优秀读物推荐书目）、《海峡壮歌——闽台抗战档案图片集》、《馆藏台湾抗日档案汇编》（全10册，与中国第一历史档案馆、中国第二历史档案馆合编）、《抗日复台档案选编》（全6册，入选"十三五"国家重点图书出版规划增补项目）等书籍。二是举办了系列专题展览。特别是在2015年，福建省档案馆抓住纪念中国人民抗日战争暨世界反法西斯战争胜利70周年的契机，与全国台联、福建省委宣传部等单位联合，分别在北京、福州、厦门、泉州、漳州等地举办了"海峡壮歌——纪念抗日战争胜利暨台湾光复70周年档案图片展""海峡壮歌——福建省纪念抗战胜利70周年史实展""台胞爱国历史的证言和证物——甲午（1894）·乙未（1895）120周年图片展""台湾抗日志士李友邦事迹图片展"等一系列主题展览。其中在北京举办的"海峡壮歌——纪念抗日战争胜利暨台湾光复70周年档案图片展"被列入中央统战部纪念台湾光复70周年的系列活动之一。展览用大量的档案史料展现了台湾同胞长达半个世纪的抗日史实，再现了闽台携手抗战、休戚与共的历史，批驳了台独分子否认日本侵占殖民台湾、否认台湾同胞抗日历史的谬论。系列展览的参观人数达40万人次，许多台湾同胞参观后纷纷表示：抗战胜利是海峡两岸同仇敌忾、浴血奋战的结果，没有抗战胜利就没有台湾光复，在全民族抗战中台湾同胞没有缺席。三是协助拍摄抗日复台文献纪录片。2015年，福建省档案馆提供了大量档案文献和资料协助中央电视台、福建电视台和中国华艺广播公司拍摄了文献纪录片《台湾·1945》《复疆》《乙未殇思》三部文献纪录片，分别在央视纪录频道、中国日报网、中国台湾网、搜狐网、优酷网、爱奇艺等上线并在首页播出，网络点击量达3000万。其中讲述台湾义勇队抗日复台的《复疆》于2015年10月份纪念台湾光复70周年之际进入台湾播出，取得良好的宣传效果。

2. 打造侨批"世遗"品牌，服务"海丝"发展战略

福建是华侨大省，自古以来福建先民就有下南洋出国谋生的传统。目前

闽籍海外华侨华人有 1580 万人，分布在世界 188 个国家和地区。福建又是古代海上丝绸之路的重要起点，华侨是海上丝绸之路重要的参与者和建设者。因此，开发华侨档案，特别是做好侨批档案"世界记忆遗产"品牌，是建设福建 21 世纪海上丝绸之路核心区的重要组成部分。

在对馆藏华侨档案细致梳理的基础上，福建省档案馆先后整理出版了《福建华侨档案史料》《民国时期福建华侨档案目录汇编》《福建侨批档案目录》《百年跨国两地书——福建侨批档案图志》《福建侨批档案文献汇编》（第一辑）等档案文献书籍。

为了深入挖掘侨批档案的文化价值，福建省档案馆于 2012 年举办了"'中国侨批·世界记忆'国际研讨会"并配合研究主题推出了"百年跨国两地书——福建侨批档案展"。2013 年，为助力侨批申遗，国家档案局与福建省政府、广东省政府在北京人民大会堂联合举办了"'中国侨批·世界记忆工程'国际研讨会"和"海邦剩馥——中国侨批档案展"。

在侨批档案成功入选《世界记忆名录》后，为更好地传播侨批档案文化，在省政府的支持下，福建省档案馆加大了对侨批档案的开发利用，投入 300 万元将原来的"百年跨国两地书——福建侨批档案展"改为固定陈列，作为全省大中专院校社会实践教育基地和华裔青少年夏（冬）令营基地，以及海外华人社团的参观基地。2016 年，中国侨联、省侨联组织了"海外侨胞故乡行——走进福建"活动，25 个国家和地区的 40 多位华侨社团领袖到福建省档案馆参观侨批展览。2017 年福建省档案馆福建侨批文化研究中心被中国侨联命名为"中国华侨国际文化交流基地"。同年"6·9"国际档案日，来自马来西亚、印尼、菲律宾、缅甸、阿根廷等国家的 10 余名侨生到福建省档案馆参加"寻找世界记忆遗产里的中华根脉——侨生读侨批"活动，通过侨生诵读侨批，唤醒"海丝"记忆。此外，福建省档案馆还精心打造"百年跨国两地书"福建侨批巡回展精品项目，在省内福州、厦门、漳州、泉州、莆田等地侨乡、华侨农场以及华侨大学、福州大学、福建师范大学、闽南师范大学、泉州师范学院等高校举办了二十几场巡回展览，取得了良好的社会成效。

为了讲好侨批故事，福建省档案馆与福建电视台联合摄制了专题片《华侨的敦煌史书》，制作了《侨批》《水客递送》《批局运营》3 部侨批故事动漫片，并向全省征文，在《福建侨报》设置专栏，连续刊载《侨批故事》，目前已刊发近百期。

3. 挖掘红色档案，服务党的建设

福建是著名的革命老区，是原中央苏区所在地和中央红军长征的出发地之一，也是我党"思想建党，政治建军"原则的发祥地。毛泽东在闽西写下了《古田会议决议》《才溪乡调查》《星星之火，可以燎原》等一系列光辉著作，成为中国共产党人精神谱系的重要组成部分。福建省档案馆依托丰富的革命历史档案，举办了"党的生命线——中央苏区群众路线档案图片展"、"红星照耀中国——外国记者眼中的中国共产党人"（承办）、"百炼成钢——纪念中国共产党成立95周年档案图片展"等一系列展览，用珍贵的档案文献和历史图片展现了中国共产党人不忘初心，牢记使命，为人民谋幸福，为民族谋复兴，团结带领全国人民勠力同心，艰苦奋斗，取得革命、建设与改革开放胜利的历史。这一系列的红色主题展览，为广大党员干部开展学习教育活动提供了生动的教材，有效服务于全党开展的"党的群众路线教育实践活动"、"三严三实"专题教育、"两学一做"学习教育活动。2017年，福建省档案馆与中央档案馆、福建省委党校、省行政学院联合在省档案馆共建以

福建省委党校组织党员干部参观在福建省档案局（馆）举办的"不忘初心、牢记使命"档案文献展

国家档案局中央档案馆与福建省档案局（馆）联合举办"不忘初心、牢记使命"档案文献展

"不忘初心、牢记使命"为主题的党性教室，作为省委党校、省行政学院的实践教学基地，并列入每年的教学计划安排。2018年上半年，即有90多批3000多名省直厅、处级班领导干部到档案馆进行现场教学，充分发挥了档案在党建工作的作用。

二、加强协同合作，扩大社会影响，建立协作联运机制

信息社会相互之间联结紧密，唯有合作才能共赢。档案馆虽有资源的优势，但是需要充分发挥合作的精神，联合相关部门和单位，借助各方面力量，才能使多方共赢，从而将档案编研开发工作做好、做大、做强。近年来，福建省档案馆主动与相关部门合作，建立协作联运机制，充分发挥协同效应，扩大了档案文化的社会影响。

1. 与台办、台联合力，促进两岸文化交流

为增进两岸民众的文化认同，共同传承和弘扬中华优秀文化，促进两岸和平发展，在福建省台办等有关部门的支持下，2013年，福建省档案局与台湾政治大学和台湾中华公共事务管理学会签订了《海峡两岸档案交流合作框

架备忘录》，确定双方每年轮流在闽台两地举办学术研讨、展览、讲座等活动的交流项目。2014年以来，福建省档案馆分别在台湾政治大学和高雄捷运中心站等地举办"海峡两岸姓氏文化与族谱档案图文展"，加深了台湾民众，特别是年轻一代对祖国、对中华民族和中华优秀传统文化的认同，深受台胞欢迎。与此同时，台湾政治大学师生也组团参加福建省档案馆举办的"6·9"国际档案日活动，台湾政治大学图书资讯与档案学研究所所长多次应邀来闽作"档案策展""档案价值实现与档案权利保障""台湾契约的形制与文化意涵"等学术报告，开展学术交流，促进了两岸的互动。

"海峡论坛"是两岸最大的民间交流活动平台，2016年，在全国台联和福建省台办的支持下，"海峡论坛"组委会将福建省档案馆举办的"闽台关系档案图片展览"列为每年"海峡论坛"的固定项目。2017年，恰逢两岸恢复交流30周年，福建省档案馆举办以"文脉流长——科举制度在台湾"为主题的闽台关系档案图片展以及"台湾进士后裔及专家座谈会"在第九届"海峡论坛"主会场以及台胞下榻的主要酒店同期展出，吸引了众多两岸嘉宾代表和新闻媒体，有台胞在参观后说："凡走过的必留下痕迹，这些台湾进士先贤，其实早已为海峡两岸铺下了紧密相连的各层关系，我们只要珍惜缅怀他们的事迹，循着他们的脚步，自然可以发现彼此的密不可分。"2018年，该展又作为第十届"海峡论坛"的活动项目赴金门展出。一年一度的"海峡论坛·闽台关系档案图片展览"持续有效地发挥了档案在推进两岸基层民众交流，促进闽台经济文化社会融合发展和两岸关系的和平发展中的作用。

2. 携手侨务、外事部门，扩大侨批文化在海外的影响

在侨批档案成功入选《世界记忆名录》后，为了更好地展示侨批档案文化，打响"世遗"品牌，福建省档案馆加大了对侨批档案的开发利用，与省侨办、省侨联、省外办合作，通过省政府组织的"中国·福建周"等对外经贸文化交流活动，赴海外举办侨批档案巡回展。

2013年以来，福建省档案馆先后在美国、新西兰、泰国、新加坡、印尼、马来西亚、日本、菲律宾、柬埔寨等国家举办了20场侨批档案巡回展，在海外反响强烈，当地华文主流媒体以及相关网站争相报道。中国驻泰国大使馆张益明公使在观展后指出举办侨批海外巡回展具有非常重要的现实意义，它

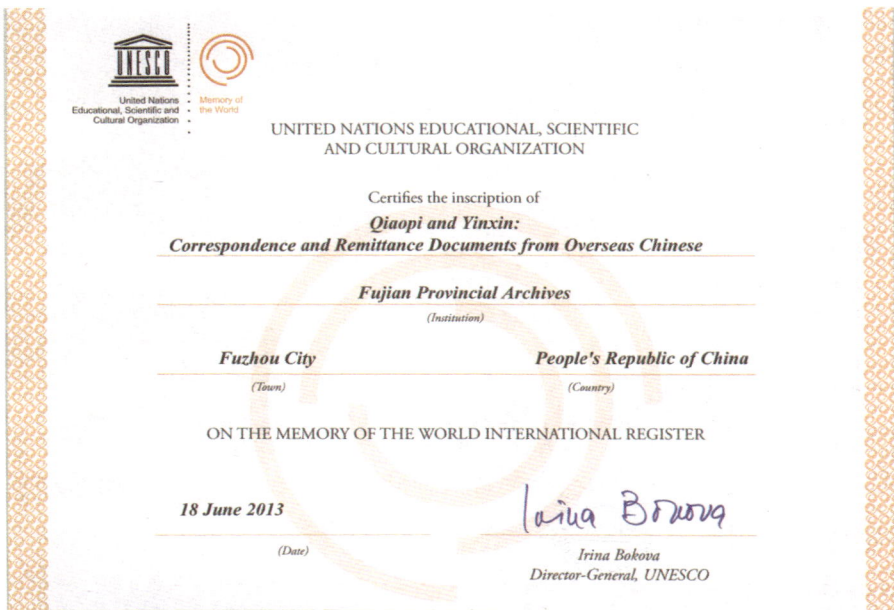

UNITED NATIONS EDUCATIONAL, SCIENTIFIC
AND CULTURAL ORGANIZATION

Certifies the inscription of

Qiaopi and Yinxin:
Correspondence and Remittance Documents from Overseas Chinese

Fujian Provincial Archives
(Institution)

Fuzhou City   *People's Republic of China*
(Town)   (Country)

ON THE MEMORY OF THE WORLD INTERNATIONAL REGISTER

18 June 2013
(Date)

Irina Bokova
Director-General, UNESCO

联合国教科文组织颁发的福建省档案馆侨批档案入选《世界记忆名录》证书

在宣传中华文化、见证历史变迁、凝聚侨胞爱国心等方面起到了很好的作用。中国驻纽约大使馆参赞兼副总领事李民在观展后指出，侨批是真正的侨乡文化，希望侨批展览能够到美国西部以及欧洲、澳洲等世界更多的侨社举办，给海外的华人提供丰富的精神食粮，增进对祖国的认同。展览唤起了老华侨刻骨铭心的记忆，加深了华裔新生代对先辈漂洋过海、异国打拼的艰辛历程和爱国爱乡、乐善好施的赤子情怀的理解。世界华文文学家协会副理事长廖彩珍回忆起从小帮助华侨书写侨批的亲身经历，向我们讲述了侨批在沟通侨乡与侨居地所起的重要作用；印尼环球银行董事主席洪明辉看到展览中一首描述华侨辛苦打拼的歌谣时，连忙拿出笔认真抄录，感慨先辈打拼之不易。福建省档案馆还收到了一批海外侨胞捐赠的侨批档案和相关历史资料。2015年"6·9"国际档案日期间，马来西亚华侨曾先生还专程回国向福建省档案馆捐赠了 200 多件侨批档案。2016 年，"福建侨批档案展"作为"中国与东盟国家档案文化交流项目"，参加了国家档案局和印尼国家档案馆在雅加达举办的"中印尼社会文化关系档案展"。侨批海外巡回展增进了海外华侨华人对祖国的深厚情感，对建设 21 世纪海上丝绸之路起到积极的推动作用。

3. 与组织、宣传部门合作，提升档案的知名度

近年来，福建省档案馆紧紧抓住党和国家重大节庆和重要活动的时间节点，主动与省委组织部、宣传部、省直党工委等部门合作，充分发挥相关部门职能优势，组织党员干部参观档案展览。在中华人民共和国成立 65 周年、抗战胜利 70 周年、建党 95 周年等重大纪念活动中，福建省档案馆适时推出了极具档案特色的主题展览，并将其纳入全省纪念活动中。在"群众路线教育实践活动""三严三实"专题教育和"两学一做"学习教育中，福建省档案馆举办的"党的生命线""红星照耀中国""百炼成钢"等系列展览被省委组织部、宣传部、省直党工委等部门确定为省直机关干部学习教育的规定内容。这些举措让档案和档案工作被更多的党员干部所了解，提升了档案的知名度。

4. 联合高等院校，打造大学"第二课堂"

福建省档案馆地处福州大学城，周边有 10 多所高校、20 万大学生。福建省档案馆利用这一有利地理位置，以大学城的大学生为重点服务对象，相继与周边高校签订协议，共建"实践教学基地"，将档案业务内容、档案文化与学校教学有机结合，逐步建立了大学生到档案馆现场教学活动的机制。例如 2012 年以来，福建省档案馆充分发挥固定陈列"潮涌海西——福建现代化历史进程展"和相关的专题展览与大学生近代史和思政课内容关联紧密的优势，将参观展览作为教学内容列入高校的教学计划，各高校根据相关课程安排，组织大学生到省档案馆进行现场教学。

此外，福建省档案馆采取"办展览、出图录、开讲座"三合一的工作模式，举办了《中日关系中的钓鱼岛问题》《光复初期的台湾故事》《闽浙木拱廊桥的文化意义》《明清皇宫档案纵谈》《科举制度在台湾与金门的交集》等10 多期"旗山档案讲坛"学术讲座，让档案历史文化专家学者与以高校学生为主的听众进行面对面交流互动。截至目前，福建省档案馆共接待逾 10 万名大学生参观和教学实践，使档案馆成为大学生社会主义核心价值观教育的生动平台，充分发挥了档案馆"爱国主义教育基地"的作用，真正使档案馆成

为大学的"第二课堂"。

三、注重策划沟通，拓宽宣传渠道，形成立体宣传模式

在档案编研开发工作中，福建省档案馆注重把握宣传规律，加强与宣传主管部门和相关媒体的沟通与合作，把档案资源的开发展示作为主要策划与宣传内容，并根据各媒体的特点，确定不同层面的报道重点，形成立体宣传模式和多媒体、系列化、持续性的宣传效应。

1.加强沟通，提升宣传的引导力

福建省档案馆根据重要节庆和重大活动的时间点，主动将每年的编研宣传工作向省委宣传部报告，并促其纳入全省宣传思想文化工作总体安排。这几年福建省档案馆举办的"海峡壮歌""百年跨国两地书""党的生命线""百炼成钢"等展览项目均被纳入省委"福建省宣传思想文化工作要点"，由省委宣传部统一部署宣传报道，大大提高了档案的宣传引导力。几年来，省长、省委秘书长、省委宣传部长和分管侨务、外办、档案工作的副省长多次作出批示，肯定福建省档案馆在发挥档案优势，服务大局工作中所取得的成效。2017年7月，省委常委、秘书长在福建省档案局呈报的有关涉台涉侨档案开发展示工作专报件上批示：省档案局的几场活动办得很有特色，很有成效。用档案说话，让历史发言，打好"对台""对侨"两张牌，服务祖国统一大业，服务'一带一路'战略，发挥了应有作用。福建省档案馆举办的档案主题展览活动被新华社、中新社、人民网、中央电视台、《香港文汇报》、《福建日报》、福建电视台、《海峡都市报》，以及新浪网、腾讯网、凤凰网等各大主流媒体所报道，做到了"报刊有文，电视有像，广播有声，网络有互动"。

2.注重策划，扩大宣传的影响力

福建省档案馆与省内主流媒体建立了档案信息资源开发合作伙伴关系，根据宣传主题与相关媒体进行详细沟通，共同精心策划，推出宣传热点，扩大档案宣传的影响力。

比如在纪念抗战胜利70周年的前期准备工作中，福建省档案馆主动让媒

体提前介入主题探讨，深入挖掘闽台抗战档案，扩展传播的广度和宣传的深度。一是通过"写专文，出专版"进行深度报道。福建省档案馆与新华社福建分社合作，撰写了《专家建议充分利用闽台抗战档案，以增进两岸抗战历史认同》一文，刊载在新华社内参《参考清样》，并在《新华每日电讯》上发表了《揭秘历史档案——重温闽台联合抗战史》等文章；同时与《中国档案报》《福建日报》联合推出"台湾义勇队——回'唐山'抗战去""台湾光复背后的闽台故事""闽台抗战与台湾光复"3个纪念专版；另外，还与《海峡都市报》《福州晚报》等联合编发 16 期"战歌·再寻八闽救国魂"系列报道，用生动的人物和鲜活的语句再现闽台抗战历史。二是利用电视、广播形象直观、受众面广的特点，制作系列专题节目。比如与福建电视台新闻中心联合拍摄制作了《重温海峡抗战壮歌》《纪念抗战胜利 70 周年特别节目——共御外侮》2 期时长 40 多分钟的专题节目；与新华网合作拍摄发布了《台湾义勇队——两岸同胞共赴国难》视频；与省市电视台联合推出《八闽抗战纪事》《抗战记忆》《壮歌——闽都抗战风云》等专题节目 52 期；与福建人民广播电台合作，推出《寻找抗日英杰》《留住抗战老兵的声音》百期系列报道等，节目在省内外 68 家电台同步播出。

3. 借力网络，增强宣传的渗透力

福建省档案馆借助网络媒体渗透力强的特点，于 2012 年开通了政务微博——"大闽记忆"，为宣传档案文化和档案工作提供了新途径，吸引了大量年轻人的关注。微博开通刚满一个月，关注人数迅速上升至 10 万以上，连续三年获评"福建优秀政务机构微博"。2015 年福建省档案馆又开通了"福建档案"微信公众号，提供档案信息浏览、开放档案在线查询、预约查档、网上展厅等功能服务，积极与网友互动。与腾讯网、新浪网合作开设《档案见证闽台抗战》等多个专栏，累计发布档案 300 多份，浏览量超过 300 万人次。为弥补实体展览在时间和空间上的局限，福建省档案馆还将所举办的展览制作成 3D 网上展厅置于"福建档案信息网"，方便公众观展，目前已开放的网上展厅 21 个，其中"海峡壮歌""百炼成钢"等展览被选入福建省委宣传部"福建省爱国主义教育基地网上展馆"，既宣传了主题内容，又宣传了档案文化。

四、结束语

综上，作为国家综合档案馆，近年来，福建省档案馆档案编研开发及其宣传展示的探索与实践取得了一系列富有特色的成果，形成了一套行之有效的运行机制与模式，受到社会各界的肯定，其中有几点普遍的经验值得总结借鉴：

1. 要以地域特色为切入点

地域特色是一个地区发展的优势，乃至国家发展的重大战略布局（如发挥福建的对台优势，促进两岸关系和平发展，是中央赋予福建的重任；做好侨务工作，凝聚侨心侨力，建设 21 世纪"海上丝绸之路"核心区，是国家"一带一路"发展战略对福建的定位，等等），同时也往往是馆藏的特色，分析并把准自身特色是在档案编研开发与宣传展示中占据优势的利器。只有以地域特色为切入点和着力点，充分发挥档案的优势，才能有效地吸引受众，从而更好地为大局工作和社会公众服务。

2. 要把握重要时间节点

时间是历史的载体，重要时间节点主要指党和国家的一些历史纪念、重大活动和社会热点，特别是一些重要历史纪念日往往是一个国家、一个民族集体记忆的重要节点。档案编研开发及其展示宣传工作要抓住这些重要时间节点，主动融入大局，贴近社会，纳入整体部署，统筹安排，才能起到事半功倍的作用。

3. 要加强协同合作

协同合作是信息社会发展的重要特征和必然要求，在档案编研开发与展示宣传中要充分发挥相关职能部门的优势，借资借脑，强强联合，共同开发，合作共赢，这样既能丰富档案编研开发的内容、拓展档案展示宣传的途径，又能扩大档案文化的社会影响力。

4. 要成系列多元化

社会对档案信息的需求是多层面的，档案编研开发要加强整体规划，把档案资源的开发、展示、宣传结合起来，多层次、多形式、多载体地编研开发档案文化，形成系列化、多元化、精品化的档案编研成果，以满足不同层面的需求，最大限度地实现编研成果的资政价值、学术价值、社会价值。

5. 要注重与媒体的沟通策划

媒体是档案资源开发成果得以广泛传播的重要中介。档案编研开发展示要把握宣传规律，主动加强与各种媒体的沟通策划，根据不同的宣传主题和不同媒体的特点，深入挖掘和推送热点，才能更好地提升宣传效应。

创新档案编研　弘扬档案文化
提升服务能力

——江西省档案馆开展编研工作的实践与探索

江西省档案馆　邓东燕

　　档案编研工作是档案工作的重要基础性工作，是档案信息资源深层次开发利用的主要形式之一，是档案部门弘扬档案文化、激发服务活力的重要手段。纵观江西档案事业发展轨迹，全省各级档案部门在省委、省政府的正确领导下，始终坚持围绕中心、服务大局，真抓实干，开拓创新，特别是围绕文化强省建设，着力增强档案文化在社会文化领域中的地位和作用，认真扎实狠抓档案编研工作，积极开发档案信息资源，提升服务能力，为江西经济社会和文化建设做出了积极贡献。本文就江西省档案馆开展编研工作的实践进行总结与探索。

一、江西省档案馆开展编研工作的实践成果

　　自 20 世纪 80 年代开始，特别是新世纪以来，江西省档案馆围绕中心工作和社会需求，深入研究、开发档案信息资源，编辑出版档案文献史料和研究成果，积极助力编史修志，开展编纂工作研究与交流，相继推出了一批有影响的编研成果。

　　1. 编辑出版文件汇编、革命历史资料选编，公布史料服务社会

　　1981 年，为纪念中国共产党成立 60 周年和中华苏维埃共和国临时中央

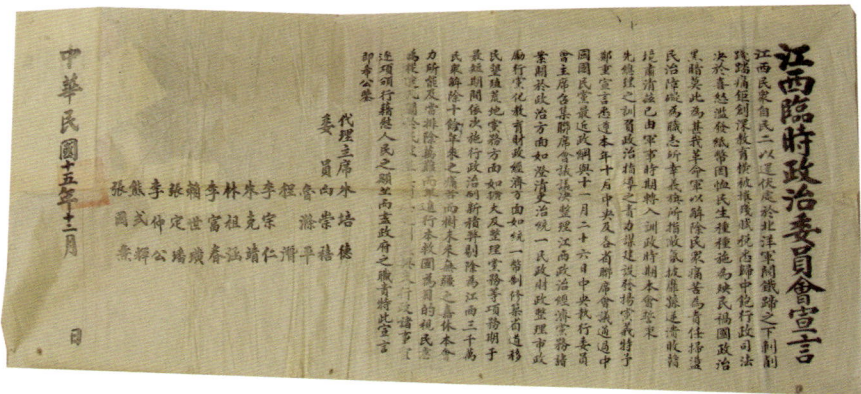

江西省档案馆馆藏：1926年12月北伐军占领南昌后发布的《江西临时政治委员会宣言》

政府成立50周年，江西省档案馆与省委党校党史教研室合编《中华苏维埃共和国临时中央政府文件汇编》《中央革命根据地史料选编》。此后，江西省档案馆先后编辑出版了《江西革命历史文件汇集》《江西苏区妇女运动史料选编》《江西工人运动史料选编》《江西青年运动史料选编》《湘赣革命根据地史料选编》《湘鄂赣革命根据地文献资料》《闽浙赣革命根据地史料选编》《中央革命根据地工商税收史料选编》《井冈山革命根据地史料选编》《南昌青年运动三十年》《中共江西省委文件汇编》《江西省人民政府文件汇编》《江西历届省人代会简介》《江西历次党代会简介》等大量的文件汇编、革命历史资料选编，主动以成果形式向社会公布档案史料，为编史修志、学术研究、工作查考等提供了翔实珍贵的史料。

2. 编辑出版档案画册、丛书，全面反映江西档案事业发展成就

1996年，江西省档案馆编辑出版了一部大型画册——《江西档案事业概览》。该画册收集照片120多幅，反映了中华人民共和国成立以来尤其是党的十一届三中全会以来江西档案事业在省委、省政府的关怀、重视下所取得的辉煌成就。此后编辑出版了《江西省志·档案志》《五十年风雨著华章》《红土地上档案工作者风采》《江西省档案馆指南》等图书，全面、系统地记述、反映了江西省档案工作历史和发展概况；介绍了省档案馆馆藏档案和资料内容；反映了我省档案工作者发扬革命传统，让生命在兰台岗位上闪光的事迹。

3. 把握时代契机，档案编研工作围绕中心、服务大局取得了新成效

一是结合重大纪念活动编辑出版档案图书。

2009 年，为纪念中华人民共和国 60 华诞，江西省档案局（馆）与南昌市档案局（馆）联合编纂了国家"十一五"重点图书出版规划项目"城市解放"系列丛书《南昌解放》，全书共 86 万字。该书以大量翔实、珍贵的历史文献和图片，客观诠释和真实再现了南昌解放和江西解放的历史过程。它对人们了解和研究南昌解放前夕的政治、经济、社会和文化等方面具有重要的参考价值。2017 年，此书重新修订，全书 100 万字，包括黎明前的黑暗、势不可挡的解放洪流、建设新生的人民政权、建设新南昌建设新江西四个篇章。

2011 年，作为纪念辛亥革命 100 周年的献礼，江西省档案馆编纂出版了《辛亥风雷激荡江西——赣军打响"二次革命"第一枪》一书。该书主要由清末至辛亥革命（1905 年至 1913 年）期间清王朝的谕旨、奏折、函电，民国初南京临时政府和袁世凯执政时的政府、团体、组织、个人等形成的呈、令、批、章程、办法、宣言、檄文、函电等档案史料，同期出版的报纸、期刊、书籍等有关历史材料编辑而成。全书 116 万字，该书以大量翔实、珍贵的历史资料和图片，真实展现了江西清末民初的社会景象，客观讲述了赣军打响"二次革命"第一枪的历史真相，缀补和还原了江西在辛亥革命中的重要贡献。

2015 年，为纪念中国人民抗日战争胜利 70 周年，江西省档案馆编纂出版《狼烟漫大地　烽火燃赣鄱——解码江西抗战历史记忆》一书。该书主要由 1937—1945 年抗战时期，在江西境内发生的一些重大历史事件，包括国共两党庐山谈判，红军改编并组建新四军，建立抗日统一战线，日寇入侵江西实施狂轰滥炸和烧杀抢掠暴行，广大民众前仆后继开展抗日救亡运动，江西战区军民浴血奋战，抗击日寇的几次会战，接受日寇投降、迎接光复、欢庆胜利等重要时间节点上所形成的有关决议、决定、规定、办法、训令、指令、报告、电报和军事部署、作战计划、战斗命令、战报、日记等档案史料编辑而成。此外，还选用了同期出版的国内外有关报纸、杂志、图书中与此相关的历史资料和图片等。全书 180 万字，该书对社会各界了解、认识和研究八年抗战江西在全国抗战大局中的地位和作用，提供了一个基本的历史轮廓和大量真实的第一手资料。

同年，省档案馆还联合中共江西省委党史研究室编纂出版了大型图文画

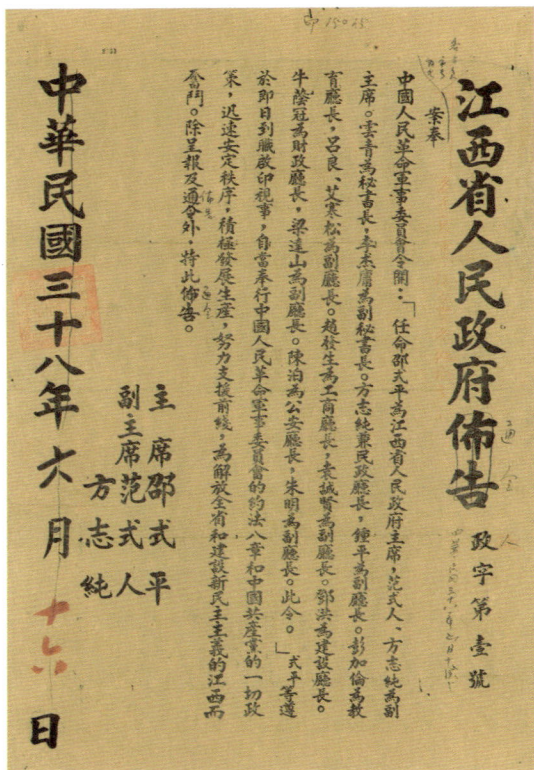

江西省档案馆馆藏：1949 年 6 月 16 日颁布的《江西省人民政府通令》

册《江西抗战》，该画册以翔实的史料和 2000 余幅珍贵的历史照片，通过图文并茂的形式，全面揭露了日本侵略者在江西犯下的滔天罪行，再现了中国共产党以民族大义为重，大力促成国共两党结成抗日民族统一战线，领导江西军民进行抗日斗争的史实，突出反映了中国共产党在全民族抗战中的中流砥柱作用；热情歌颂了江西军民在全民族抗战中所做出的巨大贡献和付出的巨大牺牲。

2016 年，为纪念红军长征胜利 80 周年，江西省档案局编撰《铁血破重围 壮举挽危澜——解码中央红军长征起始前后的历史记忆》一书。该书是江西省档案局与湖北省档案局、湖南省档案局联合编撰"赣鄂湘红军长征档案史料丛书"之一。该书共分第五次反"围剿"失利、中央作出战略转移决策、实施战略转移的准备工作、中央红军踏上漫漫长征路、留守苏区红军的游击

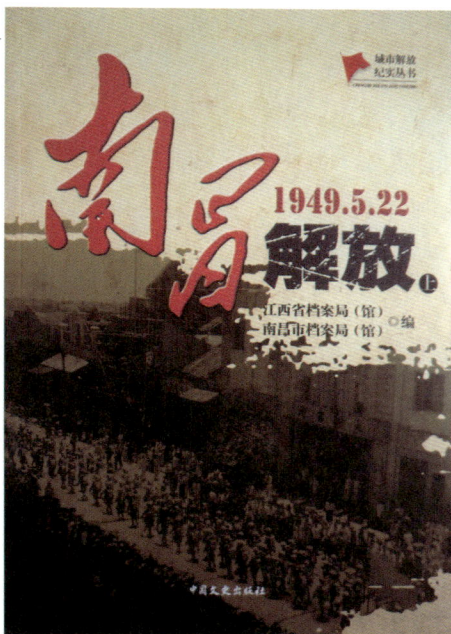

江西省档案局（馆）与南昌市档案局（馆）合编：《南昌解放》

战争5章。书中收入档案史料415篇，主要由1933—1936年中央红军长征起始前后，在中央革命根据地及其周边地区发生的一些重大历史事件档案史料和同期出版的国内外有关报纸、杂志中与此相关的历史资料编辑而成。全书110万字，该书通过全景式地回放中央苏区第五次反"围剿"斗争的惨烈悲壮场面，从不同视角、不同侧面客观真实地解码当年战略大转移决策形成过程之艰难曲折，再现中央红军长征从江西苏区出发并突破敌军围追堵截的英勇作战情景，讴歌和颂扬江西人民为长征所做出的重大贡献，是扎实推进"两学一做"学习教育常态化、制度化，开展"不忘初心、牢记使命"主题教育活动的经典红色读物，对激发全省人民不忘初心、继续前行，为建设富裕美丽幸福现代化江西而奋斗具有重要的积极意义。

二是围绕中心、服务大局，发挥档案史料资政参考作用。

2010年，为了主动融入省委、省政府建设鄱阳湖生态经济区的大局，提升档案部门的服务能力，江西省档案馆编纂出版了《鄱阳湖开发历史进程及生态建设》一书，共120万字。该书由古代历史文献、近现代档案史料、近期形成的有关政府机构已公开的现行文件汇编而成，从开发历史、生态建设角度回望了鄱阳湖治理开发的历史进程，填补了鄱阳湖区经济社会发展史的历史空白，为进一步建设鄱阳湖生态经济区提供了有益的历史依据。

2012年，在中共江西省委办公厅的支持、指导下，江西省档案馆编撰《江西省国有企业改革档案资料汇编》，共汇编8册，近150万字。这些档案资料记录了中央领导、国务院有关部门对江西国企改革工作的重视、关心；记录了江西省委、省政府对国企改革的果断决策和正确部署；记录了各地各有关部门贯彻落实、精心操作，国有企业广大职工积极参与、真心支持，圆满完成国企改革任务的全过程。

三是编辑出版地方特色档案编研成果，弘扬档案文化，发挥档案宣传教育作用。

2012年7月，江西省档案馆编著的《江西风景独好旅游文化丛书2·红色摇篮卷》由二十一世纪出版社出版发行。该书是由省政府统一部署编辑出版的《江西风景独好旅游文化丛书》之一。《红色摇篮卷》分中国革命的摇篮井冈山、人民军队的摇篮南昌、人民共和国的摇篮瑞金、中国工人运动的摇篮安源、血染的丰碑赣东北、中央革命根据地的奠基石东固和江西省主要红色旅游景区、景点名单7个部分。该书通过挖掘档案史料来宣传江西的红色旅游景点，宣传江西的红色旅游文化。

2013年，江西省档案馆编辑出版《防尘扫埃　地净天蓝——回望中央苏区反腐倡廉岁月》一书。该书共计112万字，主要由中国共产党建党初期特别是中央苏区时期，各级党组织和苏维埃政府制定并颁布的有关加强党的思想作风建设、反腐倡廉、执政为民、开展节省运动、巩固苏维埃政权、粉碎国民党"围剿"等方面的宣言、法律、法令、条例、命令、规定、办法、通知等革命历史档案和同期出版的各种报纸、刊物、图书中与此相关的史料编辑而成。此外，还选用了在苏维埃中央政府的领导下，与中央苏区紧密相连的湘赣、闽浙赣、湘鄂赣等苏区同时期的部分史料作为补充。该书梳理、回放和再现中华苏维埃时期这个我党历史上"最廉洁的政府"的光辉，勾勒出中央苏区党的反腐倡廉建设的特点、规律和运行轨迹，是深入开展反腐倡廉工作、抓好党的群众路线教育实践活动的生动教材。

二、档案编研工作中存在的问题

在局领导的高度重视和档案编研工作者的努力下，江西省档案馆的编研工作取得了可喜的成绩，推出了一批高质量的编研成果，取得了良好的社会效益。但是，档案编研工作仍存在一些问题，一是档案编研缺乏长远规划，存在随机式、应景式或任务式的工作模式，主动服务意识还不强。二是档案资源缺乏，档案编研人员对档案资源的深度挖掘开发不够，造成档案编研的深度和广度不够，档案编研成果形式较单一，可读性不强，缺乏文化精品，服务社会的能力不足。三是档案编研工作缺乏人才和资金的保障。四是档案编研成果的公示宣传不够，致使社会对档案馆的编研成果了解不够，编研成果利用受众面不广，利用效果较差。

三、加强新时期档案编研工作的探索

1. 准确定位，明确思路，合理规划档案编研工作

新时期，档案编研工作是各级档案部门拓展社会服务功能，推进档案信息社会共享的一种重要形式，我们要用更宽广的视野、更高的站位来谋划档案编研工作，以新思维、新举措去主动开展档案编研工作，不断增强档案工作服务社会的能力。一是要把档案编研工作融入文化大发展大繁荣中谋划。档案文化建设是社会主义文化建设的重要组成部分，在建设社会主义文化强国、服务文化大发展大繁荣中具有不可替代的作用。档案编研工作作为档案资源开发的重要形式，是传播档案文化、服务文化发展，实现自身价值的有效途径。档案编研工作是档案文化建设的重要抓手和载体，各级档案部门要把档案编研工作作为档案文化建设的重要内容与举措来抓。二是档案编研工作要围绕中心、服务大局。档案编研工作只有服从服务于中心工作，才能得以健康发展。各级档案部门要紧紧围绕当地党委和政府中心工作，大力开发档案信息资源，通过主动系统地提供档案信息，为党政领导提供决策参考，提升档案部门影响力。三是档案编研工作要面向大众，服务社会。各级档案部门要瞄准人民群众的需求，积极编研反映当代社会发展的档案信息，真正做到贴近实际、贴近大众、贴近民生。

2. 以编研促征集，以征集带编研

馆藏档案是编研工作的根本，脱离了馆藏档案资源，编研工作就成了无

源之水、无本之木。当前，各级国家档案馆馆藏资源虽然在逐步增加，但现有资源仍难以满足编研课题的需要。许多珍贵档案散落在民间，有限的馆藏资源束缚了编研工作者的选题范围，难以形成高水平的编研成果。档案编研工作一定要和征集工作相结合，以编研促征集，以征集带编研。档案编研要立足馆藏，但不能拘泥于馆藏。要在馆藏的基础上，敢于突破馆藏的局限，根据选题积极征集馆外资料，弥补馆藏的不足，这样才能使编研成果更完整、更系统、更有价值。要发挥编研工作的牵引作用，比较齐全完整地收集相关内容的档案资料，逐步建立专题档案资料数据库，实现档案资源的有效整合。我们要采取"内部发掘与社会调查相结合"的方法，通过走访一些了解当时情况和保存有历史资料的老同志，并加强与政协文史委、文化馆、图书馆、史志办等单位的合作，利用他们提供的历史文化资料，来弥补一些专题编研资料不足的缺陷。档案馆要重视收集具有地方特色、民族特色、载体特色的特色档案，收集社会密切关注的热点档案资料，尤其是要加强民生档案的收集，构建档案数量充足、内容丰富、结构合理、质量优化并富有特色的档案馆藏体系，为开展档案编研工作打下坚实基础。编研工作也要注重征集过程中发现的高价值信息，在符合条件的情况下将其纳入阶段性的编研计划中，据此拓宽选题思路。

3. 注重编研规划和选题策划，提升服务能力

为保证档案编研工作开展的科学性、有序性、有效性，档案部门应周期性出台编研工作的总体规划，并适时制定阶段性计划。要统筹规划编研开发工作，着重在选题策划、档案资源和编研力量整合。要注重馆藏档案和利用需求研究，加强选题策划的针对性，提升服务能力。首先，编研工作应建立在深入了解馆藏档案资源的基础之上。要广泛、深入地研究馆藏档案，做好选题的可行性研究，选择适合的组织材料的形式，编纂出各种档案参考文献，为社会各界提供利用服务。其次，编研工作必须根据社会生活及生产活动中提出的任务来进行，选题符合时代要求。档案编研选题成功与否，直接关乎编研成果优劣。在选题上，我们要紧密围绕党委、政府的工作大局，密切关注当地经济社会发展的热点和重点，广泛关注民生，把有关江西历史状况与现实发展、经济与社会、环境与生态等方面的选题放在首位，要发挥档案资政作用，主动为党委、政府决策服务。要深入挖掘馆藏档案资源，选准档案

宣传服务文化发展繁荣的最佳切入点和突破口，努力创作具有强烈时代精神、鲜明档案特色，内容丰富、形式多样，思想性、艺术性、真实性、可读性相统一，群众喜闻乐见的档案文化精品来，将"老档案"变成备受公众关注的"新视点"。要配合重大纪念活动，找准时机和切入点，选好主题，开展特色档案编研工作。第三，编研工作者还应对当前档案利用者和广大读者对编研工作的需求点做一定的分析，树立档案文化精品意识，积极探索与社会公共媒体新型合作方式，打造档案编研精品，在编研过程中着力提高"研"的比重，采用图文并茂、灵活运用各种载体等多种方式增强编研成果的可读性，改善读者体验，使档案编研成果受众面过窄的局面得到改观，只有具备时代特征和符合社会需求的编研成果才会有强大的生命力。

4. 创新档案编研形式，建立开放格局，打造文化精品

档案编研的路子要越走越宽、越走越顺畅，在运作理念、运作模式上必须改革创新。首先，档案人员要改变以往那种"坐、等、收"作风，不要只关注馆藏、埋头编研，要多"走出去"开阔编研工作视野，把档案资源"引进来"，充分利用好馆外档案信息，促进编研工作的顺利开展。其次，要与大众传媒相结合，在编研成果的形式和编研方法上进行全方位拓展，以取得良好的社会效益。在编纂方式上要采取人民大众喜闻乐见的形式，加大对新技术的运用。要善于从档案里寻找故事，把枯燥的档案变成有趣的故事，把故事里的知识与智慧、经验与规律变成服务社会实践的重要借鉴；要善于用现实的眼光去发掘历史档案，把档案信息资源变成现实的背景、现实的参照、现实的延伸，使档案书籍让人读后有新启迪，档案故事让人听后有新鲜感，从而不断增强档案文化产品的吸引力和影响力。在编纂书籍的同时，还要运用展览陈列、多媒体、网络等多种编研形式，形成载体形式多元的档案编研作品。第三，在加强自身档案编研队伍建设的同时，要深化编研合作。档案编研工作是一项系统工程，每一个优秀编研成果的推出，都需要参与者付出大量的时间、精力，专心投入工作，同时，编研工作者间的团队协作、默契配合也至关重要。编研工作需要从业人员具备较高的文化素养、文字水平和信息处理等基础性能力。在当前的信息化时代，还要求编研工作者熟悉并灵活运用数字技术和网络技术，以借助互联网平台和各种信息技术手段开展工作。档案编研工作者需要有与时俱进的创新思维，以及用发展的眼光、发展的思维思考问题的能力，能够洞察新趋势，快速吸收时代发展中出现的新技术、新方法，并及时运用到档案编研工作中来。档案部门应重视档案编研队伍建设，精选编研人员，加强对编研人员的业务培训，并采取编研论坛等多种形式加强编研工作者的相互交流，不断拓宽思路、充分交流心得，打造一支相对稳定、配合默契、业务能力强的档案编研团队。另一方面，编研工作要出精品，仅仅依靠档案部门自身的编研力量和馆藏档案资源是难以实现的，应树立"打开门来做编研"的理念，创新编研方式，加强档案资源的信息共享。针对一些重大选题项目，应实行高位推动，打破部门间的壁垒，在对档案资源进行充分调查摸底后，整合本地区各相关档案馆的编研力量，充分利用各档案馆的馆藏资源，合作开发编研成果，通过这种"馆内"与"馆外"的合作，"馆"与"馆"之间的合作，最大限度实现优势互补和资源共享，形成档案编研合力，打造出更多的档案编研精品。同时，要改变过去档案部门单兵作战、闭门造车的现象，通过加强与选题相关领域的专业研究部门的联系，例如与党史部门、社科联、大专院校、社会团体等专业机构或研究学者的合作，充分掌握该选题最新的研究成果，将档案部门的资源优势和这些机构、学者的专业优势实现优势互补，做到"编"有广度与"研"有深度相结合，使编研成果达到一定的理论高度和研究深度。此外，在编研过程中，文字的识别录入、数据处理、图片扫描、成果推广等方面可以整合利用市场力量，以缩短编研周期，提高工作效率。

5. 加强编研成果宣传，拓展推广模式，提高社会效益

利用是档案工作的根本目的。档案编研成果作为一种信息载体，其作用与价值只有通过利用才能得到发挥和体现。档案部门对编研成果的推广和市场化途径应形成一定思路，不能让编研成果推出后就被束之高阁。要加强与新闻媒体的联系与合作，加大档案编研成果的推广力度，在将档案编研成果赠送相关领导、专家、社会知名人士、档案同行外，还要以陈展、出版发行及签售、发布会等形式向社会读者积极推广编研成果，扩大成果的知名度和影响力。可以利用档案编研成果中的档案原件，依托文化部门（博物馆、纪念馆、文化馆）的展陈资源优势，举办形式多样、内容丰富的编研成果展，通过编研成果与档案原件以及珍贵文物的共同陈展，达到高度还原历史、档案服务社会的目的，让社会各界更直观地了解档案编研工作和档案编研成果。

要充分利用现代传播手段，利用数字技术和互联网技术，建立电子档案，通过档案部门的网站、微博、微信公众号等多种手段进行推送，要积极开发网络出版物，通过寻找具有合法出版资格的出版机构以互联网为载体和流通渠道，出版有声图书、电子书、专题片等，使编研成果以 e-book 的形式广为传播；还可以通过光盘制作等方式，向社会发布档案编研成果，扩大社会影响力。

　　总之，我们要不断拓宽档案编研工作思路、创新工作模式、优化工作手段，推出更多符合社会需求、具有强大生命力的档案编研成果，使档案工作更好地服务党委、政府中心工作，服务经济社会发展和文化建设。

迈入档案文化宣传工作的新时代

——湖北省宣传思想文化工作创新案例

湖北省档案馆　刘文彦

湖北是楚文化的发源地、著名的革命老区，档案资源十分丰富。全省县级以上国家综合档案馆馆藏的近 2000 万卷档案资料，真实记录了湖北近现代历史变迁和社会发展，其中大量珍贵档案在全国具有重要历史价值和广泛社会影响，形成了一个蕴含丰富、名符其实的文化宝库。

2015 年以来，湖北省档案文化宣传工作开启创新模式，拓展新视野，开辟新途径，搭建新平台，促进了档案工作存史、资政、育人作用的充分发挥，带动了档案工作服务水平的有效提升。

一、背景起源

以习近平同志为核心的党中央十分重视继承和发扬中华优秀传统文化。习近平总书记关于"文化自信"的重要讲话精神，为我们进一步坚定文化自信、繁荣和发展社会主义文化、夯实实现中华民族伟大复兴中国梦的文化基础，指明了基本方向、注入了强大动力、提供了行动指南。

文化来源于历史。档案是历史文化与历史智慧的结晶，档案在继承、保持和弘扬中华文化统一性和完整性的过程中发挥着极其重要的作用，是中华民族文化延续和发展的重要载体。作为档案工作者，要在创造性转化和创新性发展的过程中，努力加强档案文化宣传工作，使档案信息资源焕发出新的生命力，为弘扬社会主义核心价值观，实现中华民族伟大复兴中国梦提供强大的精神指引。

二、创新举措

1. 着力创新方式

突破固有传统的思维方式及工作方法，坚持创新驱动。以"互联网＋"为目标，创造新模式；与社会各界深度融合，拓展新领域；以时代特征为要求，推出新作品。

2. 着力突出重点

对工作方式进行效益评估，精确分析，适当调整，改变因追求"全面覆盖"而造成的难以为继、疲于应付的局面，主攻更高层次，更大影响的新兴媒体、国家级媒体，打造开发利用工作升级版。

3. 着力提高质量

加强对档案信息资源性质及作用的分析研究、深度开发，凸显蕴含其中的历史文化价值，推出留得住、传得开、"通过档案来说话"的档案文化精品力作。

4. 着力业绩考核

将档案文化宣传工作纳入对各级档案部门年度工作目标绩效考核体系，占比 20% 以上，细分项目，量化指标，推动工作落实起效。

三、创新成效

1. 建立了适应工作需要的创新机制

一是牢固树立坚持党的领导的观念，强化在意识形态领域的领导权，占领主阵地，弘扬主旋律。二是各级档案部门选调年轻干部充实工作岗位，

湖北省档案馆与《新华每日电讯》合办的专栏

打造了一支 200 余人的队伍，定期举办培训班，提高政治素质和业务能力。三是建立健全考核制度，将各项任务细化，列入工作年度考核目标，成为促进工作开展的重要抓手。四是落实经费保障，确保满足开展工作专项资金的需要。

2. 实现了全面提升水平的创新发展

一是调整工作重点。2015 年以来，在实现报纸、电视、广播等主流媒体的全覆盖的基础上，适时将工作重点转向新兴媒体、国家级媒体。2015 年，省档案馆继与《湖北日报》合办《档案解密》专栏的基础上，同《中国档案报》合办了《百年荆楚》栏目。2016 年，咸安区档案馆摄制的微电影《钱瑛回乡》，在省纪委举办的《廉政微电影》栏目展播，获得全省第十六届党员教育电视片二等奖。2017 年，又与新华社《新华每日电讯》合办《档案背后的湖北故事》专栏，在全国省级档案部门中首开与中央主流媒体合作先河。相继刊载的《毛泽东一生钟爱这个湖，能不保护好么？》等整版篇幅的文章，较好配合时政宣传需要，单期网络阅读量突破百万人次。二是扩大社会影响。2016 年，省档案局承办了"湖北省纪检监察历史陈列展"，目前成为全省党员干部党风廉政教育基地。为配合展览编辑的《建国初期湖北省党员领导干部违纪档案实录》，受到纪检监察干部的广泛好评。2017 年，省档案局与中央档案馆共同主办了"不忘初心、牢记使命——学习贯彻党的十九大精神红色档案史料展"，省直机关干部和社会各界群众 2 万余人参观，社会反响热烈。2015 年以来，全省档案部门举办各类展览 1400 余个，参观人数超过 150 万人次。三是实现共建共享。2015 年，省档案局牵头达成《赣鄂湘档案事业协同发展合作框架协议》，成为继京津冀之后全国第二个档案工作区域联合体系。举办了首届赣鄂湘档案编研高级研讨班，交流了档案文化宣传工作经验，启动了《红军长征档案史料选编》丛书联合编撰工作。2015 年以来，省档案局相继与湖北大学、湖北师范大学和中南民族大学合建协同创新中心，研究工作在权威性基础上增加了学术性，有关成果在《光明日报》登载，促进了文化属性的进一步发挥。

3. 推出了适应时代要求的创新作品

一是为繁荣文化贡献力量。2015 年，省档案局积极参与有"湖北《四库全书》"之称的文化建设重大工程——《荆楚文库》编纂出版工作，根据馆藏档案拟定的 10 余种篇目，受到高度重视并列入出版计划，在文化强省建设中发挥了不可替代的作用。二是借助新媒体传播优势。2016 年，省档案局主办的"读档"微信公众号上线，推出一系列弘扬档案文化、传播正能量的作品，引起各界广泛关注，湖北省省级移动政务客户端"长江云"主动联系并成功对接。三是扩大档案工作影响力。目前，全省各级档案部门大都与当地媒体建立了长期合作关系，如宜昌市在《三峡日报》开办《触摸史迹》栏目，黄石市在《黄石日报》开辟《黄石往事》专栏。所刊发的典故、钩沉等文章，以鲜明的档案特色、独树一帜的风格，成为人们街谈巷议的话题，既丰富了人民的文化生活，也极大提升了社会各界对档案工作的关注度。

四、思考启示

1. 文化自信离不开档案文化的助力

各级各类档案馆所保存的档案，记载了人类进步、社会变迁、历史发展的全过程，是中华优秀传统文化不可或缺的重要组成部分。只有继承和开拓包含档案文化在内的中华优秀传统文化，从中提炼生生不息、博大精深的精神力量，才能为党领导人民创造的激昂向上的革命文化和生机勃勃的社会主义先进文化增加给养，才能用坚定的文化自信不断凝聚爱国主义情操，才能为早日实现民族复兴提供高度的文化自信。

2. 档案文化的地位与作用不可替代

做好档案文化宣传工作，要找准时代定位，紧跟时代步伐，突出围绕中心、服务大局的宗旨，忠实记录中华民族走向复兴、实现中国梦的伟大进程，热情讴歌中国共产党领导人民坚持和发展中国特色社会主义的光辉历程和丰功伟绩。既在成风化人、凝心聚力上产生巨大效能，更在澄清谬误、明辨是非上发挥独特作用。

3. 档案文化宣传工作责任重大

做好档案文化宣传工作，要以习近平新时代中国特色社会主义思想为指导，坚持党的绝对领导、坚持正确舆论导向、坚持创新驱动理念，讲好档案故事，讲好中国故事，努力推出有思想、有温度、有品质的档案文化精品力作，把"让历史说话，用史实发言"这项伟大工作做得更好。

大数据背景下的档案编研展览多样性探索

——以湖南省档案馆编研展览实践为例

湖南省档案馆　　庄劲旅

大数据研究机构 Gartner 给出了"大数据"定义：大数据是需要新处理模式才能具有更强的决策力、洞察发现力和流程优化能力的海量、高增长率和多样化的信息资产。学者多用 4V 来表达大数据的特性，即数量庞大（Volume）、种类繁多（Variety）、处理高速（Velocity）、价值高（Value，还有用 Veracity 表示真实性）。来势凶猛的大数据时代给档案事业发展带来了挑战和机遇，为了使档案馆不被大数据时代边缘化，唯有优化档案利用服务方式。档案的编研展览是主动服务的重要利用服务方式，本文试以湖南省档案馆编研展览实践为例，围绕编研展览在大数据时代背景下面临的困惑与对策，探讨编研展览多样性的实践及其对档案馆发展产生的影响。

一、编研展览面临的困惑与对策

当今正值信息技术广泛应用，大数据迅猛发展，移动互联网、物联网、云计算、多媒体、全媒体、超媒体、智慧模块、区块链、人工智能、无人驾驶等概念早已司空见惯，智能手机、计算机、平板电脑等各种现代信息工具不停地在交换着各种数据，大数据已广泛融入我们的学习、生活和工作。档案行业同样面临这样的挑战，现在的档案利用者不只是满足于找到某份档案，往往还要求提供更多的信息，或者需要得到相关知识，比如询问档案背后的故事，档案的来源、真伪、保管等信息，以及利用情况、运用前景等，档案利用服务正沿着档案服务、信息服务、知识服务等层次向纵深综合发展。作为利用服务的主阵地——档案编研展览工作将如何应对？

1. 编研怎样确定选题？

过去的编研大都采用单一的形式、一成不变的体例、直白式的叙事方式，作品往往局限于文件汇编、大事记、史志等纯文字风格。可读性、通俗性、趣味性往往被忽视。大数据带来了时代的新变化：档案数据庞大、处理高速，人们从读文字变成了读图，从摄取知识方式的系统化变成了碎片化，从读档案变成了读目录，"快餐文化"流行。我们的编研该怎样确定选题？

（1）建立起档案编研出版物市场需求预测的大数据

需求信息成了档案馆的战略资源，需求预测比出版物本身更重要。其关键是如何发现将来的党和政府需求、市场需求和社会需求。一是要实时收集直接利用者行为数据。主要做好档案利用者、官方网站访问者和其他相关人员的信息采集、分类和存储，形成专题数据库。二是要组织档案数据统计师、分析师进行统计、分析和预测。摸索档案大数据的处理方法，从庞大的社会数据中获取档案相关的信息，并进行预测。三是要提升数据共享水平，达到数据价值最大化。积极参与政务网等社会化信息数据库建设，及时分享档案数据和信息。

（2）突出以档案为主体的内容建设

"内容"依然是编研作品的核心竞争力，我们要从档案数据分析中理线索、寻趋势、找亮点，充分发掘档案的内在文化价值。

2. 展览怎样选择档案？

过去的档案展览往往限于历史的条件，只是使用单一的文字，呆板的展板，黑白的复印件，一成不变的体例，缺少生机和活力。难以适应大数据时代要求，也不能满足"快餐文化"的要求。根据大数据时代的特点，我们应该从以下两方面有所发展：

（1）丰富展览形式

我们要采用仿真的档案，交错的图文，适当的实物，宜人的灯光，逼真的场景，优美的视频，深入的讲解，舒适的环境，使整个展览浑然一体，以体现大数据背景下"快餐文化"高科技的时代特征。

（2）充实展览内容

我们要从服务党委、政府的中心工作的要求出发，围绕社会的难点、热点问题，突出社会重大活动，做到以内容取胜。大数据将考验我们对数据的挖掘、分析、筛选、组织与综合的能力。

3. 怎样应对数字阅读？

随着大数据时代的来临，数字化阅读得到飞速发展，手机、笔记本电脑、平板电脑、PDA、MP4等成为人们生活、学习、工作的必备工具。这种新媒体下的数字化阅读的结果：一是阅读者的身份变了，二是阅读习惯及阅读时空变了，三是阅读兴趣、阅读方式、阅读质量变了，四是阅读能力和阅读效率变了。白于阅读时空的随意性，导致了浅读、泛读、伪读、非主流阅读、功利性阅读、娱乐性阅读、读图重于读文等的盛行，同时传统的细读、精读、品读等依然存在。数字化阅读提出了全新的要求：一是媒体方式的选择上，我们要熟悉数字阅读的新平台和新设备，适应数字化背景下的阅读体验和阅读文化。我们要充分发挥虚拟网络的功能，通过网站、网展、微信、微博等方式，将图片、声音、视频、文字等档案信息广泛应用到虚拟网络中；二是档案内容的选择上，我们要通过大数据预测，挑选事关民生、社会热点、社会难点、社会重大活动等题材，做活文化惠民文章，服务好党委、政府中心工作。

4. 怎样走出信息孤岛？

早期的利用服务工作基本上是采取被动接待服务的方式，满足于"你要什么，我就提供什么"。档案馆的主要功能停留在档案保管和简单利用的功能上。一方面我们拥有丰富的馆藏，另一方面直接来馆利用档案人员越来越少，在功能上档案馆与社会关联松散，档案馆信息共享不充分，档案馆有成为"信息孤岛"的趋势。我们认为应采取以下对策：一是加大对外宣传力度，改善档案馆的形象；二是制作档案专题片，直接普及档案知识。重点处理好两个问题：一是把控好数据所有权，在大数据环境下，数据的所有权将是地位和权威的所在，应加强档案数据的掌控能力；二是做好档案开放鉴定工作，做到开放为常态，控制为特例。在保护好国家安全、国家利益、个人隐私等的前提下，切实满足广大人民群众利用档案需求。

5. 怎样应对档案概念的"泛化"？

与大数据密切相关的档案概念"泛化"现象正在进入人们的视野，似乎更多数据都要挤进"档案"的笼子，"档案"一词大量出现在书籍中、电视里、网络上。口述档案、档案揭秘、纪实档案、档案文学等词汇已成为媒体热词。档案社会学、档案文化论、档案产业论等不断呈现，档案的概念已超越了"国家档案"的传统观念，档案概念"泛化"来势凶猛。有人说这会拓展档案概念的外延，有人说这会庸俗化档案的概念。而在档案学术著作、档案编研作品、档案工具书等档案类出版物中"档案"一词却在减少，往往以"电子文件""信息""知识"等名称取而代之，档案学院也变成了信息管理学院，一些学者认为这是形势所迫，另一些学者认为这是档案学在迷失。社会上正在上演档案概念"泛化"的大戏。档案"泛化"现象既有积极影响，也有消极作用。这里主要探讨基于大数据背景下应该如何应对问题，我们认为一方面坚持传统的档案理念，另一方面适应大数据时代的要求，走"大文件""大档案""大编研""大宣传"的路子。拓展编研展览方式和手段，普及档案知识，宣传档案文化，树立档案馆的新形象。

二、编研展览多样性实践

湖南省档案馆始创于上世纪 50 年代末，"文革"开始后不久被军事管制，机构瘫痪，工作停止。1974 年 3 月正式启用省档案馆印钤，为省革委档案组的直属二级事业机构。1978 年 2 月恢复为省档案局的二级机构，2004 年加挂"湖南省现行文件服务中心"牌子。2011 年 7 月 20 日局馆合并为省委、省政府正厅级事业单位。上世纪 80 年代起，按照中共中央和《中华人民共和国档案法》的精神，我们向社会开放利用档案。开始由为官方服务逐步转变为官方与民众服务，档案馆逐步走向开放，随着大数据时代的到来，针对编研展览存在的困惑，我们在精心编纂档案文化精品、广泛拓宽档案展览题材、全面发挥虚拟网络功能、大力开拓媒体合作渠道、全力创新编研展览形式等方面开展多样性探索，创新实践，开拓进取，取得了可喜的成绩。省档案馆已成为全国人文社科普及基地、省级爱国主义教育基地、省级社科普及基地、省中小学生研学实践教育基地。

1. 精心编纂档案文化精品

面对编研怎样选题的困惑，我们在内容和形式统一上做文章。一是内容上突出思想性。突出党委、政府的中心工作，紧跟社会重大活动，围绕社会的难点、热点问题做文章。二是在形式上突出档案多样性。将手稿、实物、证件、照片、图片、票券等作为编研的首选目标，将出版物调成多形制档案的"快餐盛宴"。自上世纪 80 年代初，我们开始档案编研工作，共编辑出版档案编研作品 84 种，共 5171 万余字。其中公开出版物为 47 种，2905 万字。以图册为主的文化精品 28 种，占公开出版物的近 60%。这些编研出版物大致可以分为三大类：一类是档案史料汇编、选编；二类是革命历史文化选题的编研；三类是文化精品，主要以内容为专题，突出可读性、趣味性。重要

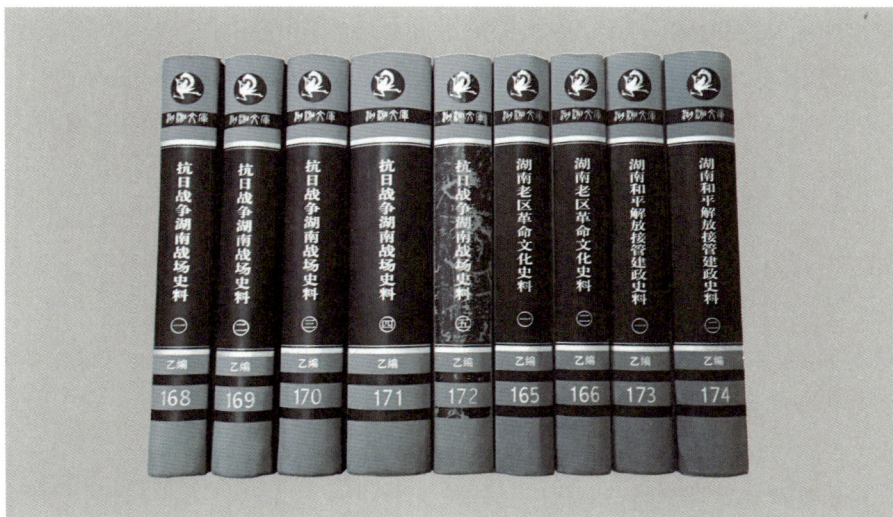

湖南省档案馆编：《湖湘文库》其中 9 册

湖南省档案馆编：《湖湘档案图典》（全5册）

的编研作品代表有：12万字的《林伯渠日记》于1984年公开出版发行，参加了香港书展和北京书展，获全国档案系统编纂成果三等奖。1989年编辑出版的《黄埔军校同学录》，是现今我国最为完整、系统、全面的一个版本。2006年来，我们参与全国"十一五"重点出版项目《湖湘文库》的出版工作，陆续完成《抗日战争湖南战场史料》《湖南和平解放接管建政史料》《湖南老区革命文化史料》3个课题、共9册、580余万字的出版工作。作为文化精品，2010年该项目被评为湖南省第二届档案文化优秀成果·档案史料编研成果一等奖。2013年4月，推出了《湖湘档案图典》大型系列丛书，第一册《湖南省国家档案馆珍藏概览》一发行，就受到社会大众的广泛欢迎，紧接着我们又完成了《湖南省档案馆馆藏铜器铭文拓片集录》《湖南红色档案馆馆藏精萃》《走向辉煌——中共湖南省委96周年档案图集》以及《湖南省档案馆馆藏书法档案选辑》等的编纂出版。这些文化精品以档案史料为来源，突出时代特点，选材简练，以图为主，彩色印刷，装帧精美，给人以历史的真实感和厚重感，深受大众喜爱，使档案及其知识更广泛地走向社会，走近大众。

2. 广泛拓宽档案展览题材

改革开放以来，我们先后尝试举办展览，突出挖掘了历史类、文化类的专题展，做到了趣味性与教育性、通俗性与学术性的有机结合，较好地适应了快餐文化的需要，也适应了大数据时代多样性、快速性的要求。

2017 年 9 月 27 日，我们与省文明办主办、湖南天闻地铁传媒公司承办的"光辉的足迹——喜迎'十九大'中共湖南省委档案图片展"在长沙地铁一号线南门口站正式开展，展览由 253 组、500 多件跨越 96 年历史的湖南"红色档案"组成，同时还展出了毛泽东在开国大典上的讲话、刘少奇在天华的调查、全省学雷锋活动、省第十一次党代会等珍贵音视频档案。展览将"红色档案"搬到了群众身边，把爱国主义教育融入了人们的日常生活。为期 1 个月的展出，观众就达 37 万人次，展览受到社会的广泛好评，收到了良好的社会效益，在 2017 年第 24 届中国国际广告节上被评为唯一金鸦公益广告奖。

1995 年以来，我们共举办了湖湘人物、黄埔军校史料、江永女书文化、湖南抗战、档案珍品等内容的实体档案展 20 多个，受到社会各界特别是省级党政领导的广泛好评。

3. 全面发挥虚拟网络功能

在做好档案实体文章的同时，全面发挥虚拟网络的功能，突出档案数字化阅读的优势，通过网站、网展、微信、微博等新媒体开展档案网络宣传、

2017 年 3 月 2 日长沙市芙蓉区蓉园小学学生正在参观湖南省档案馆"雷锋家乡学雷锋展"

网络展览、微信和微博交流。2005 年 4 月开通了"湖南省档案馆"网站，2011 年升级为"湖南档案信息网"。开设有 8 个栏目，其中"档案展厅"就推出网上档案展览、专题 28 个，大部分为实体档案展转变而来。近 4 年来，访问、参观网展的人数为网站访问总量的 40% 左右，年均访问量约为 70 万人次。这种面向社会大众的网站科普，极大地拓展了时空，开辟了档案编研展览的新渠道、新途径。2013 年网站被评为湖南省"优秀政府网站"。同时，我们于 2012 年底以"湘档人"注册了微博，2017 年注册"湖湘档案"微信公众号，充分发挥了微信、微博的方便、快捷、迅速、互动的优点，更好地宣传党和政府惠民政策，加大档案开放、公布范围，互动交流档案工作的经验体会，互动传递档案知识，即时解决档案问题。近 5 年共公布惠民文件 37 大类，文件 300 个，每年还配套编印《中共湖南省委、湖南省人民政府惠民政策汇编》500 多册，免费发放，满足社会不同层次人员的广泛要求。

4. 大力开拓媒体合作渠道

在苦练内功的同时，我们还将眼光瞄准了平面媒体和电视媒体，充分发挥媒体舆论宣传的主渠道作用，将编研作品、展览搬到媒体上去，广泛传播档案信息。近 10 多年来，我们先后与《湖南日报》《长沙晚报》《中国档案报》《档案时空》等平面媒体联合出版过档案编研展览专版、专刊 8 次；与湖南经济电视台、长沙电视台等电视媒体联合制作、播出档案编研展览专题片两种；档案的专题活动被电视、报刊、网络等媒体报道年均 10 次以上。通过与电视、平面和网络媒体的广泛合作，扩大了社会对档案部门的认知水平，增强了档案知识宣传力度，改善了档案馆信息封闭的形象，拓展了爱国主义教育、湖湘文化普及的功能。

5. 全力创新编研展览形式

面对档案概念"泛化"的现象，档案馆在坚持传统的理念的同时，也要创新发展。编研展览除了正式、规范的形式，更应有灵活、随意的"快餐"方式。近年来，我们通过档案馆开放日、科普宣传和讲座等灵活形式来延伸编研展览功能，将静态档案资源转化为动态档案信息，以科学和轻松的方式普及档案文化。一是近 5 年组织社科普及志愿者和档案工作者在每年 5 月第

2017 年 5 月 26 日湖南省档案馆正在开展档案馆开放日活动

二周进行社科普及宣传周活动、举办"6·9"国际档案日活动、承办"档案馆开放日"等编研展览宣传活动共 30 次。通过活动向市民发放各类宣传资料，面向市民进行业务咨询，免费赠送档案文化产品、家庭档案管理手册、"照片管理软件"光盘等 2 万多件。二是聘请档案方面的专家学者来馆举办开放式专题报告、档案知识讲座。近 5 年来，湖南省档案馆先后举办了《档案编研理论与方法》《民国公文解读》《〈湖湘文库〉编纂实践谈》等专题报告 5 次，举办了《档案保管保护方法》《书法实践》《摄影构图实践》等知识讲座 15 次，这些报告和讲座每次听众都在 200 人以上，提升了社会大众档案品味和档案鉴赏能力。三是我们采取寓教于乐的休闲方式来延伸编研展览功能。为了拓展"走向辉煌——庆祝中国共产党成立 90 周年中共湖南省委档案陈列"实体展和网展后的效果，我们按照扑克牌的标准，从中共湖南省委 90 年历史的 400 多件珍贵档案图片中，精选 53 件，按照时间顺序与黑桃、红桃、梅花、方块四种花色顺序进行相应排列，印制《湖南档案·红色记忆》扑克牌 5000 盒，同样，又从中共湖南革命历史人物的故居照片中选取 53 张印制了《湖南档案·红色故里》扑克牌 5000 盒，两盒组装一套，免费向社会赠送。2013 年以来，我们以档案知识为内容精心设计制作了书签、日记本、文化衫、茶杯等文化产品，在各种活动中免费发给社会大众。

三、多样性实践的积极影响

1. 拓展了档案馆的功能

十一届三中全会后，我们的档案工作实现了为官方服务到为官方与民众服务的根本性转变。在大数据时代启蒙和发展背景下，通过增加馆藏，扩大开放力度，拓展档案编研展览渠道，湖南省档案馆逐步成为档案安全保管基地、爱国主义教育基地、档案利用服务中心、政府信息查阅中心、电子文件中心"五位一体"的档案馆。我们在保持原有的档案收藏功能、服务社会功能、辅助编史功能的同时，大大拓展了档案馆的文化教育功能、文化传播功能、文化休闲功能。

2. 改善了档案馆的形象

上世纪80年代档案馆从封闭到开放时，公众十分淡漠，认为档案馆是保管档案的场所，给人以神秘感。通过30多年来出版编纂档案文化精品、拓宽档案展览内容，使广大公众了解了档案的知识，认识了档案的价值；通过发挥网站、网展、微信等虚拟网络的作用，广大网民熟悉了档案形式和内容；在平面媒体、电视媒体的宣传中，观众了解了档案文化价值；在社科普及宣传周、国际档案日、档案馆开放日活动中，在档案知识讲座中，在档案休闲娱乐中，人们接触了档案，了解了档案利用的方法，明白了党和政府信息的所在。我们逐步树立了档案馆良好的公众形象：一是馆藏特色明显，能满足公众某些特殊的需求；二是具有国家收藏权威，具有公益性，是非营利性单位；三是为社会大众提供免费服务；四是党和政府信息的提供场所，所提供的文件具有法律效力；五是档案文化展示和休闲的场所。

3. 引起了各级领导重视

以前的档案馆重藏轻用，开放程度不高。通过加强档案资源建设，提高档案利用服务水平，开展编研展览多样性探索，档案馆的功能得到新的拓展，公众形象不断改善，引起了各级领导的普遍重视。2010年2月21日，作为第一位来省档案馆视察指导工作的省委书记张春贤，就对我们服务省委、省政府的中心，服务经济社会发展，开展爱国主义教育，弘扬湖湘文化等方面的突出作用给予肯定。批示为省档案馆增加档案专项经费，为档案编研展览工作提供一定的经费保障。2011 年 6 月 20 日，省委书记周强来到我馆参观了"走向辉煌——庆祝中国共产党成立 90 周年中共湖南省委档案陈列"，并对档案工作给予了充分肯定。随后全国政协原副主席、省委原书记毛致用，全国政协文史委副主任、中央档案馆原馆长毛福民等 20 多位省级以上领导来馆参观、指导工作。这大大提升了省档案馆公众形象、社会形象。

4. 丰富了民众文化生活

随着社会发展，人民群众对精神文化的需求日益增强，开始追求高素质、有品位的生活。这为编研展览工作提供了广阔的市场和动力。21 世纪以来，我们从三个方面创新档案编研展览实践：一是围绕实体档案做文章，编纂好的文化精品，多方位开展档案展览的实体展览，向社会大众、特别是青少年进行档案宣传，深受社会各界的喜爱；二是利用虚拟网络的传播功能，在时空上拓展了档案编研展览的范围；三是开展形式多样的编研展览，采用电视节目、宣传周、国际档案日、档案馆开放日和讲座等形式，向市民进行档案宣传，特别是寓教于乐的档案扑克牌、书签、日记本等，受到市民的欣赏和珍藏。这些编研展览活动极大地丰富了民众文化生活。

5. 助推了文化强省战略

文化建设越来越引起人们的重视，我省正全面推动文化大省向文化强省迈进，努力打造湖南文化高地。编研展览工作紧紧围绕省委、省政府文化强省战略深入开展活动。一是加强爱国主义基地建设，突出抓好青少年群体的社会主义核心价值观教育、档案知识普及工作；二是积极参与文化工程项目；三是积极组织档案文化传播工作，举办多种档案、历史、文化专题展览，宣传湖湘文化；四是发挥网站、网展、微信、微博虚拟网络传播的长处，广泛开展湖湘文化、湖南党史、湖南地方史的宣传；五是与媒体合作，加大档案文化宣传的广度；六是利用各种活动形式，采用休闲娱乐方式宣传普及档案知识和文化。通过这些丰富多彩的工作有效地助推了文化强省战略。

关于新时代档案编研工作的思考

广东省档案馆　黄菊艳　陈文君

　　档案编研工作是档案工作的重要组成部分，是档案信息资源开发利用的一种重要形式，通过编研开发充分发挥档案的利用价值，挖掘档案的文化内涵，实现服务社会、传承历史与文明的功能。中国特色社会主义已进入新时代，习近平总书记强调"让历史说话，用史实发言"，"要坚持用唯物史观来认识和记述历史，把历史结论建立在翔实准确的史料支撑和深入细致的研究分析的基础之上"，"认真总结党的历史，更好地发挥党的历史的鉴今、资政作用，是新形势下推动党和国家事业不断发展的迫切需要"。为适应新时代发展的需要，档案编研开发工作要在新的历史起点上不断开拓创新。本文以广东省档案编研工作为中心，总结新时代档案编研工作的新特点、新要求，思考新时代档案编研工作的创新发展之路。

一、档案编研工作新机制的建立

　　随着社会的进步和档案事业的发展，社会各界对档案信息的需求不断增长，档案资源开发工作面临着前所未有的机遇和挑战。传统档案编研工作已无法满足新形势下社会各界对档案信息的需求，只有高质量、深层次的编研成果才能产生持续的社会效益^①。为解决制约档案编研工作发展的突出问题，进一步加大档案资源开发力度，档案编研工作社会化、开放化已成为新的发展趋势。

1. 借脑借智，提升档案编研水平

档案编研工作对人才专业素质要求较高，除了需要有档案学专业的知识，根据具体专题的需要还要有其他专业的知识，只有具备较高的专业素质，才能保证档案编研成果的质量和水平。由于客观条件的限制，档案部门不太可能拥有各个专业，并且具有较高知识储备和研究能力的编研工作人员。面对新形势，要解放思想、开拓思路，善于"借脑借智"，通过与各领域的专家人才合作，提升档案编研工作的专业水平。如广东省档案馆于2014年11月成立广东省档案编研专家委员会，由工作经验丰富、熟悉档案和相关专业领域、具有较高威望和影响的专家组成，把脉全省档案编研事业发展，对档案信息资源开发利用规划提出意见建议，拟定编研项目选题及实施指导，开展编研项目合作等。

广东省档案编研专家委员会成立以来，充分发挥了"智库"作用，借助专家和社会力量，馆藏资源开发工作取得了显著成效。编研专家多次参与展览脚本的编写，提高了展览的学术水平，得到了省委领导的充分肯定并引起了社会的广泛关注。编研专家积极参与资政参考工作，结合自身研究领域，围绕党委和政府中心工作以及时政热点，为资政编研推荐选题，增强了选题的前瞻性、科学性、针对性和精准性。编研专家还积极推进部门合作，促成了《黄埔军校史料汇编》《广东省政府公报》等大型出版项目。除此之外，编研专家为党史人物传记的编撰和审稿、侨批档案申遗、国家重点档案保护与开发项目等工作提供了大力支持，提升了档案资源开发的广度和深度。

2. 合作编研，增强编研工作主体力量

传统档案编研工作的主体主要是各级档案部门，主体的单一性造成了编

---

① 陈凤：《档案编研工作机制创新刍议》，《档案事业改革与创新——2013年全国青年档案工作者研讨会论文集》，中国文史出版社，2013年，第251页。

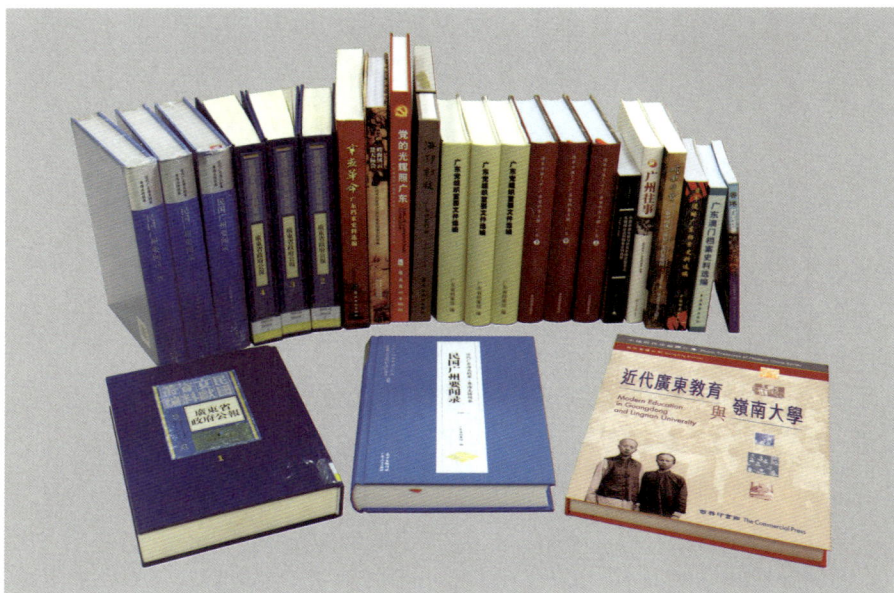
广东省档案馆部分编研成果

研工作力量薄弱。此外，以工作成效来看，囿于传统工作模式，档案信息资源开发无法有效融入到社会发展中，编研成果社会效益不明显。要破解这些发展难题，需打破编研工作主体的单一性，树立合作发展的理念，发动社会力量参与档案资源开发工作，形成"合作发展、开放编研"的档案编研工作新模式。

一是与高等院校合作，借力高校的学术优势，提高档案编研的学术水平。高校汇集了各个领域、各个专业的专家学者，他们具备专业的学科知识和深厚的理论修养，思路广阔，研究深入，这些正是档案部门所欠缺和亟需的人才力量。档案部门保存有大量内容丰富、种类繁多、载体多样的原始档案，对学术研究具有极其重要的价值。馆校合作开展档案资源开发工作，可以实现优势互补，提高档案编研工作的学术水平，开发出更加符合社会需求的编研成果。如广东省档案馆与中山大学于2013年签订了战略合作框架协议，开展全方位合作，加大对馆藏近代广东海关档案保护与开发工作的合作力度，对如何有效开发近代广东海关档案进行全面的摸底、调查和研究。在双方共同努力下，《近代广东海关档案·粤海关情报卷　民国广州要闻录》于2018

年正式出版，馆藏近代广东海关档案系统开发取得阶段性成果。

二是与国家档案局、兄弟省市档案局（馆）合作，通过馆际合作，实现编研工作资源共享。《全国档案事业发展"十三五"规划纲要》中指出档案部门要全面提升档案事业发展协同创新能力，积极探索档案区域协作发展模式，促进馆际合作。加强馆际合作，实现资源共享，是推进档案资源开发工作的重要手段。在档案信息资源共建共享的过程中，通过档案部门之间的协作，克服目前档案部门各自为政、自成体系的局面，使各馆的馆藏利用构成一个有机整体，利用各馆的合力来促进档案信息资源开发，最大限度地满足社会的需求。广东省档案馆大力推进馆际合作，特别是合作办展，引进了国家档案局中央档案馆、中国第二历史档案馆等主办的"信仰的力量——中国共产党人的家国情怀""党的群众路线档案展""红星照耀中国——外国记者眼中的中国共产党人""天下为公——纪念孙中山先生诞辰 150 周年档案图片展"等展览；与上海市档案馆、福建省档案馆、湖北省档案馆、云南省档案馆、河南省档案馆等兄弟省市馆合作举办了"海邦剩馥——中国侨批档案展""岭海风云　楚天际会——纪念辛亥革命100周年粤鄂档案史料展""飞虎·驼峰纪事档案图片展"等展览，突破了长期存在的资源、人力、资金等短板的制约，实现了资源共享。

三是与党委政府机关单位合作，依托不同平台，发挥档案资源服务中心、服务大局的作用。档案工作是党委和政府工作的重要组成部分，档案部门要自觉把档案工作纳入到大局中规划和推进，主动寻找切入点和结合点。档案资源开发工作更要围绕党委和政府的中心工作，积极与党委、政府机关单位合作，联合开发档案资源，举办主题展览，发挥档案资源服务中心、服务大局的作用。广东省档案馆与广东省委宣传部、广东省外事办、广东省委党史研究室等合作举办了"日本侵华主题展览""群众路线教育实践活动展览""科学重建铸就奇迹——广东对口援建汶川灾区图片展""广东国际交流合作图片展""不忘初心、牢记使命——学习宣传贯彻党的十九大精神展"等，这些主题展览为中心工作提供了展示、学习和交流的平台，受到了省委领导的高度评价。此外，还与广东省财政厅、广东省侨办等编辑出版了财政史料、华侨史料等汇编成果。

广东省档案馆馆藏档案珍品展场景

3. 上下互动，形成全省联动效应

新时代的档案编研工作不再是闭门造车，档案信息资源开发工作合作共建已成为必然趋势。省级档案部门作为全省档案工作的主管部门，有责任有义务推动全省档案编研工作的发展，树立全省"一盘棋"的整体意识，形成全省联动效应，实现全省档案信息资源共享，提高全省档案编研工作的水平。

一是以国家重点档案保护与开发项目为抓手，推进全省档案资源开发工作。2016年，国家重点档案保护与开发项目正式启动，广东省档案馆向全省各级档案馆传达国家档案局的精神和要求，组织做好全省馆藏重点档案的普查，摸清家底，积极申报项目。长期以来，全省目录基础体系建设中存在的不健全、不规范的状况，成为制约馆藏档案开发利用的瓶颈。广东省档案馆以国家重点档案目录基础体系建设为契机，积极组织各级档案部门通过国家专项资金支持改善目录体系建设，推进档案资源开发工作。《抗日战争档案汇编》是国家重点档案保护与开发工作中的重大题材，广东省档案馆积极组织全省抗战档案摸底清查、项目申报和实施工作，推动了全省各级档案部门抗战档案的开发利用以及档案编研工作。

二是大力推动档案展览巡展,实现档案资源全省共享。基层档案馆资源较为匮乏,编研力量有限,举办展览的经验不足,广东省档案馆积极推动档案展览下基层,将主办的优质展览推送到具备条件的地市县档案馆,地方档案部门再结合自身的档案资源,与省档案馆共同举办专题展览。由此,推进了全省档案展览工作水平,扩大了档案展览的社会影响。近年来,广东省档案馆指导珠海、中山、东莞、惠州、揭阳、阳江、佛山、河源、潮州、从化、增城等市档案馆承办"南粤丰碑——中共广东党组织档案史料展""海邦剩馥——广东侨批档案展""红星照耀中国——外国记者眼中的中国共产党人""信仰的力量——中国共产党人的家国情怀"等主题展览,为当地"两学一做"学习教育搭建参观学习平台,收到良好的宣传效果和社会反响。

三是加强编研工作的专题调研和指导,推动全省档案编研工作。编研工作是很多基层档案部门基础业务工作中的薄弱环节,为逐步补齐短板,广东省档案馆加强对全省各级档案部门编研工作的调研和指导,由省档案馆领导带队,分别到梅州、清远、韶关、惠州、河源、揭阳等各市县区档案馆专题调研档案编研工作,了解各馆馆藏和编研工作现状,指导各馆国家重点档案保护与开发项目、展览、编研等工作。开展全省红色档案资源摸底调查和档案资政参考工作调研,为下一步开展红色基因档案重点工程、推动档案资政服务做好前期准备。

二、档案编研工作的拓展

传统档案编研工作基本以档案史料汇编为主,成果形式也基本局限于书刊等印刷物,内容与形式单一,受众面较小,编研成果的社会影响力有限,无法满足现代社会对档案信息的需求。如何适应社会需求,加大档案信息资源开发力度,为社会利用服务,成为档案编研工作的急需解决的重要课题之一。近年来,编研工作在如何满足社会需求,提高社会效益方面,做了许多有益的探索。

1. 拓展编研工作自身的内容和形式

档案编研工作要发展创新,要适应新时代的要求,必须突破传统的单一的工作内容和形式，以馆藏档案为基础，拓宽工作内容，丰富工作形式。

一是坚持抓好传统的史料汇编等基础性编研工作。社会对档案信息资源的需求在质量上要求越来越高，档案史料汇编工作要有精品意识，讲求内在知识含量和文化价值，才能适应现代社会的需求。广东省档案馆围绕"档案中的历史，历史中的档案"，深入挖掘开发馆藏档案资源，重点打造编研成果品牌，先后出版了华侨档案、侨批档案、粤海关档案、抗战档案、黄埔军校档案等馆藏特色档案史料汇编，忠实记录历史原貌，为历史研究提供详实史料。

二是举办档案主题展览，发挥档案宣教育人的积极作用。档案展览是各级档案馆开发利用档案资源、发挥档案馆社会服务功能的有效途径，它能够吸引社会公众走进档案馆，是各级档案馆近年来开展的重点工作之一[1]。近年来，档案部门立足馆藏档案资源优势，围绕党委政府中心工作，结合时政热点、重大纪念等，创新合作办展模式，积极拓宽办展思路，结合现代多媒体技术和科技手段，丰富展览的内容和形式，吸引越来越多的社会公众走进档案馆。

三是编纂《档案资政参考》，主动为党委政府决策服务。《档案资政参考》是发挥档案服务领导决策、服务中心工作等资政功能的重要形式，广东省档案馆从 2003 年开始开展资政参考工作，至今共正式编印 90 期，得到国家有关部门和省领导的充分肯定，是上级部门指定保留的省档案馆内唯一可直接上报省委、省政府的简报材料。

2. 拓展服务功能与基础业务

一是以编研促进基地建设，拓展档案馆公共服务功能。随着档案馆越来越开放，社会融合度越来越高，档案馆不再是大门紧闭，除了为社会大众提供档案查阅利用服务，更要依托档案资源，向社会开展爱国主义、革命传统教育和国情、省情、市情、区情、县情教育及科技文化知识教育。广东省档案馆被评定为省级爱国主义教育基地、省高校学生社会实践基地、全国中小

---

[1] 王贞：《档案展览成果开发工作研究》，《北京档案》，2010 年第 4 期，第 22 页。

档案编研开发与档案文化建设

学档案教育社会实践基地，在服务青少年、服务机关党建工作、服务社会大众等方面，发挥了重要作用。

二是以编研拓展宣传工作，扩大社会影响。档案资源开发要扩大社会影响力，需要主动与媒体联合，扩大宣传效果。如广东省档案馆在纪念抗战胜利70周年的系列活动中，邀请省内主流媒体座谈，主动介绍馆藏抗战档案史料情况，梳理并推荐媒体关注的题材，展开了全方位、立体式的宣传工作，社会反响强烈，宣传效果明显。随着信息技术的高速发展，网络等新媒体已经成为社会大众获取信息资源的重要方式，新媒体以其快速、高效的传播方式极大地满足了公众获取档案信息的需求，使档案宣传进入了大众视野，开辟了档案宣传新领域，提升了档案宣传的社会价值。广东省档案馆2004年开通"广东档案信息网"，访问量一直稳居全国省级档案网站前列。2018年6月正式上线运行的新网站，更加重视档案文化建设，成为广东省数字档案馆的重要组成部分。2016年国际档案日之际，又开通了"广东档案"微信公众号，开启档案服务的"微时代"。

三是以编研推动档案征集工作。编研工作是建立在丰富的馆藏基础之上的，我国多数档案馆馆藏以文书档案为主，有限的馆藏资源与单一的馆藏内容，成为制约编研工作发展的瓶颈。做好档案编研工作，必须要优化馆藏结构，加强档案资源特别是声像档案、科技档案、艺术档案、地方特色档案等的收集与征集。档案编研工作与档案征集工作相互依托，互相促进，开展档案编研工作时要注意档案的征集，以编研推动征集。广东省档案馆近年来以编研工作特别是档案展览工作推动档案征集，如举办多位名人名家个人书画展，形成了文化艺术展览品牌，有效地推动了名人名家艺术档案的征集工作，进一步丰富和优化馆藏结构。通过举办主题展览开展境外档案史料征集工作，如筹备抗战展览从日本征集了一批抗战时期的档案史料，举办孙中山展览征集了一批孙中山相关档案史料，并在展览中首次公布。这批原始档案史料为展览增添亮点，吸引了大批观众，引起社会强烈反响。

三、编研选题应遵循的原则

选题是编研工作的第一步，也是重要的一步，是做好编研工作的关键所

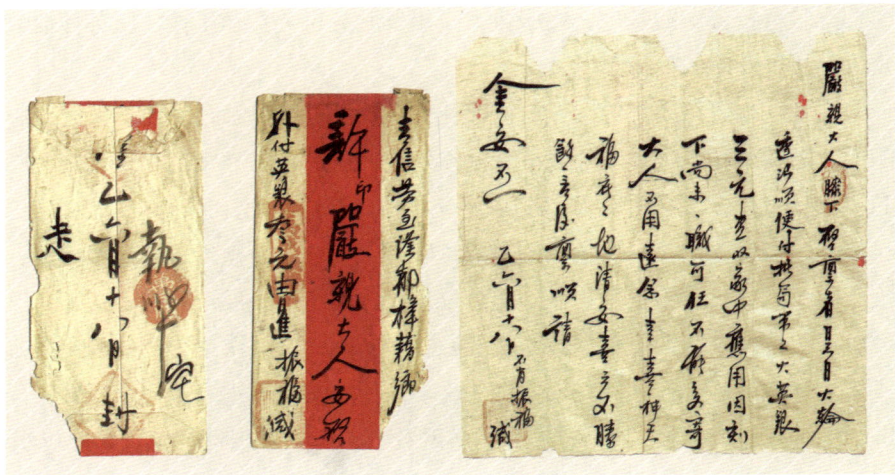

广东省档案馆馆藏：侨批档案

在。社会上对档案信息的需求是多方位、多层次的，而各级档案部门保存的档案，并非都有开发利用的可能和价值。因此，必须在开发利用工作全面展开之前，切实根据社会需要、档案的质量和数量，在《中华人民共和国档案法》允许的范围内，选择和确定开发利用的题目，是谓开发利用的选题①。在考虑档案编研选题时，要注意吃透"上情"、摸清"下情"，充分挖掘与发挥出档案部门独特的资源优势，确保编研选题目标明确、重点突出。

1.选题要围绕中心、服务大局

档案工作是一项政治性和政策性很强的工作，档案编研工作也必须坚持政治性原则，及时了解党委、政府决策部署，坚持把档案编研选题放到大局中去思考、定位和部署，主动寻找切入点和结合点，围绕党委和政府的中心工作，服务中心、服务大局。例如开发馆藏红色档案资源，落实习近平总书记关于意识形态工作的重要讲话精神以及关于保护红色遗产、弘扬红色文化、传承红色基因的重要讲话精神，落实广东省委加强红色资源保护研究利用工

---

① 刘耿生：《档案开发与利用教程》，中国人民大学出版社，2010年，第240页。

作方案。又如成立南海主权档案工作小组，开展馆藏有关南海诸岛主权问题档案资料的查找和整理工作，搭建数据库。根据国家需要，对这批档案资料进行开发、利用，形成研究报告、《档案资政参考》等，为中国自古拥有南海诸岛主权这个法理论据提供档案依据。

2. 选题要契合热点，服务文化建设

档案编研工作的出发点是满足社会需要，确定编研选题应把利用、需求作为考虑的首要因素，才能充分体现其社会价值和经济价值[①]。因此，档案编研选题要关注社会经济发展热点，积极参与文化建设，全面宣传和展示社会发展，弘扬档案文化。例如广东省档案馆举办"海丝映粤——21世纪海上丝绸之路广东大型图片展"，为新时期海上丝绸之路建设提供重要史料支撑和档案服务。举办"海邦剩馥——中国侨批档案展"，全力助推侨批档案成功申报《世界记忆名录》，宣传侨批档案文化。

3. 选题要以馆藏档案为基础，突出馆藏特色

档案编研工作基础是馆藏档案，档案馆的级别、地区、类型不同，档案收藏的范围不同，馆藏结构也各不相同。编研选题要以自身的馆藏结构为依托，充分发挥馆藏优势，突出馆藏特色。例如近代广东海关档案是广东省档案馆最具特色的馆藏档案，数量巨大，内容详尽，保存完整，是研究近代广东历史，特别是对外开放史不可或缺的第一手材料。广东省档案馆一直重视近代广东海关档案的保护与开发，特别是近年来加大了对馆藏海关档案的保护与开发工作力度，力求将馆藏特色档案做成编研精品。

四、编研工作保障的强化

各项事业的发展都离不开人财物等的保障，档案工作也不例外。近年来，档案编研工作政治保障、资金保障、人才保障等各项保障措施不断得到强化，

---

① 张璐：《关于档案编研选题的思考》，《新时期档案工作论文集》，中国档案出版社，2005年，第549页。

201

档案编研工作才能得到持续发展、创新发展、科学发展。

1. 把好政治安全关

档案工作承担着为党管档、为国守史、为民服务的职责，具有鲜明的政治性，要把牢政治方向，始终牢记"档案工作姓党"。档案编研工作首先要坚持政治性原则，始终保持与党的方针政策相一致，是做好编研工作的前提。切实提高政治安全和保密意识，加强政审工作，对有损党的形象，危害国家安全、利益、荣誉及影响社会和谐稳定的内容，一律不予选用。对入选的档案，按照规定程序进行审批和报备工作，确保档案编研成果不涉及敏感问题。例如广东省档案馆在纪念抗战胜利 70 周年的展览工作中，对涉及公布利用的抗战档案提前上报国家档案局，严格按照相关法律法规，切实做好拟公布档案的审查工作，确保公布利用的档案史料均不涉及敏感问题，符合党和国家的利益。

随着档案事业的发展，开放化和社会化已成为档案编研工作新的发展趋势，编研工作的社会参与度越来越高，更要加强安全保密意识。在引入社会力量合作开发编研的过程中，无论是档案编研专家还是社会服务机构，都要将安全保密意识放在首位，签订安全保密协议，坚持保密性原则，确保档案实体安全和档案信息安全。对合作编研的成果，进行严格的政审工作，确保公布出版的档案符合政治性原则，不涉及敏感问题。如广东省档案馆在合作开发《近代广东海关档案·粤海关情报卷　民国广州要闻录》时，与校译专家团队签订安全保密协议，在保证专业性的同时要求各位专家把好政治关。

2. 拓宽编研经费来源渠道

近年来，随着档案事业的发展以及社会对档案信息需求的增长，档案编研工作的内容和形式不断拓展，虽然各级财政对档案工作的支持有所加强，但相较档案事业的发展速度与社会对档案信息的需求增长还存在一定的差距，申报重大课题是解决经费问题的一条有效途径。2016 年，国家重点档案保护与开发项目正式启动，对各级国家档案馆保存的，在中国各个历史时期形成的，在政治、军事、经济、科学、技术、文化、宗教等方面具有重要的研究和利用价值，国家需要永久保存的珍贵档案进行保护与开发，中央财政设立专项资金，对地方各级国家档案馆馆藏国家重点档案的保护与开发工作给予补助。

各级档案部门应把握这个发展机遇，积极申报项目，推进资源开发工作。

　　档案部门还应主动关注相关领域的重大项目申报，将档案编研项目推向社会，寻求更多的人财物支持，扩大社会影响力。例如广东省档案馆与中山大学合作的"近代广东海关档案文献整理和数据库建设研究"成功申报国家社会科学基金重大项目，该课题是广东档案部门首个立项的国家社科基金重大项目。又如与广东省中山图书馆、国家图书馆出版社合作出版的《广东省政府公报》被列入民国时期文献保护计划项目等。

3. 打造复合型人才队伍

　　人才是档案事业实现振兴发展的关键，要以档案编研专业人才建设为基础，以复合型人才建设为重点，加强档案编研人才队伍建设。培养专业技术过硬，有强烈的创新意识和进取精神，且责任心强、肯钻研、能吃苦的复合型档案人才。通过建设高素质的档案编研人才队伍，高效率、高质量地开展档案编研工作。广东省档案馆采取多种手段加强人才队伍建设，如建设专家队伍，打造自己的档案编研专家队伍；推行编研项目负责制，锻炼青年干部组织协调能力，强化责任意识和担当精神；开展读书活动和学习论坛，提高编研工作知识水平；通过干部借调和交流，锻炼干部综合能力，等等。

紧抓时代主题　拓宽编研之路

——以广西壮族自治区档案馆为例

广西壮族自治区档案馆　覃兰花

　　档案编研作为档案馆业务工作的重要一环，是以馆藏档案为主要依据，以满足社会和本单位利用档案需求为目的，在研究、综合档案内容的基础上，编辑档案史料和档案参考资料，参加编史修志，撰写专门著作的工作，是以档案服务经济社会发展的重要手段。档案编研工作在档案馆工作中占有很重要的地位，档案编研成果是检验档案馆工作水平的高低的重要标尺。近年来，广西壮族自治区档案馆审时度势、紧抓时代主题，不断创新档案编研方法，拓宽编研路子，编研成果丰富，取得了良好的反响。

一、做好档案编研工作的重要意义

1. 有利于原始档案信息的利用和传播

　　原始的档案信息因为其特有的原始记录性通常是零散地存在于档案案卷或其他载体中，对于一般利用者，虽然可以登门查阅相关的档案文献原件，但由于受时间、地点的限制，加上案卷繁多，查阅不便，很多档案信息不能得到及时地传播和利用。档案编研无疑是信息资源开发利用的有效手段。它可以紧跟社会政治、经济、文化发展形势的需要，将尘封多年的历史档案中所蕴藏的丰厚历史、文化信息挖掘出来，经过精心编排、加工，为全社会提供优质高效的档案信息服务。

2. 有利于档案工作整体水平的提高

档案编研工作的开展，应该是建立在档案实体的收集、整理、编目、鉴定等各项业务的基础之上，反过来说，编研工作对上述实体工作的业务建设又有着检验和推动作用。由此看来，档案编研并非档案工作的普通一环，它是促进其他各环节进步的重要环节，它可以促使档案工作体系从保管型转向智能型，从被动服务转向主动开发。档案编研的水平反映了档案行业的整体工作水平，档案编研工作的进展，将推动档案工作的不断进步，促进档案工作整体水平的提高。

3. 有利于档案事业全面协调发展

档案编研工作是档案馆的主要任务之一，通过档案编研充分发挥档案的利用价值，从而实现服务社会的功能。开展档案编研，可以推动各项档案业务建设，特别是促进档案收集，进一步丰富馆藏，改善结构；开展档案编研，可以整合档案信息资源，逐步实现馆际及档案部门与其他信息保管单位之间的资源共享；开展档案编研，可以不断提高档案人员的综合素质，从而带动档案人才队伍建设；开展档案编研，可以更加有效地实现档案的价值，提高档案工作的社会地位，最终使档案事业步入全面协调发展的良性轨道。

4. 有利于文化的传承和发展

档案是重要的文化载体，其本身具有较强的文化属性，而档案编研工作的最终目的就是要将档案中的文化内涵及文化价值挖掘出来，通过利用者向公众传播，这对文化的传承和发展无疑有着重要的意义。比如档案中承载着一个国家的历史积淀，档案部门可以从历史文献、档案史料中积极开发蕴含丰厚历史文化知识的档案信息资源为公众所用，从而传承历史文化；利用丰实的档案文化资源，研究整理近现代我党我军革命斗争及社会主义建设史料，增强民族自豪感和责任感，从而弘扬民族文化；通过挖掘档案信息资源的社会教育功能，开展宣传教育、传承社会文明，从而不断提升社会文化，等等。广西壮族自治区档案馆主动与越南、老挝等邻近国家合作开展档案编研，打开了档案编研国际化合作的大门，将国外历史纳入到档案编研内容中，将中国文化传扬到国外，拓宽和丰富了档案编研的内容，提高了档案编研成果的质量和层次，有利于文化的交流与传承。

5. 有利于加强和发展国际传统友谊

中国一直坚持独立自主、和平共处的外交政策，"与邻为善、以邻为伴""睦邻、富邻和安邻"是中国对周边国家的长远根本大策。越南等周边国家是我国的传统友好邻邦，在历史上和在反对帝国主义的侵略战争中结下了深厚的友谊。以档案编研为桥梁，与周边国家合作开发档案文化产品，对加强和发展国际传统友谊具有重大意义。广西壮族自治区档案馆在与越南、老挝等周边国家共同出版《胡志明与广西》《中越友谊的历史见证——广西南宁育才学校资料选编》《中老友谊的历史见证——南宁"六七"学校资料选编》等档案文化产品的过程中，得到越南胡志明博物馆、越南越中友好协会、老挝社科院等机构全力配合，三国编辑组人员形成了深厚的国际友谊；而曾经在广西读书和工作过的越南、老挝师生，心中依然保存着那段美好的回忆。通过合作编辑出版中越、中老档案史料，唤醒了他们对广西和中国的特殊感情，推动他们成为发展中越、中老友好感情的参与者。

二、广西壮族自治区档案馆档案编研的做法及成效

改革开放以来，特别是近年来，广西壮族自治区档案馆高度重视档案信息开发利用工作，把编研出版档案史料和举办展览作为档案部门围绕中心、服务大局的切入点和重要抓手，不断挖掘、整合档案资源，创新档案工作方式，为社会提供高质量、深层次的档案文化产品，采取自编、合编和参编等多种方式，有计划、有步骤、有目的地编研出版档案史料。截至2016年底，共编研出版各类档案史料书籍30多种，约2000多万字。档案编研实现从小到大，从编辑内部资料到公开出版，从编辑文件资料到编辑出版画册、图文集，从编辑文字资料到编辑出版音像资料，从汇编资料到编研结合、编撰结合，从档案编研到编征结合，从国内合作到国际合作的转变，档案编研成果逐年递增，引起了社会的广泛关注和良好反响。主要做法及成效有如下几点：

广西壮族自治区档案馆部分编研成果

1. 突出地域特色，积极开展国际合作

广西地处中国大西南，陆海域与越南接壤，有着 1020 千米陆上边境线，1595 千米的海岸线，南与东南亚各国隔海相望，是西南便捷出海的大通道，是中国—东盟开放合作的前沿窗口和中国—东盟博览会的永久举办地。进入新世纪以来，中国不断深化与东盟各国的经贸往来和友好合作，中国与东盟国家政治互信日益增强，经济联系日益加深，文化交流不断深化。特别是首届中国—东盟博览会在南宁成功举办及中国—东盟自由贸易区建成后，上至国家层面，下至地方政府都在政策上给予广西巨大的支持。广西与东南亚各国地域相连，文化相通。由于特定的地理位置和历史条件，广西与东南亚国家形成了相似的语言、风俗、宗教信仰、生活习惯及文化特征。特别是壮族与东南亚各民族同属于"那文化"即"稻作文化"，历史、语言、文化等方面关系密切，这些优势条件都为广西壮族自治区档案馆开展国际化的档案编研奠定了基础。

随着广西与东盟国家对外交流活动日益频繁，发展与东盟国家的友好合作成为广西壮族自治区党委、政府的中心工作之一。因此，如何挖掘和收集与东盟国家的友好历史档案，为发展中国特别是广西与东盟国家的友好合作服务，成为广西壮族自治区档案馆围绕中心、服务大局的重要选题。2005年5月，乘第一届中国—东盟博览会在南宁胜利召开的东风，广西壮族自治区档案馆与越南开展了档案编研合作，与越南胡志明博物馆合作编辑出版《胡志明与广西》画册，以广西壮族自治区档案馆为第一主编单位，负责统筹编辑出版工作。该画册的编辑出版得到广西壮族自治区党委政府和中国驻越南大使馆的重视和支持，时任广西壮族自治区党委书记曹伯纯为画册题词，刘奇葆副书记作序。2006年5月30日至6月7日，在越南河内隆重举行《胡志明与广西》画册首发式和"胡志明主席与广西图片展"。《胡志明与广西》画册是广西壮族自治区档案馆第一次进行国际合作编辑出版档案史料，实现了档案编研史上零的突破。画册的出版发行为发展和增进对越友好交流合作提供了一份很有价值的文化产品，成为了广西领导人和有关部门赠送越南友人的文化礼品，是档案编研服务中心工作的成功范例，也从此开启了广西档案编研国际合作之门。

2010年12月，广西壮族自治区档案馆再次联合广西社会科学院，与越中友好协会和越南中央学舍区、越南儿童学校校友会合作，开展"中越友谊的历史见证——越南在桂学校资料"课题研究，编辑出版《中越友谊的历史见证——广西南宁育才学校资料选编》《中越友谊的历史见证——广西桂林育才学校资料选编》两书。"中越友谊的历史见证——越南在桂学校资料"课题研究的实施，使广西壮族自治区档案馆档案编研国际合作的内容从单纯的档案编辑出版扩展到档案史料的征集、整理和研究。2016年，课题研究第二阶段成果《中越友谊的历史见证——阮文追学校资料选编》编辑完成，分别在中国（广西）和越南举行了发行仪式。2009年10月，广西壮族自治区档案馆、广西社会科学院与老挝国家社会科学院合作编辑出版《中老友谊的历史见证——南宁"六七"学校资料选编》，并首次与编研合作单位签订了合作协议书（备忘录），该书于2011年中老建交50周年之际在老挝万象举行了首发仪式。与老挝的合作，是广西壮族自治区档案馆进行国际交流合作的一个新突破，签署了自治区档案馆历史上第一份国际合作协议书，成为了广西档案事业发展史上的一个重要里程碑。

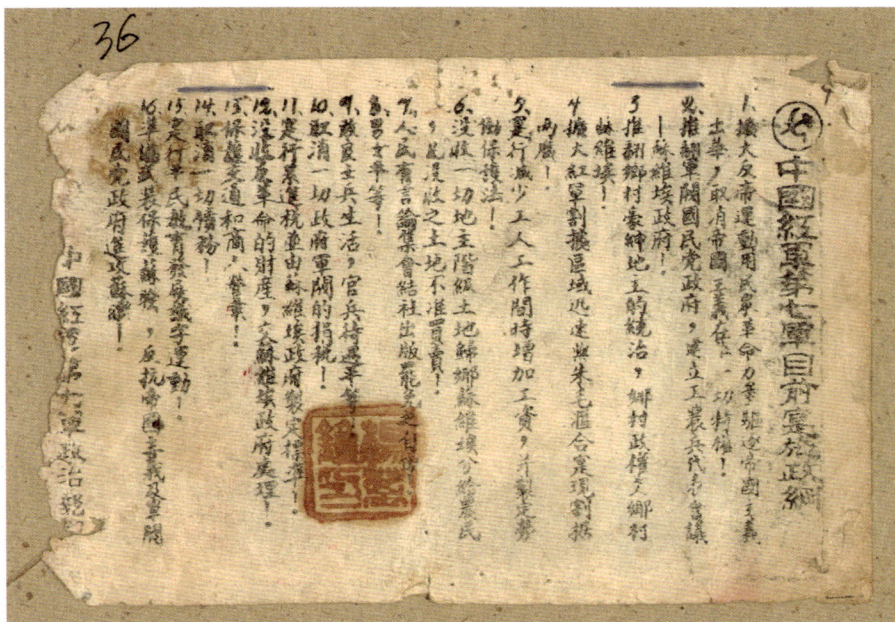

广西壮族自治区档案馆馆藏：*1929年12月红七军政治部颁布的《中国红军第七军目前实施政纲》*

2. 推出名人系列，打造品牌效应

自古以来，广西就有抵御外敌入侵的光荣传统。中法战争时期，刘永福的"黑旗军"和冯子材的"萃军"，就在保卫边疆的斗争中驰骋沙场，大败法军，表现了中华民族抵御外敌的英雄气概。抗日战争时期，以李宗仁、白崇禧为代表的新桂系积极推行"焦土抗战"，"宁愿全国化为焦土，亦不屈服之决心，用大刀阔斧来答复侵略者"，对日本的武装侵略进行坚决之抵抗。广西还是红色革命的圣地，具有浓厚的红色文化氛围。从20世纪20年代中期开始，韦拔群等共产党人就在这片热土上发展党员、建立党支部，领导民众闹革命。1929年，邓小平领导发动百色起义、龙州起义，创建红七军、红八军，建立起左右江革命根据地。战略大转移时期，中国工农红军长征突破湘江第四道封锁线，成功跳出了国民党部队的围追堵截，保存了革命有生力量；全面抗战爆发后，桂林抗战文化运动有力地推动了中国抗日救亡斗争的发展。尔后，又有中共领导的地方游击队英勇抗日，反对国民党的黑暗统治。在长期的斗争史上，广西涌现出了一大批如刘永福、邓小平、张云逸、宁培瑛、雷经天、

李宗仁等风云人物。这些人的事迹记载着中华儿女为争取民族独立和人民解放而英勇奋斗的光辉历程，蕴含着中国人民艰苦奋斗、不屈不挠、一往无前的斗争精神，不仅是广大民众进行爱国主义教育和革命传统教育的重要载体，同时也是广西壮族自治区档案馆编纂史籍的生动素材。

2009 年，在中华人民共和国成立 60 周年和百色起义 80 周年之际，为缅怀邓小平、张云逸两位领导左右江起义的革命领导者的光辉业绩和崇高品德，广西壮族自治区档案馆根据馆藏史料，编纂出版《邓小平与广西》《张云逸在广西》两本画册。画册客观翔实地展示了一系列历史图片资料，构思清晰，内容丰富，图文并茂，亲切自然，比较全面系统地反映了邓小平和张云逸两位同志在广西的光辉战斗历程和革命足迹。画册既是对历史的纪录，更是对伟人精神风范的昭示，是一部革命传统教育和爱国主义教育的生动教材。2016 年，在宁培瑛牺牲 88 周年之际，广西壮族自治区档案馆在全国革命烈士纪念日前夕，编辑出版《宁培瑛画传 1902—1928》，以此纪念这位用热血诠释共产党人对马克思主义的坚定信仰，用生命践行共产党人对人民解放事业无限忠诚的伟大革命斗士。截至目前，正在编撰的还有莫文骅、李宗仁等画册。

3. 依托馆藏，结合重要节庆重大活动，适时编纂

广西壮族自治区档案馆历史档案资料丰富，清代及民国档案 26000 卷，

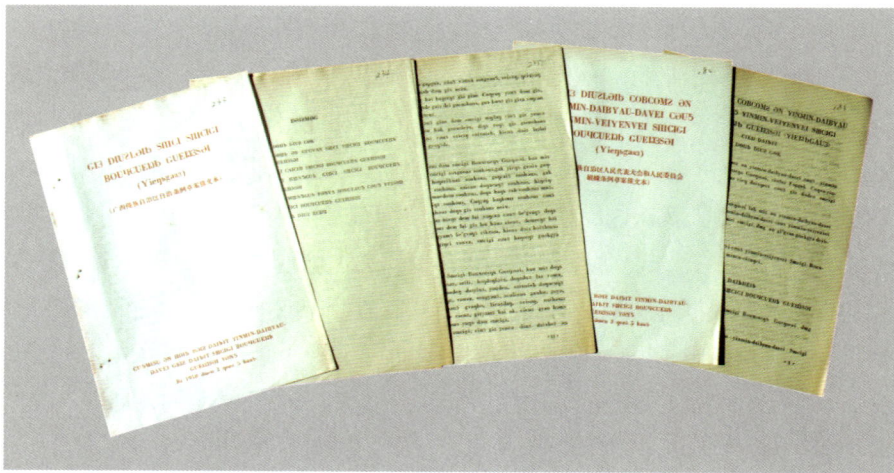

广西壮族自治区档案馆馆藏：壮文档案

革命历史档案 107 卷，其中百色起义档案史料还于 2003 年入选《中国档案文献遗产名录》。在开展档案编纂工作中，广西壮族自治区档案馆注重依托馆藏史料，结合纪念日、节庆日等特殊日期适时推出档案编研产品，以此配合党委、政府工作大局，让读者产生共鸣。如在中华人民共和国成立并广西解放 50 周年之际，广西壮族自治区档案馆根据馆藏编辑出版《广西解放》一书，再现了广西地下党游击队为迎接解放而进行的艰苦卓绝的革命斗争和中国人民解放军浴血奋战、解放广西的情景，真实记录了解放之初接管广西及党和人民政府建设新广西，领导人民进行恢复生产、建设美好家园的一系列方针、政策、措施。

2001 年，为纪念中国共产党建立 80 周年，编辑出版了《中国共产党在广西档案选编（1950—1965）》，这部选编是了解和研究中华人民共和国成立以来中共广西省委（广西壮族自治区党委）重要方针政策的重要依据。2008 年，为纪念广西壮族自治区成立 50 周年，广西壮族自治区档案馆编辑出版了《广西壮族自治区成立纪实》，参与编辑出版广西壮族自治区重大出版项目《广西大百科全书·文化卷》。

2015 年是抗日战争胜利 70 周年，为铭记历史，踏寻先烈追求中华民族伟大复兴的足迹，广西壮族自治区档案馆编辑出版《中国抗日战争全景录·广西卷》，以图文并茂的形式再现广西参加抗战的波澜壮阔的历史图景。2015 年也是中国共产党在广西建立组织 90 周年，广西壮族自治区档案馆还编辑出版了《红色广西》一书。2018 年，为纪念广西壮族自治区族成立 60 周年和改革开放 40 周年，正在编撰《广西改革开放以来重要文献选编》《广西档案 60 年》等两书。

三、思考与启示

1. 要狠抓档案收集、征集，不断丰富馆藏档案文化资源

一是立足地方特色，收集征集具有民族文化特色的档案。如近年来，广西致力于收集"百色起义""龙州起义""湘江战役"的档案史料，不仅编辑出版了画册，还举办"邓小平与广西""张云逸在广西""壮丽史诗　永恒丰碑——广西纪念中国工农红军长征胜利 80 周年图片展"等展览。二是建

立收集、征集特色文化档案长效机制。明确征集的方向和重点，采取灵活的工作方法，变被动为主动，开展上门征集、现场征集，分阶段、有重点、按计划把具有地方民族特点、区域文化特色的文献资料、语言文字、民族服饰、音乐舞蹈、民族医药、手工技艺等各种门类各种载体的档案收集、征集进馆，建立民族档案数据库，为进一步开发利用馆藏档案文化打造坚实基础。

2. 要做好编研选题，讲求档案编研成果的时效性

一个好的编研选题设计，要把握经济、社会、生活的变化，受众的需求，及时地把社会热点、关注点、研究的成果交给受众。当历史记忆与现行秩序有一致性关系时，表达的时间不同，得到的效果大不一样。因此，档案编研的选题要抓住契机、找准时机，符合时代的要求，使档案及时活起来、醒过来、登出来。一是档案编研工作要主动围绕党委、政府工作大局，与服务大局、服务大众联系起来，融入到党委、政府经济社会发展的大格局中，融入到文化强国建设中，结合时代特点、民族文化特点开展档案文化编研，才能使档案编研成果尽显时代主旋律、尽显民族文化风采。如广西壮族自治区档案馆在进行档案编研选题过程中，不仅立足馆藏，还放眼国际，选取中越、中老历史重大事件中的交集点作为编研主题，并在2006年胡志明出国寻求救国真理95周年、2010年中越建交60周年和中越友好年、2011年中老建交50周年和中老友好年在各国举行编研成果首发仪式，反响强烈，创造了档案编研界的一个新热点。二是要发挥档案编研的"实效"作用。有些档案编研由于编研主题不明确，主题范围过于窄小，缺乏现实意义，因而编研出来的档案文化产品得不到大众的认可，只能束之高阁，既浪费了人力物力，也不能最大限度地发挥档案服务大众的作用，因此要精心谋划好档案编研选题，不能为编而"编"，要切实发挥档案编研成果独特作用。

3. 培养造就档案编研专业化人才，促进档案文化建设的良性发展

档案编研工作的特点，要求我们必须努力培养档案编研工作者成为专业化复合型人才。档案编研工作的"编"与"研"属性，要求档案编研工作者一是要有较强的研究能力，具备对档案史料进行加工、分析、提炼的研究技能；二是要有掌握文化传播的文字表达和综合分析能力；三是要有一定的外语交流能力，为开展国际化编研奠定语言基础；四是要有历史知识的基础，要通过力透纸背的分析，精通与编研选题相关的背景知识；五是档案编研人员还要掌握现代计算机技术，具备网络条件下的编辑、传播能力，要有一定的传媒出版方面的知识。只有培养和造就了一批具有相当水平的档案编研人才，档案编研工作才能迎来真正意义的"春天"。

档案作为一种文化财富、一种思想积淀，是社会主义文化建设的重要资源和基础。档案馆如何更好地发挥其文化功能，档案工作者如何进一步加强自身文化素养，更好地为广大人民群众提供档案文化服务，已经显得越来越重要和紧迫。因此，档案工作者要以党的十九大精神及习近平中国特色社会主义思想为指引，不断解放思想，突破传统思维定势，以更宽的视野、更远大的目光，在更广阔的范围里为社会大众提供更多、更优质的档案文化产品，为建设社会主义文化强国做出档案人应有的贡献。

新时代海南档案文化建设的思考

海南省档案馆　刘玉峰　朱向阳

世界四大古老文明，仅中华民族一支独存，绵延至今。是什么支撑着它顽强的生命力，维持其时空的统一性和连续性？政治家、文化学家、历史学家都从不同的角度在解答这一历史难题，然而，学者们的研究视野却似乎忽略了深藏于历代皇家高墙内的档案库这一具有深远文化意义的神秘领地。正因为具有绵延不绝的档案库藏，才有绵延不绝的历史文化典籍，形成中华民族文化发展的基石和阶梯，维系着中华民族文化的同一性，才有了绵延不绝的中华民族文化，因此，对这一文化现象的研究，将有利于我们在新时期继承和发展我国的档案文化，并使之为振兴中华民族文化发挥更加重要的作用。

一、新时代带给海南档案文化建设的机遇

2009 年 12 月 31 日，国务院下发了《关于推进海南国际旅游岛建设发展的若干意见》（以下简称《意见》）。《意见》明确要求国务院各有关部门加强对海南国际旅游岛建设的支持力度，在政策、资金、项目安排等方面给予特殊扶持。对此，国家档案局高度重视，多次与海南省档案局协商，表示将在政策上给予倾斜，全力支持海南国际旅游岛建设和档案事业发展。很快国家档案局就海南省档案局《关于支持海南国际旅游岛建设有关问题的请示》作了批复。《批复》指出："海南省县级综合档案馆建设将享受西部政策待遇，

档案库房、对外服务用房、档案业务用房等馆舍缺口部分面积的建设工程费用（含改造费用）由中央承担。"《批复》还对海南省档案的抢救保护和资源开发、档案干部培训、档案信息化建设和在海南安排档案外事活动等问题进行了答复。

2013年4月，习近平总书记视察海南时强调，海南作为全国最大经济特区，后发优势多，发展潜力大，要以海南国际旅游岛建设为总抓手，闯出一条跨越式发展路子来，争创中国特色社会主义实践范例，谱写美丽海南篇章。

2018年4月13日，习近平总书记在庆祝海南建省办经济特区30周年大会上，宣布党中央支持海南全岛建设自由贸易试验区，支持海南逐步探索、稳步推进中国特色自由贸易港建设。这是习近平总书记亲自谋划、亲自部署、亲自推动的重大国家战略；这是党中央着眼于国际国内发展大局，深入研究、统筹考虑、科学谋划作出的重大决策；是彰显我国扩大对外开放、积极推动经济全球化决心的重大举措。

海南建设自由贸易试验区，经济建设是基础，文化建设是支撑。就此海南省第六届党代会确定：加快发展文化产业，积极推进文化与旅游的融合发展，高水平开发海南地方特色文化旅游产品，推动文化产业向规模化、集聚化、专业化发展，努力把旅游岛建成文化岛。可以说文化建设和经济建设是国际旅游岛发展的两条腿，缺一不可。海南自由贸易试验区和中国特色自由贸易港建设的推进以及省委、省政府的相关部署为海南省各级档案馆的文化建设提供新的历史机遇，主要体现在档案馆发展的四个转变上。

首先，档案馆从一个单纯的文件保管单位逐渐转变为历史文化传承基地。早在2009年在上海召开的全国档案馆工作会上，原国家档案局局长杨冬权在工作报告中对新型国家档案馆作了明确的功能定位，即国家档案馆是爱国主义教育基地、档案安全保管基地、档案利用服务中心、政府信息公开中心、电子文件管理中心。"五位一体"的国家档案馆功能定位是现代化、信息化社会发展中所需要的档案馆工作目标，今后国家档案馆都要以"五位一体"作为基本要素来建设。如广州市国家档案馆的"百年广州"画卷，通过先进的计算机和影技术，将自身的档案资源完美地展现出来，让参观者更好地了解广州的历史，这可以说是一种文化的传承，社会的记忆。档案馆越来越担负起"社会记忆"的责任，也是文化传承、爱国主义教育的一个体现。

海南省档案馆编：《海南英才》

　　其次，档案馆由封闭转变为开放。档案馆由封闭型、半封闭型向开放型转变，这是档案馆当前发展的总方向，是档案工作改革的一项重要内容，也是繁荣我国学术事业和实行对外开放政策的迫切要求。以前的档案馆是封闭的，保密的，可以说，以前的档案馆更多是为政府内部服务的。而现在档案馆是开放的，为社会、为公众服务的，更加关注民生，如婚姻档案、土地档案等。同时让民众了解历史、了解文化、了解社会进步。正如习总书记所指出的：档案工作要走向依法管理、走向开放、走向现代化。

　　第三，档案资源的利用科学广泛。史料深度开发为机关、企业提供更主动服务，为领导决策提供咨询（智库），为经济繁荣发展提供帮助，为人们休闲提供方便，为社会提供更多的历史文化产品。充分发挥计算机和网络的强大功能：快速、海量、记忆、综合、编辑，实现网上归档、检索、整合、编研、互借、共享。在大数据时代，从注重档案信息技术转向档案内容。

　　第四，档案人正逐渐转变为文化人。现在档案管理员不再是一个文件保管员，而是要通过学习逐渐转变为了解海南历史，了解海南文化，能够为海南档案事业发展增砖添瓦的"文化人"。这样才能更适应工作和发展需要，更能有效的利用档案资源为社会服务。档案人要把文化遗产的全力抢救、对文化历史的深刻反思、对文化品质的不懈追求，作为自己神圣的使命。

二、新时代海南档案文化建设的总体思路

档案文化作为社会主义文化建设的重要组成部分，如何在文化建设的坐标中寻找自己的发展位置，在文化服务的大架构中明确自己的职能作用，在文化发展的新机遇中把握自己的角色定位，为此应当做到：

首先，要牢牢把握档案文化的深刻内涵。档案文化的内涵十分丰富，主要的当属记录、记忆。档案文化是指国家机构、社会组织以及个人从事政治、军事、宗教等活动直接形成的，具有保存价值的各种文字、图表、声像等不同形式的历史记录和社会记忆，是一种原生态文化。无论是文书档案、专业档案，还是实物档案、声像档案，都是人类认识社会、改造自然的经验总结，都是时代的标志、历史的再现，都有与生俱来的文化内涵和文化品格。没有档案文化的记录，其他文化形式必将是无源之水、无本之木。

其次，要牢牢把握档案文化的鲜明特点。档案文化的特点是真实、权威。档案文化不仅具备其他文化形式的共同特点，而且具有档案文化自身的鲜明特点。档案作为我国传统文化的组成部分，并逐渐演变成一种独特的档案文化，在社会发展的不同时期，档案文化以其特有的真实性和权威性，发挥着还原真相、服务社会、造福人类的独特作用，其他文化形式的表现无不以档案文化为依托、素材、背景或线索，依据档案资料的记录开发"旧闻"，完成"新作"。

第三，要牢牢把握档案文化的基本功能。档案文化的功能是传世、传承。在人类社会发展的历史长河中，形成并保存下来的档案资料，都是历史的真实记录，也是科学决策的重要依据，更是文化建设的宝贵财富。可以毫不夸张地说，正是档案文化的传承延续，才有了中华民族的根和魂。从远古时期的结绳、龟甲，到后来的竹、帛、纸张，再到今天的胶片、影碟，虽然表现形式不同，都从不同侧面反映了不同时期社会发展状况，道出各个历史阶段人们的思想认识和价值取向。档案文化的传世传承，使中华民族有了鲜明的个性，从而不断激励我们追忆过去、认识现实、挑战未知。

第四，要牢牢把握档案文化的根本任务。档案文化的任务是服务社会、服务基层。档案是国家的宝贵资源，记载着单位和个人的信息甚至秘密。在大部分人眼里，档案总是披着神秘的外衣，很多珍贵的档案资料常年被束之高阁，尘封保存，这在一定程度上影响了档案文化资源的开发利用。档案文化产品开发力度不够，数量不多，质量不高，档案文化在服务社会、服务基层方面与人民群众的要求还有较大差距。不过，我们也欣喜地看到，近年来，一些档案部门通过举办展览、编研出版图书、拍摄影视作品，激活了档案文化的功能，满足了人民群众多层次、多样化的精神需求。有些地区的档案部门还通过与图书资料单位和教育科研机构合作，不断加大档案数字化建设力度，利用先进的视听设备和电子信息查询系统，为社会提供了有价值的信息，实现了档案资源的共建共享。

三、新时代海南档案文化建设的主要方向

档案的原始记录性特点，决定了档案文化的性质与特点。档案文化的记忆性、原始性、记录性构成了档案文化建设的主要特征。

档案馆建设是文化建设的组成部分，能为建设美丽新海南发挥重要作用。通过长期的观察与实践，我们认为，丰富档案资源为新海南建设服务，有几个方面的档案文化现象值得关注。

1. 悠久的海南历史文化

华夏文明中，海南岛历史文化源远流长，独树一帜，从远古到现代，她都是中华文明中重要的分支。海南古称珠崖、琼州、琼崖。汉武帝元封元年（前110年）开始在岛上置珠崖、儋耳二郡。此后行政建置多变，至唐末，设琼州都督府，领琼、崖、儋、振、万安5州22县。自明洪武三年（1370年），琼州府改隶广东，直到清末。民国时期海南仍为广东省派出机关管辖。1949年4月成立海南特别区长官公署，为副省级政府。1950年5月1日全岛解放后，设海南行政公署，仍隶属广东省。1988年4月成立海南省人民政府，同时建立海南经济特区。

海南的历史展示出海南的特色文化，具体包括海南贬官文化、海南科举

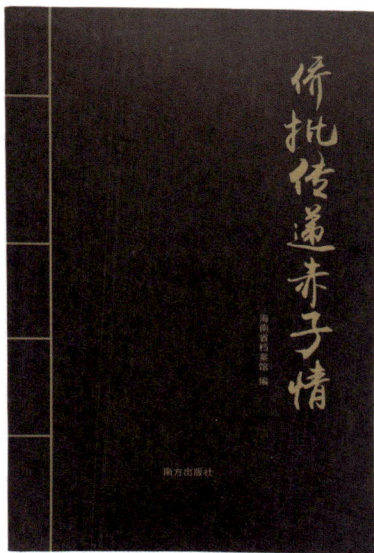

海南省档案馆编：《侨批传递赤子情》

文化、海南名人文化、海南侨批文化四个方面：

（1）海南贬官文化

据史料记载，隋朝以后，海南出现贬官。海南在历史上很长一段时期被视为地处边陲，孤悬海外，交通不便的荒岛，成为中国古代著名的贬谪地，并同时形成了独特的贬官文化。隋代第一位官员杨纶开始，唐宋时期愈演愈烈的党争陆陆续续为海南"输送"被贬官员，一直到清末为止一直有200多位官员踏上海南这片土地，其中有唐朝中后期的宰相李德裕和宋代抗金名臣李纲、李光、胡铨、赵鼎（五公），也不乏皇室贵胄如年纪轻轻就因宫廷政变内斗被放逐至海南的元文宗图贴睦尔。特别是唐、宋两朝时期，海南集中出现贬官。这些贬官多位高权重，不乏有宗室、宰相。海南贬官代表人物除了上述五公外，还有王义方、韦执谊、苏东坡等等。贬官带给海南岛的最大变化是教育、文化，他们是中原文化的传播人，他们使海南人民生产、生活等方面都发生了深刻的变化。如儋州的东坡书院，可以说是影响了一代又一代海南人，现在东坡书院既是海南西部旅游景点，也是儋州乃至海南重要的历史文化传承基地。

（2）海南科举文化

科举制度是综合性的文化现象，是历史的一部分。涉及到封建社会政治、经济、教育、人才、思想、心理、文学、艺术等诸多领域。有人说是中国第五大发明。科举文化是社会历史的律动，这里有文化传承的脚步声。科举文化带给海南社会进步有目共睹。有学者考证，历史上海南本土进士110人，过琼进士93人，苏东坡在儋州居住生活过3年，儋州共有12名进士，70名举人。这些都是海南历史文化的一部分，他们让偏远的海南这块岛屿，与中原文化有了挂接，细细去寻找他们的生活记录，可以从中发现海南文化进步的痕迹。

（3）海南名人文化

文昌是将军之乡，涌现出张云逸、陈策、郑介民等著名将军，其中国民党将军有200余名。为什么一个小小的县域会涌现出这么多的将军，值得研究。我们海南省档案馆已经开始做这方面的工作，如已建立张云逸、周士第、陈策等将军的名人档案，举办了张云逸和陈策的文物图片展览等等。2012年还收集了国民党将军王庶华——以官方名义巡视"四沙群岛"第一人的个人档案。这些曾经叱咤风云的将军，他们本身就是一种文化现象，他们留下的文书、实物等，都是非常珍贵的档案资源。

（4）海南侨批文化

"侨批"往往附带汇款数额，兼具家书、汇款功能。福建、广东与海南三省，是我国的著名侨乡。侨批是华侨移民史、创业史及广大侨胞对所在国和祖国经济社会发展所做贡献的历史真实见证，有着深刻文化内涵和较高的研究价值。2017年海南省档案馆正式出版《侨批传递赤子情》。这是对馆藏侨批档案进行系统整理的成果，从一个侧面反映了近代以来海南华人华侨与故土的血肉联系，其历史与现实意义重大。这些侨批或抒对桑梓的情怀和对亲人的思念，或报旅次的平安和盼望的归期，或表矢志的爱国爱乡之心，展示了华侨华人的拼搏精神，也彰显了中国传统文化的内核。

2. 海南特色的琼崖红色文化

海南红色文化是伴随琼崖革命进程而产生、发展的。五四运动后，琼崖各地迅速响应。1926年6月，中国共产党琼崖第一次代表大会在海口召开，选举产生了以王文明为书记的中共琼崖地方委员会。从此，琼崖人民在共产党领导下，为推翻帝国主义和封建主义统治，投入了大革命洪流。琼崖革命是全国革命主旋律一个重要音符，既与全国革命形势、进度步调一致，又因其独特地理、文化而形成自己的特色：五指山革命根据地纪念园、琼海市红色娘子军纪念园、定安县母瑞山革命根据地纪念园、陵水苏维埃政府旧址、中共琼崖第一次代表大会旧址、儋州中共琼崖特委琼崖纵队总部旧址、白沙阜龙琼崖纵队革命根据地旧址、琼中便文乡琼崖纵队司令部旧址、海口人民公园海南解放纪念碑、金牛岭革命烈士陵园、李硕勋烈士纪念亭、云龙镇冯白驹故居、琼中县白沙起义纪念园、杨善集烈士纪念亭、六连岭革命根据地、庄田故居、万宁革命义士陵园、彭谷园战斗义士纪念碑、张云逸纪念馆等等，海南红色文化资源之丰富，红色记忆遍布这片热土。在物态载体下熠熠生辉、光照万代的便是红色文化精神，这种精神最具代表性的概括就是"二十三年红旗不倒"。

3. 独具特色的民俗风情文化

省内有汉、黎、苗、回、彝、侗、瑶等30多个民族，古朴独特的民族风情使本岛社会风貌显得丰富多彩。黎族是海南的土著民族，他们世代聚居在海南岛中部五指山区及西南部，现有人口140余万。黎族的语言属于汉藏语系壮侗语族的黎语支，文化特征与我国南方的壮族和布依族有着密切的渊源。

海南虽然是最年轻的省，但不乏民族特色和文化亮点。我们要征集整理好极具海南民族特色和文化亮点以及重大项目的档案，如博鳌亚洲论坛档案、南洋骑楼（建筑艺术）档案、南海海捞瓷档案、黎苗民族纺织艺术档案等都应该作为重点工作来展开，还有影响中国半个世纪宋氏家族档案的开发等。

4. 为海南"增绿""护蓝"全面发力

海南岛是中国唯一的热带海岛省份，被称为世界上"少有的几块未被污染的净土"。2013年，习近平总书记考察海南时指出，青山绿水、碧海蓝天是建设国际旅游岛的最大本钱，必须加倍珍爱、精心呵护。

（1）增绿——守住青山绿水，保护生态环境。2013年按照国家林业局和国家档案局第33号令《集体林权制度改革档案管理办法》的基本要求，加强对各民族各地区生态档案的建档、开发利用工作，深入宣传贯彻党和政府的生态文明政策、理念。

（2）护蓝——融入"一带一路"建设，加大海洋档案征集开发力度，为国家海洋权益的维护、海南经济资源的开发与保护提供坚实保障。近年来，随着南海地位的重要性越来越被周边国家所认知，南海冲突逐渐加剧。南海问题的出现，促使我国政府和学者对南海的关注越来越多，南海研究的范畴也越来越广，这对南海诸岛历史资料的利用提出了更加迫切的要求。在这种形势下，海南档案部门应主动承担起收集、开发南海诸岛历史文献和资料的重任，编辑出版诸如《近代以来中国南海诸岛稀见文献汇编》之类的档案文献。

（3）《更路簿》——千百年来海南渔民在南海航行的经验总结和集体智慧结晶，是中国人民明清以来开发南海诸岛的又一有力证明，更是三沙主权自古以来就属于中国的历史证据。

今天的海南，迎来了千载难逢的发展新机遇。全省各级党组织和党员干部，要更加紧密地团结在以习近平同志为核心的党中央周围，不忘初心、牢记使命，我们档案工作者，要抓住这一难得的历史机遇，发挥档案独特的优势，完成其新的使命。深入学习贯彻习近平总书记"4·13"重要讲话和中央12号文件精神，以"功成不必在我"的精神境界和"功成必定有我"的历史担当，为加快建设美好新海南贡献自己的力量。

脚踏实地　不忘初心　不辱使命

——十五年来重庆市档案馆档案编研工作综述

重庆市档案馆　唐润明

2003 年 12 月，我被任命为重庆市档案馆档案编研处处长，开始主持重庆市档案馆的档案编研工作。2006 年 4 月，中国档案学会档案文献编纂学术委员会在福建厦门召开学术研讨暨工作会议，交流档案编研工作经验，研讨如何进一步做好新时期档案编研工作。我向会议提交了《与时俱进　系列开发重庆档案编研成果》一文，对重庆市档案馆的基本情况及编研工作的历史作了简要介绍，重点介绍了进入新世纪后重庆市档案馆编研工作面临的困境、工作思路的调整及其具体做法。弹指之间，10 余年就过去了。作为此间的重庆市档案馆档案编研处处长，我除有近 2 年的时间工作轮岗、不在档案编研岗位外，一直都是在档案编研处从事档案编研工作，可以说是见证了 15 年来重庆市档案馆档案编研工作的发展变化，也履行了自己作为档案编研处处长的工作职责及当时确立的工作思路，较好地完成了时代及领导赋予的各项任务。现将近 15 年来重庆市档案馆的档案编研工作总结如下：

一、紧跟时代步伐　积极参与国家重大文化工程建设

2003 年底我就任重庆市档案馆档案编研处处长之时，正值全国档案编研

工作因各种主客观环境、因素的变化，普遍陷入低潮之际，极富档案编研传统且在全国档案界、史学界有一定影响的重庆市档案馆，其档案编研工作也和全国其他档案馆一样，进入到一个低落时期，在1994年到2003年的10年时间里，只编辑出版了《迁都重庆的国民政府》《卢作孚书信集》两部史料汇编，且两部史料汇编都是与其他单位合编。这以后出版的一些档案史料汇编，要么是与其他单位合编，如2004年11月出版的《重庆市志·附录》，系与重庆市地方志办公室合编；要么系内部出版，如2005年编辑出版的《抗战时期大后方经济开发文献资料选编》，书稿本已送到出版社且达到了公开出版标准，但因经费问题，只能改为内部出版；要么既与其他单位合编又只能内部出版，如2004年6月内部出版的《民国歌乐山档案文献选》，系与重庆市沙坪坝区地方志办公室合编。

虽然如此，但我们并未放弃对馆藏档案的梳理与研究，通过对馆藏档案价值的发掘以及长时期的思考，我们对开发利用馆藏"重庆大轰炸"档案有了想法和信心。为此，我们在2004年底编撰、专供市领导参考的《重庆档案信息拾萃》中，以《有关"重庆大轰炸"的史实、问题及建议》为题，就有关"重庆大轰炸"的基本史实、现状及其存在的问题作了说明，并提出了我们就进一步深入推进"重庆大轰炸"调查与研究的建议。建议的内容主要有三点："一、由市委、市政府有关部门共同组织'重庆大轰炸史实真相调查研究委员会'，统一部署、组织、协调有关部门对重庆大轰炸的史实进行全面、深入、系统的调查研究；二、史实调查的对象大致分为四个部分：一是档案资料，二是报刊杂志资料，三是大轰炸幸存者的回忆口述资料，四是有关大轰炸的图片资料；三、调查研究的时间定为3～5年，调查研究后的成果：一是出一套完整、齐全、系统、权威的《重庆大轰炸资料丛书（或档案资料丛书）》，二是对有关重庆大轰炸的系列问题诸如重庆大轰炸的地域范围、起止时间、人员伤亡和财产损失作深入、系统、全面、准确的综合研究，得出一个能还原历史或离历史真相最近的数字。"

2005年，借中国人民抗日战争和世界反法西斯战争胜利60周年纪念的有利时机，我们又在年底的工作总结及次年的工作计划中，明确提出了要在2006年的工作中"开始全面启动'重庆大轰炸档案文献资料'的收集、整理和出版工作"。与此同时，中央党史研究室"为了更直接、更具体、更全

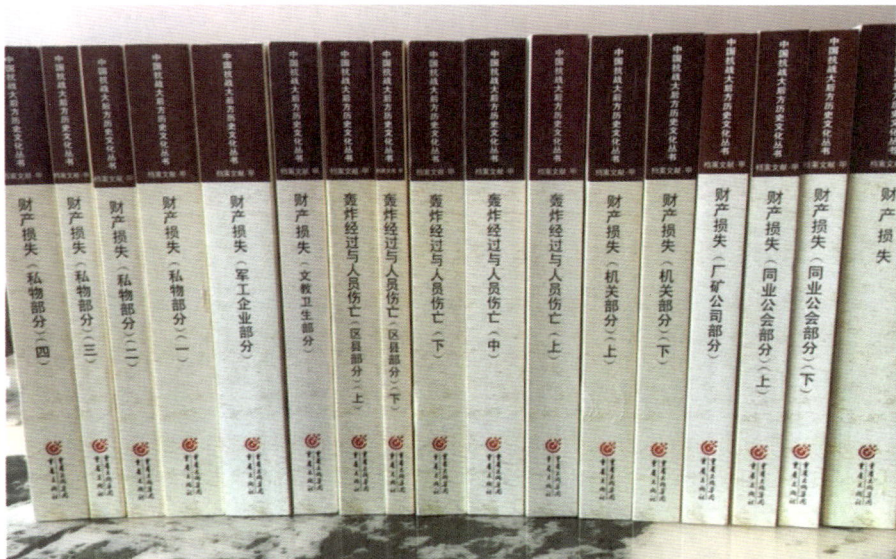

重庆市档案馆编：《重庆大轰炸档案文献》

面、更系统、更立体地还原当年的历史，展示中国人民遭受的灾难和损失，揭露日本军国主义的罪行，驳斥日本右翼势力否认侵略罪行的种种言论"，于 2005 年在全国范围内开展了"抗日战争时期中国人口伤亡和财产损失"的课题调研。为响应中央党史研究室的决定，重庆有关部门于 2006 年 2 月共同组成了"重庆大轰炸调查与研究工作小组"，正式将编辑出版一套《重庆大轰炸档案文献》的工作列入所有工作的首项，并要求重庆市档案馆负责此项工作的进行。我与时任重庆市档案局（馆）局（馆）长的陆大钺同志有幸成为工作小组的一员，这无疑更加坚定了我们编辑出版一套重庆大轰炸档案文献的信心与决心，也为我们原有的工作计划装上了助推器。

正当我们全面启动"重庆大轰炸"档案文献资料的收集、编辑之际，2010 年，中共重庆市委正式启动《重庆中国抗战大后方历史文化研究和建设工程规划纲要（2008—2015）》，同时正式启动了国家出版基金资助项目《中国抗战大后方历史文化丛书》的编辑出版工作。该丛书计划从 2008 年起至 2015 年止，共出版史料汇编、学术专著、通俗读物 100 册。重庆市档案馆抓住此大好机会，积极发掘馆藏档案资源，经过充分讨论，首先将重庆历史上

档案编研开发与档案文化建设

最为重大的历史事件之一、也是抗日战争时期日本帝国主义侵略中国并对中国人民进行屠杀铁证的"重庆大轰炸"档案文献的编辑出版列入其中并获得批准。为此，我们在先前已有工作的基础上，集中编研处的主要力量，在馆其他相关处室的支持配合下，用整整 8 年时间，完成了《重庆大轰炸档案文献》17 册约 800 余万字的编辑出版任务；除此之外，我们还结合学界需要，充分发掘馆藏资源，编辑出版了《抗战时期国民政府在渝纪实》、《抗战时期大后方经济开发文献资料选编》、《中国战时首都档案文献》之《迁都 定都 还都》《战时动员》《战时工业》《战时金融》《战时社会》7 种 8 册约 400 余万字的档案史料汇编出版。在《中国抗战大后方历史文化丛书》拟定出版的 100 册图书中，我们总共承担了其中的 9 种 26 册（另一种为《重庆：中国战时首都大事记》）约 1400 余万字的编纂出版任务，占总数的四分之一强。此套档案史料汇编特别是《重庆大轰炸档案文献》的系统编辑与出版，全面、真实地反映了抗战时期重庆作为中国战时首都的重要史实，有力地揭露了日本帝国主义的侵华罪行，受到了社会各界特别是学术界的广泛好评。

在此期间，我们除集中力量完成上述重点工作外，还根据时代与形势的需要，于 2010 年独立编辑出版了《重庆市档案馆指南》；2015 年编辑出版了《重庆：中国抗战大后方名人手迹》；2016 年编辑出版了《档案再现：重庆经济社会发展规划历程——重庆市历次国民经济与社会发展计划（规划）汇编》（内部出版）；2017 年编辑出版了《中国战时首都档案文献·战时政治》《中国战时首都档案文献·战时经济》《中国战时首都档案文献·反轰炸》（上、下）等书。同时通过与重庆市沙坪坝区地方志办公室、中国第二历史档案馆合作，编辑出版了《抗战时期重庆沙磁文化区档案史料选编（教育文化）》（2010 年）；与中共重庆市委党史研究室合作，编辑出版了《重庆解放》（2009 年）、《永恒的记忆——新中国成立 60 周年重庆珍档选编》（2010 年内部出版）、《重庆市抗战时期人口伤亡和财产损失》（2011 年）、《重庆市重要历史文献选编（1978—1987）》（2018 年）等。

2016 年，国家档案局、国家财政部开始实施"国家重点档案保护与开发项目"后，我们根据馆藏档案结构与优势，积极参与，主动申报，于 2016、2017 年先后申报了《重庆大轰炸档案汇编》（全 24 册，影印本，下同）、《抗战时期重庆兵器工业档案汇编》（全 30 册）、《民国时期世界佛学苑汉藏教理院档案开发》（全3册）、《民国时期中国西部科学院档案开发》（全10册）、《民国时期重庆民族工业发展档案开发》（全30册）等项目并获得国家档案局批准，其中的《重庆大轰炸档案汇编》《抗战时期重庆兵器工业档案汇编》被列为国家档案局统一组织的《抗日战争档案汇编》中。截至2018年，《重庆大轰炸档案汇编》《抗战时期重庆兵器工业档案汇编》已完成编辑送出版社；《民国时期中国西部科学院档案开发》《民国时期世界佛学苑汉藏教理院档案开发》已经正式出版。

二、深挖档案信息资源　服务党和政府中心工作

　　档案是历史的真实记录，它记录了人类社会的发展进程，是党和国家的宝贵财富，在资政、存史、育人等方面，发挥着其他方面不可替代的特殊作用。因此，服务党和政府的中心工作，是档案信息资源开发利用的基本方向。2003年，为转变服务机制，更新服务观念，拓展服务领域，我们创办了专门为重庆市各级领导服务的内部读物——《重庆档案信息拾萃》。其开篇之作是在2003年4月，结合当时盛行的"非典"疫情，撰写了《重庆历史上的疫情及其防治》。该文以馆藏中华人民共和国成立前后相关档案，举例说明了历史上重庆各种流传性疾病的发病率、死亡率及其所占比例，并根据历史上众多传染性疾病发生、流行、防治、结束的过程，总结其产生发展的规律、历史上政府当局的防治手段、方法措施以及我们今天防治流行性疾病的优势，给党和政府的有关决策提供参考。随后，重庆市"非典"防治领导小组在制定《重庆市突发公共卫生事件应急预案》试行稿时，我们又为其整理提供了重庆历史上相应事件及其处理办法的档案。此举得到时任重庆市市长王鸿举的高度评价："重庆档案局以档案信息为我们提供历史资料，有利于拓宽视野，吸取教训，科学决策。期待着看到更多的'信息拾萃'。"2004年9月，为配合市长王鸿举赴香港的访问，我们撰写了《查济民先生与重庆大明纺织染股份有限公司情况简介》，简要介绍了抗战时期查济民先生在重庆创办大明纺织染股份有限公司的历史及其经营情况，为市长在与查济民先生的会晤中提供了更多的话题。

　　2005年，时值纪念中国人民抗日战争暨世界反法西斯战争胜利60周年，

是年 10 月，第五届亚太城市市长峰会又在重庆召开。为了各位市级领导在上述两项活动中知晓重庆更多的历史与亮点，在与各方嘉宾的会谈中找到更多的共同语言，我们深入挖掘馆藏档案信息资源，集中推出了一批有关抗战时期重庆地位与作用、抗战时期重庆与世界各国交往交流方面的文章，如《第二次世界大战期间同盟国在重庆活动简介》《抗战时期重庆的外国使馆》《重庆市长的第一次对美广播》《尼赫鲁访问重庆》《抗战时期重庆的"台湾革命同盟会"》《崔可夫在重庆》《海内外人士对重庆抗战的赞誉》等，受到各方的广泛好评，有的文章内容被有关领导在讲话、报告中多次引用。2006年 8 月、12 月，我们撰写的《七十年前的重庆市政概况》《二十世纪四十年代重庆市对患重病贫民予以免费住院治疗概况》，又两次受到时任中共重庆市委书记汪洋及分管副市长的批示。

由此可见，"结合重庆当前的中心工作和工作重点，拾取馆藏档案之精华，或为领导的决策提供佐证，或为各部门的施政提供借鉴，或为重庆地区政治、经济、文化和社会的发展提供有价值的信息"的《重庆档案信息拾萃》，在加大服务党和政府中心工作的力度，增强全社会的档案意识，提升档案工作的声誉和影响等方面，发挥了其应有的重要作用。但由于种种原因，我们的档案资政工作在总共编印了 50 期之后，于 2008 年搁置了下来。在新的历史条件下，我们拟重新启动此项工作，而且制定了专门的《〈重庆档案信息拾萃〉编辑办法》，将档案资政作为档案编研工作的一项重要工作制度化、规范化，使之能长期不懈地坚持下去，以进一步提高档案工作"围绕中心、服务大局"的能力和水平。

三、举办档案展览　服务大众需要

档案馆举办档案展览，创建爱国主义教育基地，开展社会教育工作，是党和政府在新的历史时期对档案工作提出的新要求，是对广大市民特别是青少年进行"爱祖国、爱家乡"教育的重要手段，是档案工作主动服务于党和国家中心工作、满足广大人民群众日益增长的对美好生活的精神需要的具体体现。长时期以来，重庆市档案馆由于受馆舍条件的限制，档案展览都不是重点。尽管如此，但为适应形势需要，我们也配合中心工作，在深入挖掘馆藏档案信息资源的基础上，与有关单位合作，举办了一些具有广泛影响的档案展览，主要有：

2007 年 9 月，为纪念《中华人民共和国档案法》颁布实施 20 周年，我们以馆藏档案为基础，举办了"城市记忆展"，展览分"有凤来仪""沧桑巨变""朝天扬帆""七彩生活"几大部分，全面展示了重庆建市以来在政治、经济、交通、文化以及人民生活等方面的发展变化，首次公布了大量的馆藏档案，让广大市民第一次对档案及档案工作有了新的认识和了解。

2009 年 9 月，在中华人民共和国成立 60 周年纪念前夕，我们与中共重庆市委党史研究室等单位合作，以馆藏档案为基础，在编辑大型文献史料汇编《永恒的记忆——新中国成立 60 周年重庆珍档选编》的基础上，辅之以图片档案，举办了同名称的"永恒的记忆——新中国成立 60 周年重庆珍档展"，全面揭示了中华人民共和国成立后，重庆各族人民在中国共产党的领导下，进行社会主义革命与社会主义建设，进行改革开放并不断发展进步的历程。

2010 年，中共重庆市委开始实施《重庆中国抗战大后方历史文化研究和建设工程规划纲要（2008—2015）》，为贯彻实施《纲要》的有关精神，重庆市档案馆发挥各级档案馆的馆藏优势，充分发掘馆藏精品，反复论证展览主题与大纲，自 2011 年起开始举行"中国抗战大后方历史档案系列展"，展览先在重庆本地展出并广泛征求意见，然后进行补充、修改与完善，次年再赴台湾展出。其中 2012 年赴台湾台北、新竹、彰化举办了"重庆：中国抗战大后方名人手迹展"（独立举办），2013 年赴台湾台北、新竹举办了"晏阳初乡村建设的重庆乐章——中华平民教育促进会华西实验区历史档案展"（与璧山区档案馆合作举办），2014 年赴台湾举办了"抗建钢魂——钢铁厂迁建委员会档案史料展"（与重庆钢铁公司档案馆合作举办）。

2015 年本计划继续赴台湾进行档案展览，因台湾政局发生变化，只得停止举行，转而与南京市档案馆合作，联合举办了"血与火浇铸的胜利——重庆·南京抗战记忆展"。

这些展览，以档案资料为主体，真正体现了"让历史说话，用史实发言"的理念，给广大观众以新鲜感、亲切感和真实感。所以展览一经展出，即得到了大陆、台湾有关方面的广泛好评，为加强大陆与台湾的历史文化交流、促进海峡两岸共同的历史认知起到了积极作用；也充分体现了档案服务大众、

自 2012 年起，重庆市档案馆连续三年在台湾举办档案巡展，图为 2012 年 11 月 16 日，"重庆：中国抗战大后方名人手迹展"台北开展仪式

服务社会的宗旨。

目前，重庆市档案馆新馆已基本建成，拟于 2019 年下半年投入使用。为配合新馆的正式开馆，我们正全力以赴地进行着新馆展厅陈列布展的各项准备工作。根据档案工作的性质与馆藏特色，根据近代以来重庆历史与重庆城市的发展变迁，根据与重庆市现有各种博物馆、展览馆、纪念馆的不同定位，我们拟将新建成的重庆市档案馆大展厅（固定陈列展，面积约 2100 平方米），确定为新馆的主题展厅，展览主题暂定名为"重庆记忆"或"重庆发展变迁展"，以全面反映近代以来特别是中华人民共和国成立以后重庆的发展变化，使之能成为世界了解重庆的窗口、重庆展示自身的平台；小展厅之一（面积约 900 平方米），拟作相对的固定陈列展，展览主题暂定名为"'重庆大轰炸'专题展"，以揭露抗战时期日本帝国主义侵略中国、屠杀中国人民的罪行，对广大市民特别是青少年进行"落后要挨打、贫穷要受欺""勿忘国耻、振兴中华"等方面的教育；小展厅之二（面积约 830 平方米），主要是根据形势和任务需要，适时举办一些为当前工作服务的临时展览。

档案编研开发与档案文化建设

四、加强档案史料研究　服务各项事业需要

　　档案编研工作，包括了对档案史料进行编辑与研究两个方面的内容，二者密不可分，互相制约又互相促进。近15年来重庆市档案馆的档案编研工作，虽然少了"参公"前评聘职称的硬性要求和积极性、主动性，但仍然坚持了档史结合、编研结合，在实际工作中做到了以编为主，以编带研，以研促编。编研人员在编辑熟悉档案史料的基础上，结合自己的专业知识、个人兴趣以及学界动态，积极进行学术研究，认真撰写学术论文，在提升自己业务素质与学术水平的同时，也服务了各项事业的需要，提高了档案工作在全社会的地位和知名度，加强了档案馆与社会各界的联系，宣传了档案工作的性质与功能。

　　2003年以来，我们先后编辑、编著并公开出版了《近代以来重庆100件大事要览》（2005年）、《康心如与重庆市临时参议会》（2014年）、《衣冠西渡——抗战时期政府机构大迁移》（2015年）、《重庆：中国战时首都大事记》（2017年）等学术专著；参与编著了《当代重庆简史》（2003年）、《重庆沙磁文化区创建史》（2005年）、《重庆图书馆馆史（1947—2007）》（2007年）、《抗日战争时期重庆大轰炸研究》（2013年）、《日本侵华图志》第14卷《无差别轰炸》（2015年）、《沙坪学灯耀千秋——重庆"沙磁文化区"抗战纪实》（2015年）等学术专著10余部；撰写并公开发表了《重庆谈判与重庆历史》《邓小平同志与重庆》《重庆大轰炸的基本史实与人口伤亡新研究》《抗战时期重庆文化教育事业的发展》《抗战时期国民政府迁都重庆作用考评》《关于抗日战争时期"重庆大轰炸"研究的几个问题》《重庆大轰炸中外国机构受损及应对措施初探》等各类学术论文100余篇，数十次参加国际国内学术研讨会并于会上发言，在历史研究方面，继续保持了于全国档案界和史学界有一定影响的地位。

　　由于我们的研究成果以档案为基础，其学术观点有翔实的档案史料作支撑，"站得住脚""说得起话"，所以能予那些否定党史、国史、军史，贬损、诋毁党的领袖和英雄人物的历史虚无主义以坚决反击。例如在2005、2015年中国人民抗日战争暨世界反法西斯战争胜利60、70周年纪念之际，我们就重庆抗战历史的有关问题特别是日本侵华期间对重庆实施"无差别"轰炸的罪

档案编研开发与档案文化建设

行，先后接受了中央电视台、香港凤凰电视台、北京电视台、深圳电视台、重庆电视台以及新华社重庆分社、南京分社，重庆日报、重庆晚报、重庆晨报等多家媒体的数十次采访；于2014年5月赴日本东京地方法庭参加"重庆大轰炸受害者联谊会"状告日本政府的"重庆大轰炸第27次庭审"活动并出庭作证，向法庭提交了题为《重庆大轰炸的概要及轰炸的被害规模》的鉴定书；2015年9月，赴香港出席香港中华精忠慈善基金会有关纪念抗战胜利70周年纪念活动并向该会组织的数百余名学生作了《重庆大轰炸概况及其对重庆城市的影响》的专题讲座，得到了社会各界的好评。

五、以问题为导向 扎实推进今后的档案信息资源开发工作

回顾15年来重庆市档案馆的档案编研工作，虽然取得了一些成绩，但用新时期、新时代对档案编研工作的新要求来衡量，仍然存在一些缺点和不足，主要有：

一是档案系统"参公"之后，缺乏进一步的激励机制，编研人员工作积极主动性发挥不够，高水平、复合型的档案编研人才缺乏，个别同志有懈怠、懒惰心理，成长过程较慢。

二是创新观念不强，对新形势下档案信息资源的开发利用工作认识不足，挖掘利用档案资源的深度、广度不够。

三是服务党和政府中心工作的意识不强，积极性、主动性、针对性不够。

四是档案编研成果形式单一，推出的编研成果仍主要是为学术研究服务，缺乏为广大人民群众喜爱、受众面广的编研手段和编研作品。

针对上述问题，在新的历史时期，我们将以党的十九大会议精神为指针，认真贯彻落实丁薛祥同志在中央档案馆、国家档案局调研时的讲话精神，扎实推进重庆市档案馆的档案编研工作上新台阶。

一是继续发挥重庆市档案馆馆藏丰富及其在档案史料编辑、历史研究方面的传统优势，加大档案开发利用力度，切实做好"国家重点档案保护与开发项目"中已申报成功的《抗战时期重庆兵器工业档案汇编》《民国时期重庆民族工业发展档案开发》等项目的选材、编辑与出版等工作。

二是扎实推进重庆市档案馆新馆建成时各个展厅的主题策划、资料收集、

文本撰写以及设计施工的招标、布展时的监督等工作，为新馆的顺利开馆创造条件。

三是为服务党和政府的中心工作，充分发挥档案"存史、资政、育人"的特殊作用，重新启动编印《重庆档案信息时萃》资政内刊并加强制度上的管理，使之能规范化、制度化并长期坚持下去。

四是积极创新观念，转变思维，将重庆市档案馆过去相对单纯的档案编研工作向更高、更广的档案信息资源开发利用工作转化。新时期重庆市档案馆的档案信息资源开发利用工作，要以围绕中心、服务大局为出发点，以满足广大人民群众对美好生活的精神需要为目的，以推进"五位一体"总体布局和"四个全面"战略布局为主阵地，以服务党和政府的中心工作、服务六大建设、服务广大人民群众的生产生活为主渠道，挖掘好、开发好、利用好、宣传好档案信息资源的开发利用。

档案——不可再生文化资源的传承与创新

贵州省档案馆　李文艺

档案是再现历史真实面貌的原始记录，档案是组织或个人在以往的社会实践活动中形成的原始信息，档案具有存储社会记忆、传承人类文明的独特功能，是不可再生的文化资源。档案与文化有着千丝万缕的联系，档案在记录社会历史活动中汇集和蕴含着无数的文化资源，这些丰富的文化资源是不可再生的。如何将档案存储的社会记忆、优秀文化发扬光大，实现不可再生文化资源的传承与创新，更好地服务社会，档案信息资源的开发承载着传承与创新的重要使命。

一、档案与文化

1. 档案中的文化

在浩瀚的历史长河中，档案不仅是维系民族情感的纽带，更是传承民族文化的载体。档案以其独有的特性，真实地记录了人类社会的文明与进步。文化是人类在社会实践过程中所获得的全部能力和创造的全部成果，是民族生存和发展的重要力量。人类社会的每一次跃进，人类文明的每一次升华，在文化的历史性进步中得以体现。而文化的历史性进步，又在档案的真实记录中得以佐证。一个民族得以延续，一个民族丰厚的文化滋养；中华民族五千年的文明史，中华民族灿若星辰、浩如烟海的优秀传统文化，五千多年连绵不断传承至今，都源于档案的记载。档案承载着文明、记载着文化。因此，档案包含着文化，书写着文化，是文化的档案。

2. 文化中的档案

档案作为人类社会实践活动的产物，是不可再生的记忆资源，蕴含丰富的社会记忆。档案是在特定的文化状态下产生的，是一定文化形态的产物。其本身的形成过程就是包含诸多社会元素的一种文化活动，在不同文化状态下产生的档案有着各自的文化特征。比如社会组织和个人出于自身管理活动需要而形成的档案，就具有社会组织管理文化的特征。正是承载着不同文化内容、体现着不同文化特征的档案，汇集了社会实践活动各方面的诸多信息，构建了社会各个领域的文化记忆，所以说，档案本身是文化的。

3. 档案是不可再生的文化资源

档案存储社会记忆，传承人类文明，是在特定的历史时期、特定的历史条件下产生的，是一个国家、一个民族文化的重要组成部分。它具有本源性和回溯性等特殊文化属性。它作为一种原始记录和记忆资源可以追溯，但无法重生；可以再现，但无法回归。所以说，档案本身是不可再生的文化资源，只有通过对档案信息资源的重新整合，并赋予其新的时代内涵和现代表达形式，激活其生命力，档案服务社会的价值才能得到真正体现。

因此，实现档案——不可再生文化资源的传承与创新，档案信息资源开发是历史赋予我们编研工作者的使命。

二、善于发现不可再生的文化资源

习近平总书记在十九大报告中指出"在实践创造中进行文化创造，在历史进步中实现文化进步"。是新时代赋予档案工作的新使命，是新时代对档案文化建设提出的新要求。档案工作者要找准档案工作在新时代的新方位，不断增强创新能力和服务能力，不断发现、挖掘档案信息资源中有益的文化素材，弘扬中华民族传统的优秀文化、革命文化和社会主义先进文化，实现档案文化建设服务新跨越。

1. 顺应先进文化的市场需求

根据建设先进文化的市场需要，注重特色档案资源的开发利用。善于发现档案中蕴含的历史的、文化的、民族的优秀文化元素；积极寻求凸显地方区域优势、馆藏优势的信息资源。在传承地方文化，提高地方特色文化品位方面，结合本省实际，丰富贵州地方文化内涵，打造多彩贵州文化名片，通过不可再生文化资源的探索和发掘，努力构建贵州特色文化记忆。

2. 紧跟信息时代发展步伐

（1）认清信息时代编研趋势。信息时代，由于现代信息技术的快速发展与广泛应用，我们获取信息的渠道、手段都发生了根本的变化。档案信息资源开发也随之发生新的变化，呈现新的特点和发展态势。

在档案信息资源的开发利用方面，如何跟上信息时代的发展趋势，如何将档案资源优势转化为发展优势，使档案文化产品更加顺应信息时代的步伐，更好地服务党和国家文化建设，满足社会各方面利用需要，是信息时代档案编研工作者需要思考的问题。

（2）理清信息时代编研思路。即要转变编研观念，改变编研模式，更新编研手段，拓展编研空间。不断探索档案编研新方法、新技术，开辟档案信息资源利用的新途径，提高档案编研效率，给档案编研工作注入新的活力，使档案文化建设更加系统化、科学化，是我们档案文化建设面临的新思考。

（3）找准信息时代编研需求。在社会高度信息化的时代，档案信息资源更具有时效性。在社会高度信息化的时代，档案信息来源于社会需要，又必须回归于社会需要。只有树立需要意识，才能实现档案潜在的价值与社会功用。例如在"读图时代"，档案编研工作者可以借助声像档案创新编研形式，并将其以民众喜闻乐见的形式予以呈现，较好地贴近现代社会需求，有效地延伸档案社会记忆，进一步使不可再生文化资源增值。

三、善于利用不可再生的文化资源

习近平总书记强调"让历史说话，用史实发言"。对于我们档案人来说，这是一个使命，一种担当，更是一份责任。习总书记还强调："治理国家和社会，今天遇到的很多事情都可以在历史上找到影子，历史上发生过的很多事情也都可以作为今天的镜鉴。"总书记的这一重要论述，对于档案工作特别是如何开发利用档案具有很强的针对性和指导性。存档鉴史，用档案说话，发出档案人的声音，进行档案文化建设。立时代之潮流，发时代之先声，为中华文化的优秀传承鼓与呼，讲好档案故事，这是档案工作者的职责。

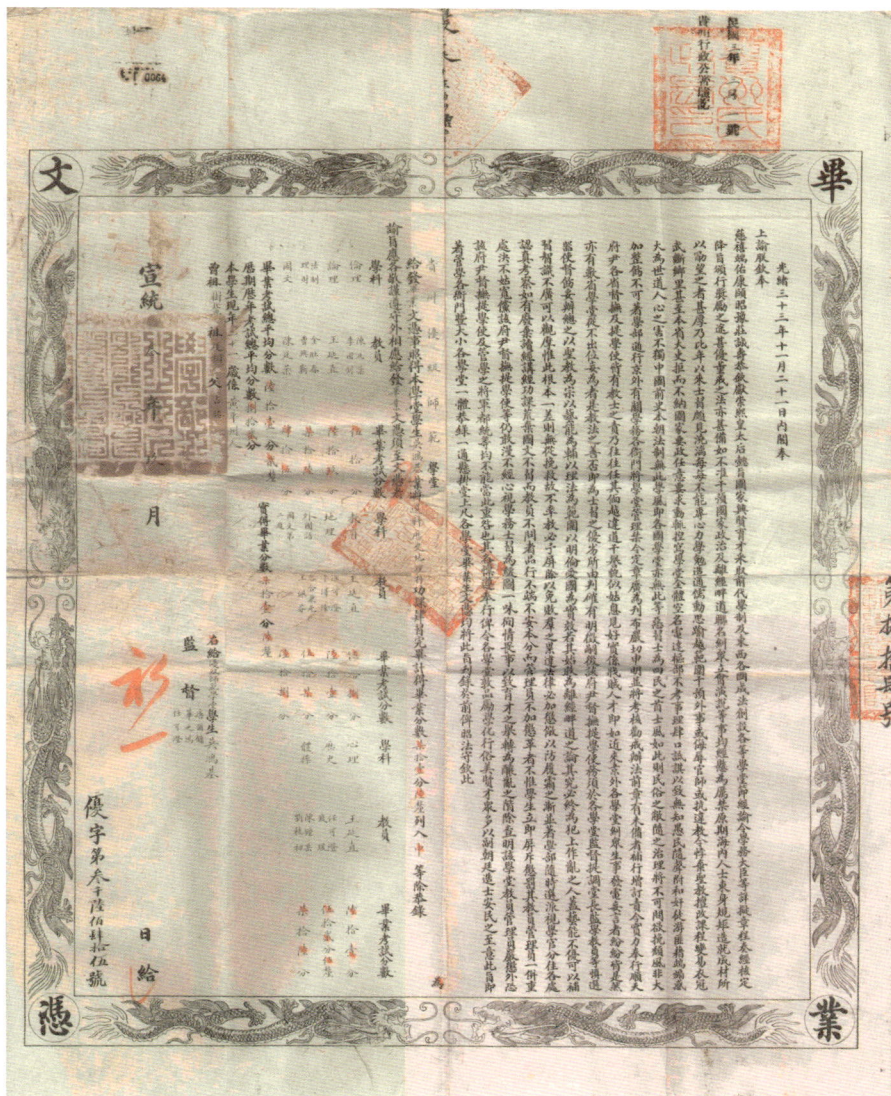

贵州省档案馆馆藏：贵州优级师范学堂学生吴鸿基宣统三年选科毕业文凭

档案承载着不同的文化内容、体现着不同的文化特征，但其本身并不是成型的文化产品，它只是文化产品的初级原材料。在进行编辑加工和提炼的同时，面对大量的档案文献，不仅需要在编研选题、编研体例上有所创新，也需要具有对相关档案信息的鉴别分析、组织筛选、综合评介等方面的判断和处理能力，旨在打造"精品"编研成果。树立精品意识是档案编研的重点，争取推出更多的适应社会需求的精品，是每一个档案编研工作者的心愿。

四、善于继承不可再生的文化资源

习总书记指出"不忘本来才能开辟未来，善于继承才能更好创新"。我们需要深刻领会习总书记这句话的精神实质，很好把握并努力践行，并运用到档案编研实际中。结合工作实际，"不忘本来才能开辟未来"，就是要时时关注蕴含于档案中历史的、传统的文化元素，通过编研，激活不可再生文化资源的活力，真正实现档案"让历史说话，用史实发言"的根本价值，以开辟档案编研的新未来。

"善于继承才能更好创新"，就是要求我们在编研工作中要传承和发扬中华民族最优秀的文化传统、最基本的文化基因、最独特的文化魅力，把档案中不可再生的文化资源推广开来、弘扬起来、传播出去，使之成为满足于现代社会需求的"再创性"文化产品，从而实现不可再生文化资源的更好创新。

五、档案信息资源的开发与探索

为努力实现档案信息资源开发的有为和有位，进一步提高档案工作的社会影响力，在促进档案文化建设、紧紧围绕中心、自觉服务大局、以弘扬社会主义先进文化、推进社会主义核心价值体系建设、传播文化正能量等方面，贵州省档案馆长期以来，通过汇编档案史料、制作专题片、举办档案展览等形式，坚持不懈、积极探索、努力创新，在档案信息资源开发方面做了大量的工作。

现将"十一五"至今贵州省档案馆档案信息资源开发工作做一简要汇报：

（一）编研出版档案史料

1.已编研出版的史料汇编

（1）《贵州省农业改进所》（70万字）由贵州省档案馆根据馆藏民国时期贵州省农业改进所相关档案资料编辑而成，贵州人民出版社2006年4月出版。该书对于深入开展民国时期贵州地方史和民国时期贵州农业史、民国时期贵州科技研究史研究，尤其是民国时期贵州农业科技研究史的研究有所裨益。2007年9月，该书荣获贵州省第七次哲学社会科学优秀成果著作类三等奖。

（2）《泐金·纪日卷》由贵州省档案局（馆）与荔波县人民政府联合编译，贵州人民出版社2007年出版。该书向社会介绍水族先民自创的文字，以及用该文字记录的古代天文历法、形体运行交替给水族先民日常生活带来的影响。对研究水族文字、水族社会及风俗的嬗变发展，让读者更多地了解水族传统文化和水族习俗具有重要意义，是一部较有代表性的水书译著。

（3）《贵州名胜旧览》（32万字）由贵州省档案馆根据馆藏《贵州名胜古迹概说》《贵州名胜考略》《贵州通志·古迹志》相关档案资料编辑而成，中国档案出版社2008年8月出版。该书既为专家学者研究当时的历史、社会、文化等提供较高价值的史料，同时也让广大读者从中领略到妙趣天成的贵州自然风光，欣赏到人文荟萃的贵州名胜古迹。

（4）《改革开放三十年重要档案文献·贵州》（42万字）由贵州省档案馆收录1979年初至2008年上半年，中共贵州省委、贵州省人民政府贯彻落实中央、国务院重要改革措施和工作部署，结合贵州实际情况所作的各项重大决策等档案资料编辑而成，2008年8月作为中国档案出版社《改革开放三十年重要档案文献》系列丛书之一出版。被中宣部和国家新闻出版总署列为全国纪念改革开放30年百种重点图书。该书集中反映了贵州改革开放30年的历程，突出了贵州在改革开放历程中的地方特色。

（5）《贵阳解放》（75.9万字）由贵州省档案馆与贵阳市档案馆联合编纂，为纪念中华人民共和国60华诞，作为全国档案编研出版工作指导委员会组织编辑出版的《城市解放》系列丛书之一，被新闻出版总署列为"十一五"国家重点图书出版规划项目，中国档案出版社2009年9月出版。该书对研究贵阳解放的历史具有弥足珍贵的学术价值，也是对青少年进行爱国主义教育的生动素材。

（6）《城市解放》系列丛书出版后，因社会反响很好，拟重新修订。《贵阳解放》作为系列丛书之一，由贵州省档案馆和贵阳市档案馆重新修订，中国文史出版社 2017 年 11 月出版。《贵阳解放》（修订本）按照国家档案局系列丛书修订要求，基本保持原貌，在篇章结构不变的基础上，对内容、图片等进行适当增删、修订，更大限度满足读者需求。

（7）《揭秘水书——水书先生访谈录》（100 万字）由贵州省史学会、贵州省档案馆根据有关专家深入贵州省荔波、都匀、三都、独山等地水族村寨，采用口述历史调查的方式，在对 16 位水书先生进行采访的基础上合作编译而成，贵州民族出版社 2010 年 4 月出版。该书为水书文化研究者提供了一把开启水书文化之门的钥匙，为水书文化的积极传承、全面弘扬提供可借鉴参考的依据。

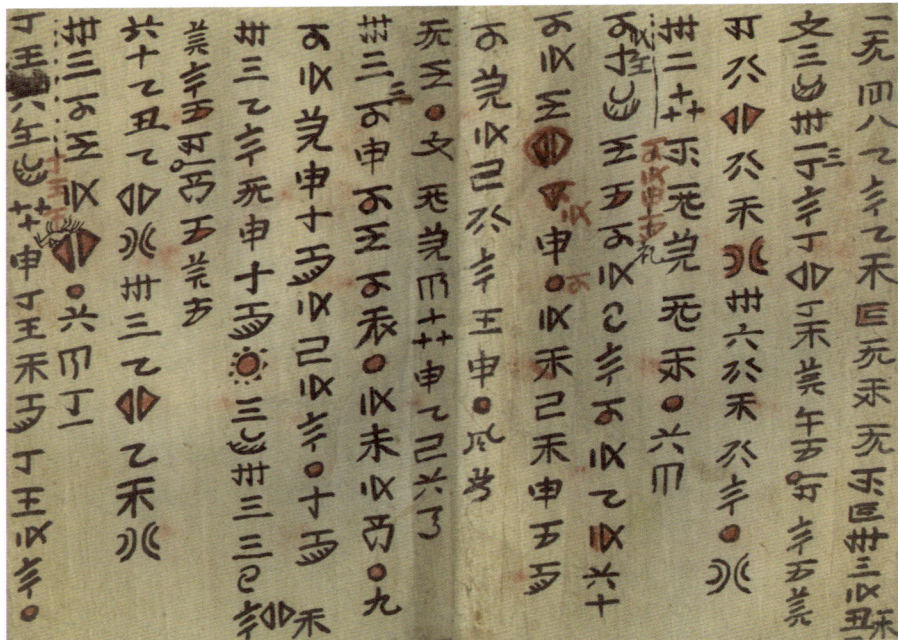

贵州省档案馆馆藏：水书（光绪七年）

（8）《贵州省档案馆馆藏珍品集粹》由贵州省档案馆编辑，贵州人民出版社 2010 年 10 月出版。该图集收录内容包括政治、经济、军事、教育和文化等方面珍贵馆藏102件（组），以纪念贵州省档案馆成立50周年为契机，宣传档案文化，展示馆藏珍品。

（9）《黔姿百态——贵州省国家级非物质文化遗产》由贵州省档案馆编辑，贵州人民出版社2010年10月出版。该图册以纪念贵州省档案馆成立50周年为契机，充分展示各民族各具特色的民族歌舞、节庆习俗、传统工艺、文学戏曲等非物质文化遗产，是为建设地方性、民族性特色档案资源的一次探索，是保护、传承贵州非物质文化遗产的有益尝试。

（10）《黔地新生——解放初期贵州土地改革档案文献选编》（37.5万字）由贵州省档案馆从馆藏1951年至1953年的档案中精选部分珍贵档案文献及历史照片编辑而成，贵州人民出版社2011年作为内部资料印制。该书收录的档案文献大多首次向社会公布，真实地反映和再现了解放初期贵州土地改革的进程和历史情况，对研究贵州土地改革历史有着弥足珍贵的学术价值。

（11）《辛亥贵州记忆——档案文献辑录》（上、下）（68万字）由贵州省档案馆与贵州省政协文史与学习委员会联合编辑，贵州人民出版社2012年出版。该书以纪念辛亥革命100周年为契机，再现贵州辛亥革命的历史，对研究贵州辛亥革命历史、开展爱国爱乡教育有一定的参考价值。

（12）《红军在贵州史料汇编》（180万字）由贵州省档案馆编辑，贵

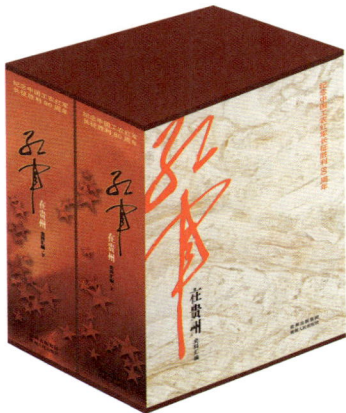

贵州省档案馆编：《红军在贵州史料汇编》

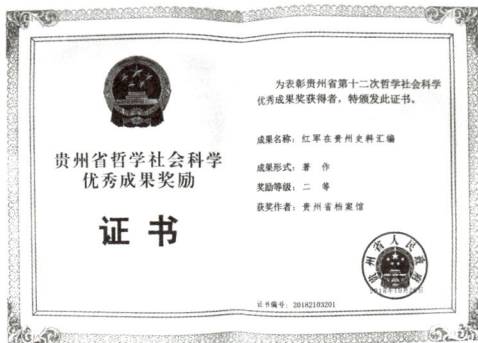

《红军在贵州史料汇编》荣获贵州省政府颁发的贵州省第十二次哲学社会科学优秀成果著作类二等奖

州人民出版社 2016 年 6 月出版。该书较为集中汇编了红军在贵州的史料和相关研究成果，为研究和宣传红军在贵州的历史，挖掘贵州红色资源提供了专题性的史实。

（13）《1982—2015 贵州省档案学会优秀论文选编》由贵州省档案馆根据贵州省档案学会 1982 年至 2015 年档案学术研讨会或优秀论文评选活动中产生的部分优秀论文汇编而成，2017 年 4 月作为内部资料印制。该论文选编一定程度上反映了全省档案工作者的学术理论研究水平，编印的目的旨在激发全省档案工作者的科研热情，促进档案学术繁荣，推动档案事业创新发展。

2. 正在进行的汇编工作

（1）贵州省档案馆保存有中国红十字会抗战救护总队部档案 3100 余卷，其保存数量之大、所藏内容之丰富，是其他馆所不及的。为了保护与开发中国红十字会抗战救护总队部档案，更好地为社会服务，2017 年，根据国家档案局《关于开展〈抗日战争档案汇编〉编纂工作的通知》要求，我们报送了《中国红十字会总会救护总队档案汇编》（暂定名）选题，经局党组研究决定拟以档案原件彩色影印编纂出版。为此，根据编纂工作方案要求，编纂工作正在积极推进中。

（2）2016、2017 年贵州省档案馆组织指导黎平县档案馆、三穗县档案馆开展《贵州清水江文书·黎平卷》《贵州清水江文书·三穗卷》编纂工作。2018 年继续组织开发贵州珍贵民族文化遗产，继续做好《贵州清水江文书》编纂指导审查工作。

（二）制作专题片

1. 积极参与拍摄专题片

2006 年，贵州省档案馆和毕节、遵义、黔东南州有关市、县的档案部门，协助国家档案局完成了大型文献纪录片《伟大长征》在贵州的拍摄任务。2007 年，在贵州电视台的协助下，完成了贵州省档案馆专题宣传片的拍摄及制作工作。

2. 积极配合拍摄《永远的长征》历史纪录片

为纪念中国工农红军长征胜利 80 周年，由中共中央党史研究室、北京前锋视线国际文化传媒有限公司联合拍摄的八集历史纪录片《永远的长征》，

2016 年 10 月 22 日在央视综合频道正式开播。该片在贵州拍摄期间，贵州省档案馆积极配合徐海鹰导演团队，提供了红军在贵州的相关档案史料。这些档案史料，为纪录片再现萧（克）贺（龙）红军部队转战贵州提供了真实生动的素材，这也是贵州省档案馆依托国家重大宣传项目、依托国家级新闻媒体公布红军档案史料的第一次尝试。

（三）举办档案展览

2007 年，贵州省档案馆在省档案馆爱国主义教育基地举办"贵州老照片（1900—1949）陈列展"。

2008 年，贵州省档案馆在省档案馆爱国主义教育基地举办"贵州省国家级非物质文化遗产档案专题展"。

2010 年 5 月，贵州省档案馆和上海市档案馆在上海市档案馆外滩新馆联合举办"黔姿百态——贵州省国家级非物质文化遗产档案展"。这是省级档案馆联手推出的首个国家级非物质文化遗产档案展。

2015 年 9 月，为纪念中国人民抗日战争暨世界反法西斯战争胜利 70 周年，贵州省档案局（办、馆）在省档案馆爱国主义教育基地举办"红星照耀中国"和"抗日战争中的贵州"档案展览。

（四）编印《档案参考》

让档案更好地服务于贵州经济建设、社会发展和中心工作，围绕全省经济社会发展热点，为省委、省政府领导决策提供参考和借鉴，2016 年开始，利用馆藏档案资料按季度编印《档案参考》，分送贵州省委常委、省政府有关领导、省直各有关部门及各市、州档案局等。我们编印的《档案参考》，得到了省长谌贻琴和时任分管档案工作的副省长何力、分管交通工作的副省长慕德贵的批示。

文化是国家和民族的灵魂，是推动社会发展进步的精神动力，承载了推动国家进步的厚望。档案——不可再生的文化资源，在服务文化大发展大繁荣中大有可为，有独到的、不可替代的作用。在档案信息资源开发进程中，立足对档案信息资源中有借鉴价值的内涵和陈旧的表现形式做创造性转化，赋予其新的时代内涵和现代表达形式，激活其生命力。按照时代的新进步新进展，对档案信息资源中蕴含的中华优秀传统文化内涵加以补充、拓展、完善，增强其影响力和感召力，通过传承与创新，让人们感悟档案文化建设的真谛和要义。

努力提高新时代西部地区
档案编研水平

青海省档案馆　孟玉林

在参加十九届中央政治局常委集体瞻仰中共一大会址和嘉兴南湖红船活动时，看到记载我党峥嵘岁月和光辉历程的历史档案，习近平总书记意味深长地说："我们是为了不忘初心、坚定真理而来，我们的初心、真理就蕴含在这些档案之中。"丁薛祥同志在中央档案馆调研时指出，从事档案工作的同志要以高度的政治责任感和强烈的历史使命感，把前人留给我们的档案守护好，把我们党的历史、国家的历史、中华民族的历史守护好，这是惠及亿万民众、利及千秋万代的工作。习近平总书记的重要讲话和中央领导的要求，为做好新时代档案工作指明了方向、提供了指导、明确了目标、赋予了精神。青海地处青藏高原腹地，属西部地区、民族地区、贫困地区，如何深入挖掘档案价值，把档案有效利用起来，通过档案编研，把我们党在青海的光辉业绩和伟大实践充分展现出来，是新时代赋予西部档案编研人的新使命新要求。

一、提高新时代西部地区档案编研水平的意义

档案是历史的原始记录，是前人留给我们的宝贵精神财富。习近平总书记强调："治理国家和社会，今天遇到的很多事情都可以在历史上找到影子，历史上发生过的很多事情也都可以作为今天的镜鉴。"通过深入挖掘档案价

值，加快推进档案深度开发利用、系统开发利用、精准开发利用，推出更多更好的优秀档案编研成果，为党和政府决策服务、为中心工作服务、为经济社会发展服务、为群众生产生活服务。

1. 新时代是党委和政府更加重视档案编研成果的时代

新时代对党委和政府科学决策提出了新的更高要求，做好档案编研工作，以工作成果的研究性、提供方式的主动性、基础材料的准确性、发挥作用的广泛性等特点，为各级领导干部和社会各界提供档案编研成果，各级领导干部从中吸取好的经验做法，提高决策水平，避免工作中走弯路，提高工作质量效率。

2. 新时代是提高档案保管利用水平的时代

进入新时代，给档案保管利用工作带来了新机遇。西部地区的档案保管条件相对较差，档案大部分为孤本。虽然对部分档案开展了数字化工作，但在档案利用服务时，多数还是把原件直接提供利用，导致了档案资料容易破损，影响到档案寿命。档案编研成果通过对档案资料进行分析、研究后整编而成，是多种档案资料的集成品、档案编研成果的展示品、档案利用者的需要品，不仅为需求者节省了查找档案时间和分析研究的时间，而且避免了档案原件的重复使用，减少了档案资源的磨损，从而延长档案寿命，使档案资料能永久保存，便于后人利用。

3. 新时代是激发档案编研人员创造力的时代

档案编研成果的广泛运用，各级领导干部和社会各界对档案编研成果的认可和肯定，极大地调动了档案编研人员的积极性，激发档案编研工作者更加积极主动地推动形成参考性更强、实用性更大、可利用性更高的档案编研成果，实现需求和激励的良性循环，促进档案编研工作不断取得新成果新进步新发展。

4. 新时代是不断扩大档案编研功能和影响力的时代

当今信息时代，人们对档案信息需求量大、覆盖面广、针对性强，对档案资源要求集中、便捷、实用。档案编研成果具有存史、资政、文化功能，直接服务于社会各项事业，有助于推动和促进地方人文历史、社会科学研究，教化功能显著。通过提供档案编研成果，使广大利用者认知感受到档案价值，加深对档案工作了解，从而提升档案部门社会影响力和对外形象。

二、提高新时代西部地区档案编研水平存在的问题

西部地区由于历史和地理区位原因，观念相对陈旧，信息相对闭塞，经济社会发展相对滞后，发展不平衡不充分的问题相对突出。

1. 编研资源有限

档案的编研工作主要依据现有档案资料和信息来完成，由于西部欠发达地区档案馆藏有限，信息来源渠道较窄，加之对档案编研工作的重要性认识不够，因此，在档案管理工作中，存在重收集、轻利用，重保管、轻编研的现象，对档案编研方面的工作研究不够，编研人员没有丰富的信息资料，就好比无源之水，无法将编研工作保质保量地完成。

2. 编研意识不强

欠发达地区普遍存在档案编研意识不强的问题，主要体现在对档案编研工作的作用和意义认识不到位，重视程度不够，资金投入和物质保障跟不上，服务意识、创新意识还不高，一些档案编研人员还没有从被动的"保管员"转变为主动的"服务者"，仅仅是编研部门自娱自乐，单打独斗，还没有从封闭走向开放，主动融入社会、参与社会的意识比较淡薄。

3. 编研成果单一

西部欠发达地区档案编研工作开始相对较晚，档案编研工作过程中缺乏一定的理论指导和实践经验，现有的档案编研成果大都是根据现成的参考工具和现有的档案资料编制而成，缺少深度和广度，编研成果也大都是大事记、文件汇编、会议记录等，编研成果单一，没有新意，不能够和新时代的政治、经济、文化、社会、生态建设等相契合，在"编"和"研"的结合上还存在

较大差距。由于不适应目前形势，造成编研工作势头降低，影响编研人员积极性，影响档案编研工作深入开展。

4. 编研力量薄弱

西部欠发达地区档案编研人员力量普遍薄弱，力量不足，且大多人员老化，人才青黄不接，特别是缺乏擅长写作和懂计算机管理的人才，现有人员也存在业务素质低的问题。就青海来讲，虽然已经提出了相关编研的新课题，但是由于编研人员力量薄弱，导致此项工作进展缓慢，编研水平不高。加之西部地区财力不足，对档案事业的基础设施投入普遍不够，用于档案编研的经费更是少之又少，一些编研成果也无法向社会宣传公布，许多地方只好将编研成果束之高阁，严重影响档案编研工作的发展进步。

三、提高新时代西部地区档案编研水平的措施

新时代，要有新气象，要求档案编研部门要与之相匹配；新时代，更要有新作为，要求档案编研人员要与之相适应。为此，档案编研工作要不断转型升级，攻坚克难，扬帆远航，努力实现"五个转变"：

一是从围绕自身工作向围绕经济社会发展大局转变，努力实现档案编研工作的大局化。进入新时代，档案编研工作在经济社会发展大局中发挥着越来越重要的作用。我们要从记录历史、传承文明、服务社会、造福人民的高度来认识档案编研工作的重要性。要充分认识到做好档案编研工作在很大程度上对于推动资政、教育和存史等方面都具有重大意义。切实加强对档案编研工作的领导和指导，牢牢把握档案编研工作的政治方向，根据党和政府的工作重心，紧紧抓住社会热点问题和人民群众关心的话题进行选题，从围绕自身工作向围绕党建、经济和社会发展大局转变。在确定选题时应当将利用和需求当成首要考虑因素，档案编研选题要围绕具有较高利用价值的档案来实施，只有那些符合社会发展需求的编研课题才能够真正展示出档案的实际价值。通常来说，档案材料的价值是和编研成果是成正比的，所以根据档案材料的实际价值来进行编研选题是必要且必须的。比如近年来青海省针对工作中经常被查阅利用的档案材料，编研形成了《青海省作风建设档案史料摘

编》《人民公仆——尕布龙》《青海历史上的少数民族人物》等多种类型的档案编研成果，便于查阅利用，收到了良好效果。

二是从单纯的修志、编鉴向多业并举、全面发展转变，实现档案编研工作的全面化。档案编研工作不仅要与现实需求相符合，同时也要多业并举，注重档案编研工作在数量、质量、特色、社会效益等方面全面发展。首先，选题上要有新意。过去一直都是按照馆藏材料来定题，要转变这一现状，要以馆藏资料为主，结合实际需要，做好档案资料资源的收集、分析以及加工。由于欠发达地区档案资源不足，在选材上要坚持"档案不足资料补，局内不足局外补"的编研工作方针，努力探索一条西部欠发达地区档案编研征集、整理、研究、保管和利用于一体的长效机制，使编研成果成为有历史感、时代性、文化内涵、精神价值的产品、作品、精品、名品。其次，要突出地方特色。要采取"内部发掘与社会调查相结合"的方法，根据工作需要走访了解当时情况和保存有历史资料的地区和人员，通过座谈和查阅大量资料，进一步丰富编研工作素材，借助其他相关单位提供的资料进行补充运用，从而弥补专题编研资料不足的缺陷，实践证明，这一办法能有效提高编研成果的权威性与价值性。第三，要加大编研成果的宣传力度。要大力推进编研成果进机关、进农牧区、进军营、进社区、进学校、进寺庙，与社会主义核心价值观、理想信念、爱国主义、革命传统、反分裂斗争、民族团结等相结合，传播正能量，弘扬主旋律，为青海改革发展稳定服务。

三是从档案编研部门单打独斗，向社会各界广泛参与转变，实现档案编研工作社会化。针对西部欠发达地区编研力量不足的实际，要积极构建大编研工作格局，通过搭建平台、建设智库、课题合作等载体，切实加强有关部门和档案编研工作者之间的纵向及横向交流合作、互相学习、互相启发，取长补短，支持配合，重视各方面力量的统筹和资源整合利用，凝聚起推动编研工作的强大合力和整体优势。要转变过去独立编研为主的方法，应当在本馆的基础上，积极向外探索合作编研之路，利用好社会力量，充分激发社会各方的积极性，强化沟通联系，寻求强强合作，增强编研工作合力，弥补馆藏资源不足问题。积极采取馆藏档案和馆外资料、网络信息收集相结合的方法开展编研工作，有效增强编研工作实效性，按质按量地完成档案编研任务。

四是从单一的纸质媒体资源向广泛运用数字媒体资源转变，实现档案编研工作信息化。在"互联网＋"背景下，要运用"互联网＋"推进档案编研工作，适应新时代的要求，主动汲取新知识、新方法，改进档案编研的工作方式，加强信息化、网络化的系统建设，积极运用计算机多媒体技术、光盘技术、数码影像技术及电子通讯等现代技术来进行档案编研，加快编研速度和成果的多样化，使档案编研信息更趋社会化，更具时代感，不断提升档案编研工作的质量和水平。西部欠发达地区更要重视这项工作，将此项工作列入档案馆重要的议事日程，定期研究编研工作中存在的困难和问题，研究解决长期以来影响和制约档案编研工作的突出问题，制定长期规划和年度计划，不断加大投入。同时，加强对档案编研人员的业务培训，着力建设一支政治强、业务精、作风正、纪律严的档案编研队伍，努力形成"用心谋事、专心干事、规矩办事、团结共事"的良好氛围，确保档案编研工作健康发展。

五是从注重地方编研向融入全国转变，实现档案编研工作的全国化。党的十九大为党和国家未来发展绘制了宏伟蓝图，制定了时间表和路线图。作为新时代档案编研工作，迎来了难得的发展机遇，越来越受到各级党委和政府的重视。要把档案编研工作放到时代背景、历史条件下去分析把握，找准与中心工作的切入点，以改革的精神谋划布局，深入研究解决档案编研工作遇到的新情况、新问题，使编研工作更好体现时代性、把握规律性、富于创造性。随着档案编研工作的深入开展，档案编研工作必将跟进历史的步伐，真实、客观、准确地记载好历史，接通好中国历史文化的发展文脉，接续接力好党的伟大事业，运用十九大精神指导下的编研成果，教育、引导、激励广大党员干部积极投身新时代中国特色社会主义伟大实践，从而使档案编研工作成为记述、传承中华民族文化的重要载体，成为展示中国国情、地情的重要窗口，成为资政辅治的宝贵智库。

青海地处祖国西部，面临保护生态、发展经济和改善民生的繁重任务。新时代，青海档案编研工作将以习近平新时代中国特色社会主义思想为指导，切实增强"四个意识"，坚持编研姓党，坚持编研为党、为人民、为社会服务，把"编"和"研"有机结合，深入挖掘利用好编研成果，传承红色基因，讲好党的故事，讲好青海故事，为建设富裕文明和谐美丽新青海做出新的更大贡献。

新时代档案编研应具备的素质和能力

宁夏回族自治区档案馆　刘新华

　　档案是历史的原始记录和凭据，是前人留下的文化遗产和精神财富。档案的价值在于它承载历史记忆，凝聚时代精神，还反映特定时期文化现象。习近平总书记在浙江工作期间强调指出："经验得以总结，规律得以认识，历史得以延续，各项事业得以发展，都离不开档案。"这一重要指示，不仅揭示了档案的本质，也进一步阐述了档案工作的重要性，给档案编研工作赋予了新内涵、提出了新要求。档案编研是挖掘档案价值的过程，是对档案信息的开发利用，其目的就是为后人提供"镜鉴"。新时代赋予档案工作新使命，对人的素质和能力提出新的更高要求。归纳起来，档案编研人员应具备以下几种能力。

一、政治鉴别能力

　　美国著名学者，终身哲学教授威尔·杜兰特及其夫人阿里尔·杜兰特所著的《历史的教训》中有这样两段话，"我们对于过去发生的认识，总是不完整的，很可能还是错误的，因为历史已经被相互矛盾的证据和存有偏见的历史学家所遮掩蒙蔽，或者也可能被我们的爱国心或宗教偏见所曲解。""即使一个历史学家认为自己克服了诸如国籍、种族、信仰或阶级等偏见，他在材料选择和遣词造句上的细微差别，都会暴露出他的私人偏好。"①《历史的教训》是习近平总书记推荐给领导干部的一本好书，而这两段话都是历史经验的总结，对于我们如何看待历史、认识历史、研究历史，如何走出历史的误区提供了借鉴。档案部门把"为党管档、为国守史，为民服务"作为初心和使命，把政治性摆在更加突出的位置，体现了新时代档案工作为党的执政服务、为人民群众服务的历史方位。讲政治是最鲜明的特征，政治鉴别能力是最基本的要求，是一切工作的生命线，是不是符合党的路线方针政策、符合社会主义核心价值观、符合党和国家根本利益，是检验工作的重要标准。因此，应提高政治站位，把牢政治方向，增强"四个意识"，坚定"四个自信"，坚决维护习近平总书记核心地位、维护党中央的权威和集中统一领导，坚决贯彻党中央的各项部署，确保一切工作永不偏离政治方向，这是最根本的要求。要增强工作紧迫感，用生动的历史资料来宣传习近平新时代中国特色社会主义思想，宣传党的十九大精神，宣传党领导人民进行的改革和建设，用档案的生动性来批判历史虚无主义，旗帜鲜明地宣传马克思主义意识形态和社会主义核心价值观。要强化政治担当，形成职业敏感，把讲政治体现在档案编研与修史编志的全过程。

二、真伪分辨能力

档案编研以档案和文献为基础。一般说法，历史档案是最真实的，它的价值在于具有"正史之讹，补史之缺"的作用，而文献往往存在造假的可能。但实际中的情况比较复杂，历史档案中不实内容比比皆是。比如民国档案中就存在档案实体造假的情况，一些真档案中也存在假内容，还有以讹传讹的问题，为档案真伪鉴定带来不便。正因为如此，档案辨伪显得更加重要。分辨档案真伪需要从以下几个方面考虑：一是档案保管机构和征集渠道。我国的国家综合档案馆分四级，中央级包括中央档案馆、中国第一历史档案馆、中国第二历史档案馆，其中中央档案馆负责管理党和国家中央机关的重要档

---

① （美）威尔·杜兰特：《历史的教训》，中国方正出版社、四川人民出版社，2015年，第2页。

2014年6月30日，宁夏回族自治区党委、人大、政府、政协主要领导同志参观"党的群众路线教育档案展"

案与资料，而第一、第二历史档案馆分别负责管理明清和民国时期历史档案。省、市、县三级国家综合档案馆主要负责本行政区各个历史时期的档案。这些机构所保管的历史档案，一般经过整理后均为真档案，无容置疑。而通过其他渠道特别是境外征集的档案资料，应针对不同的情况作出相应判断。二是档案的系统性和数量。受档案形成条件所限和战乱等复杂因素影响，在征集过程中档案的系统性、完整性和数量不足往往是常态，在征集境外档案时必须引起高度重视，杜绝假档案的流入。三是档案的纸张、笔墨等形成条件。纸张、笔墨具有明显的时代特征，不同时期纸张原料和墨水、墨汁的成份不同，书写工具也各有特点，这是辨伪的重要依据。四是印章和签名习惯。自古就有"私凭文书官凭印"的说法，印章和签名在历史档案中使用比较普遍，抓住其特点和特征，也就抓住了辨伪的关键。五是历史事件与既有资料对照。真档案中的假内容往往是难以辨别的，这就需要广泛掌握素材，全方位了解历史事件的发展过程，去除"以讹传讹"的部分，还历史真实面目。六是引用编研成果。经档案部门编研的史料一般为"第一手材料"，其真实性比一般文献要高，特别是权威部门的出版物，可以作为辨伪的重要参考。归根到底，还是要在实际工作中不断积累知识，分析掌握特点规律，才能提高真伪分辨能力。

三、认字识词能力

汉字是一种形体和意义紧密结合的表意文字。随着文化的发展，汉字的形体发生了巨大的变化。汉字中许多字自古以来在民间就有多种写法，笔划多的叫做繁体字，笔划少的叫做简体字。简体字一般不被官方认可，只流行于民间。1909年陆费逵在《教育杂志》上发表《普通教育应当采用俗体字》一文，首次向国人阐明简体字的优越性。1922年，北洋政府教育部国语统一筹划委员会成立了汉字省体委员会，正式进行汉字简体字研究的组织领导工作，并通过钱玄同的《减省现行汉字的笔画案》。1935年，国民政府通令全国，推行《第一批简体字表》。1936年，教育部奉行政院的命令，正式下达了"简体字应暂缓推行"的训令，但简化字运动在人民群众中仍旧继续进行。近年来，宁夏回族自治区档案局（馆）先后出版了《抗战时期的宁夏——档案史料汇编》《红军长征在宁夏——档案史料汇编》，笔者作为主要的组织者和参与者，对认字识词有了更深的认识。在征集的大量档案史料中，反映抗战时期的档案文献多数为手书文稿，也有少量是由机器印刷的，但普遍使用繁体字，也有简繁混用的情况。而陕甘宁边区政府有关文献及红军解放的地区普遍使用简体字，常常出现在手书文稿和各种印刷品上。编研这一时期的档案文献，遇到最多的问题就是繁体字和手写简体字辨认方面的困难，包括一些书写有误的字。常常还有一些生僻字，笔划复杂，没有繁简之分，这些字出现在档案文献中，必然会影响编研文稿的电脑录入工作。印章是公文的重要组成部分，但部分档案中的印迹因年代久远造成辨认困难，特别是印章的篆体字常常出现变体，增加了认字的难度。除了认字外，常常也会遇到一些词语，与生僻字交织在一起，特别是一些字形相近的汉字极易搞错。如"童山濯濯""炊爨器具""豳风言农事，禹贡别田壤""国家干城"等等，既有成语，也有典故，有些出自《诗经》，缺乏文学和历史知识，就很难弄清其涵义，甚至理解上出现歧义。还有一些特殊用语，如"马日""篠日""克日""不日"等等，其中"马日"为农历正月初六日；"马日"为韵母代日时，代表公历

254

2015 年 6 月 26 日，宁夏举行《抗战时期的宁夏——档案史料汇编》首发式暨档案信息编研座谈会。图为宁夏回族自治区档案馆向市、县（区）档案馆赠书

每月 21 日。而"克日"在古汉语中为约定或限定日期。在档案编研中不仅需要认字，还要弄清楚词语出处和词义。如果不认识这些繁体字，不掌握那些不规范的简体字，不清楚一些词语的用法，一则无法录入计算机，二则不能准确表达史料内容，甚至把原本生僻字当成错别字处理了，就会严重影响编研的质量，也就失去了编研的意义。因此，认字识词既是档案编研工作的基本功，也是最低要求，既要博览群书，也要善于利用工具书，强化认字识词能力。

四、句读标点能力

一般馆藏历史档案文献和古籍，有文言文的，也有白话文的，但多数没有我们现在使用的标点符号。在文献整理过程中，遇到的最难的问题就是断句和标点。给文言文断句，传统上称之为"句读"，明辨句读是阅读古文最基本的能力。民国时期的文献中，手书是主要形式，上行用端楷，平行用楷书，下行略带行书，所存档案文献一般比较规范。一方面实行公文改革，废除封建用语，摈弃套语，提倡使用语体文，并要求布告等文字力求通俗、白话。

另一方面，为便于阅读，开始使用标点符号。1919年马裕藻、朱希祖、钱玄同、刘复、周作人、胡适等人联名提出《请颁行新式标点符号议案》，并在国语统一筹备会第一次大会上议决。1930年国民政府教育部公布《划一教育机关公文格式办法》[①]，规定了句读、行款、用语、文体和标点符号种类、用法，目的是为免除公文句读的误解。标点往往与公文格式也有很大关系，而且规定非常具体。在实际中，虽然公文格式、标点都有规定，但在现存大量的文献，如政府、军队往来电报、信函等，一般没有使用标点符号，公文中多用顿号断句的情况比较普遍。若按原文的标点刊印，既不符合现代人的阅读习惯，还可能因为读者句读能力所限，影响阅读理解。陕甘宁边区政府档案文献主要为白话文，在当时战争环境和物质条件下，档案的规范性和质量受到一定影响，大量的档案文献中并没有使用规范的标点符号。因此，句读标点是档案编研与编史修志工作的重要环节，也是编研能力的一种体现，既要掌握句读一般规律性要求，更要在理解原文的基础上进行标点，才能准确表达档案的本意，避免歧义。

五、辑佚校雠能力

历史档案文献在长期的保存过程中，难免遭受战乱、虫害、水浸和过度利用等天灾人祸的影响，字迹不清、残缺不全的问题屡见不鲜。辑佚就是从现存文献中辑录已经散佚的文献，以求完全或部分恢复散佚文献原貌，这在档案编研过程中是必不可少的环节。按照档案编研的方法，字迹不清或有残缺，可用"□"代替，但文中如果"□"使用过多，必然影响原文意思的表达。为便于读者阅读，编研者就必须通过辑佚的方法，减少文中的"□"。比如在《抗战时期的宁夏——档案史料汇编》编研中，有一篇有关参加"绥西抗战"中国军队的档案文献，其中反映宁夏"马家军"参战部队的部分信息不完整，而另一篇涉及参战部队信息的文献，正好印证和补充了前篇文献的内容，通过辑佚，让读者能够全面了解参加"绥西抗战"宁夏军队的基本情况。而校

---

① 中国第二历史档案馆：《民国时期文书工作和档案工作资料选编》，档案出版社，1987年，第277页。

2017年9月13日，国家档案局向六盘山红军长征纪念馆赠送宁夏回族自治区档案馆编纂的《红军长征在宁夏》一书

雠与认字识词、句读标点和辑佚辨误密不可分，通过综合分析和判断，最后得到确认。人名地名是历史档案编研中不容忽视的关键点。比如笔者在《红军长征在宁夏——档案史料汇编》编研中，常常遇到档案涉及的人名地名前后不一致的情况，有的是音同字不同，有的地名因现在的行政区划已经不存在，这些都必须认真核对。校雠工作贯穿编研的全过程，其目标就是完整、准确地表达档案文献原貌，把舛误降到最低。因此，辑佚校雠能力也是档案编研与编史修志综合能力的集中体现。

六、编纂编辑能力

编纂编辑是对既有文献的遴选和编排过程，仅有素材是不够的，还要按照一定的体例对选中的档案文献进行组织和编排。比如在《抗战时期的宁夏——档案史料汇编》编纂时，我们按照军事、政治、经济、文化四个方面对抗战档案文献进行分类，每类档案文献又按编年体分别编排，这样就清晰地再现了档案文献与某个重大历史事件发生发展脉络。通过对档案文献的统筹和编排，使各类文献匹配、主题突出、题材丰富，全面反映历史原貌。档案文献编辑一定要反映特定时期的时代背景和文化特点。民国时期的公文、信函和出版物一般为竖排，虽与我们现在的阅读习惯有区别，但也有一定的格式和规范必须遵循，是一定时期历史文化的反映，历史档案文献编纂编辑应体现历史特征、反映文化现象、保持文化传承，不可随意编排。比如在信函中，为表示对年长的尊敬，受信人前须空一格。再比如国民政府公文行款中对段落、换行、顶格等情形都有明确规定，既有发展也有传承，形成了这一时期的文化特色。编纂编辑是选材、用材的过程，也是作品成败的关键。一部具有时代性的好作品，就必须紧扣时代脉搏，弘扬时代精神，传递时代声音，反映作者指导思想和价值取向，体现作者学术水平和专业能力。

综上所述，档案编研工作是档案价值挖掘和深度开发利用过程，具有鲜明的时代性。进入新时代，档案编研工作要提高政治站位，加强能力建设，围绕中心、服务大局，挖掘历史档案价值，开发档案文化产品，讲好宁夏故事，为建设文化强国，实现中华民族伟大复兴的中国梦做出更大贡献。

档案历史文化题材微电影艺术
创作规律初探

青岛市档案馆　杨来青

2014 年以来，青岛市档案馆拍摄了《寻找逝去的记忆》《历史无言》《跨越时空的对话》等三部档案历史文化题材微电影（以下简称档案微电影）。这三部档案微电影都有一个共同的特征：讲述的都是与档案有关的故事，而且是与青岛早期城市历史关系密切的涉德、涉日、涉美故事。由于这三个国家历史上都从海上侵占青岛，三部影片都在反思那段历史，并从中寻找历史的教训与智慧。故此，策划者将三部影片称之为档案微电影"蓝色三部曲"。

"蓝色三部曲"一经推出，便在国内外微电影大赛、评奖等活动中屡获殊荣，得到社会的认可。"蓝色三部曲"的创作之路及社会对档案微电影的反响，为我们分析研究档案微电影的艺术创作规律提供了条件。

一、档案微电影艺术创作的双重使命

微电影的核心是讲故事。档案微电影承担两大基本任务。其一是服务于社会发展和民众的文化需要，讲好档案文化故事，这是由档案馆的社会职责决定的，也是档案微电影的核心价值所在；其二是服务于档案事业发展大局，讲好档案人的故事，提高社会档案意识，为档案工作创造适宜的发展环境。与其他档案社会宣传方式不同，在讲档案文化故事的同时，可以形象地讲档

259

这是一个关于德国侵占青岛的展览
Das ist eine Ausstellung über die Besatzung der Deutschen in Qingdao

《寻找逝去的记忆》剧照——以档案展览为影片场景彰显了档案馆的历史文化担当

案人的故事，这是档案题材微电影的特有优势之一，值得创作者予以思考与关注。

　　档案文化故事是指档案作为历史的真实记录，其承载的人的社会活动及其精神价值、文化遗产经发掘与开发后创造的文化成果。其中既包括档案馆传统的档案史料汇编、历史著述、历史展览、纪录片等具有历史真实性的文化成果，也包括基于档案真实记录的档案题材文学、影视作品等具有艺术真实性的文化成果，后者来源于但不拘泥于照搬档案真实记录，即不排斥合情合理的艺术想象和艺术虚构。显然，档案微电影属于后者，它不是刻板的史实复印机和历史教科书，而是艺术创作的文化产品，其价值在于为档案馆借助艺术手段传播档案历史文化提供新的选项。

　　档案馆得到社会的理解与支持，需要社会的档案意识做支撑，这方面微电影起着其他档案社会宣传方式难以起到的作用。微电影的起源与商业经济利益有关，是商家借助网络和新媒体进行产品的推销、广告。档案馆拍摄档案微电影首要的不是考虑经济利益，但应该主动发掘微电影的社交价值，善于利用微电影向社会公众"推销"档案和档案工作，让观众直观地审视档案

《寻找逝去的记忆》剧照——照片档案的应用拉近了历史与现实的距离，增强了影片的真实感

微电影《寻找逝去的记忆》故事题材——记录中山路一号壁炉修建情况的历史照片

工作，将宣传寓于无形之中，从而彰显档案馆特有的历史文化内涵与开发档案信息资源服务社会的进取精神，促进社会档案意识的提高，为档案工作创造良好的社会环境。

但是，将档案微电影的创作目标定位于功利层面是远远不够的，这对繁荣档案微电影创作及其赢得社会认可是无益的，其原因在于功利的东西难以赋予档案微电影以强大的生命力。艺术属性，为我们创作拍摄档案微电影提供了广阔的空间，也为阐释档案文化和档案意识提供了新的平台。

档案微电影创作的使命无疑是双重的，既要通过创作活动让人们感受档案文化、认识档案工作价值，更要有超越档案馆狭隘范围的开放思想，从社会责任的眼界和气度，通过档案微电影塑造的艺术形象，潜移默化地感染人、教育人，告诉人们是与非、真与假、美与丑，陶冶人的情操，滋润人的心灵，促进社会风气的净化和提升，实现档案工作的社会价值。

德国1897年侵占青岛，一战爆发后败于日本失去青岛这块殖民地。此后，日本有计划地将德国人驱离青岛，以彻底铲除德国势力，巩固自己的殖民统治。但是，战后日本被迫将青岛交还中国后，一批德国人又再次回到青岛，重新创业生活。当下，这批德国人的后代多次来青岛实地了解祖辈的异国生活，并多次向青岛市档案馆捐赠档案，以表达他们对青岛城市的特殊感情。笔者一直在思考一个问题，这些德国友人不远万里来到青岛，捐赠其先人形成和留存的青岛档案，其原因何在。留存青岛档案和捐赠这些档案，都说明这些德国人具有"青岛情结"。德国人的"青岛情结"既源于曾经在建设青

微电影《寻找逝去的记忆》海报

岛城市中发挥过作用和青岛生活印记的留恋之情，又含有对国家曾经侵略青岛的历史反思，还来自对先人的尊崇与思想承继；德国人来青岛捐赠档案，彰显了人性的真善美。

被驱离青岛的德国人为什么要重返青岛，他们的后人为什么同样具有"青岛情结"，带着对这些问题的思考，我们在深入剖析档案中的历史故事和德国人来青捐赠档案事例基础上，创作了档案微电影《寻找逝去的记忆》。故事沿着霍夫曼探寻其父亲一战后留在青岛终老之谜展开，不仅讲述了档案在破解历史悬案中的特殊作用，更揭示了一位普通德国人厌烦侵略战争、追悔伤害无辜中国民众的向善之心。故事以霍夫曼真诚地帮助补齐青岛历史建筑的壁画瓷砖图案为结尾，告诉观众真善美是各国人民的共同追求，两国人民之间的友谊不会受到时空隔阂的阻碍。

故事既揭示了人性之美，又自然而然地宣传了档案工作，收到很好的宣传效果。这部微电影推出后，2015 年在 3000 多部作品中脱颖而出，荣获第三届中国（杭州）国际微电影展"金桂花奖"十佳城市微电影影响力奖，成为本次微电影展 30 部获奖作品之一。组委会在颁奖词中对《寻找逝去的记忆》做如下评价："影片以旧档案为故事起点，揭开了跨越百年的青岛历史，叙说了中德两国人民的真挚情感。该片题材新颖，历史的追忆令人深思，一个城市以这样动人的国际化思考创作微电影将会产生巨大的国际影响力。"

虽然是全国首部档案微电影，《寻找逝去的记忆》一经推出却获得社会的高度评价，表明这部微电影融入了生活和触及了人性，赢得了观众的共鸣，而这恰恰是微电影的灵魂所在。这一案例表明，唯有"微"言大义，档案微电影才会具有思想的高度、文化的深度和人性的温度，才会真正具有生命力和感召力，也才会让观众带着真情实感去认识档案和档案工作。

二、档案微电影的档案文化特质

拍好档案微电影，既要遵循微电影艺术创作的一般规律，也要善于发掘档案的价值，努力体现档案文化特质。

1. 题材选取：档案微电影应该姓"档"

微电影是靠题材取胜的艺术形式。微电影成功与否，题材选取至关重要。一位电影艺术家在看过《跨越时空的对话》这部微电影后评论说，你们的微电影叙事可以更简洁，拍摄技巧也有改善的空间，但总的感觉就是很好。好就好在题材，好在故事。这段话对题材在微电影创作中的重要意义做了清晰的阐释。

创作《跨越时空的对话》，其初衷是想通过档案向观众介绍 1945 年至 1949 年美军侵占青岛的这段历史，可选用的题材范围很广，也都有很多档案可以作为创作素材。如从美军在青岛残杀中国人的暴行中取材，可以揭露美国侵略中国的史实；从美军帮助国民党军打内战的故事取材，可以揭露美国反对中国人民解放事业的本质；从美军在青岛设立海军基地的故事取材，可以揭示二战后美苏在东亚地区的冲突与对立等。但是，在创作这部微电影时，笔者还是希望避免选材千篇一律的同质化倾向，希望依托丰富的档案资源，选取更具故事性、感染力和独特性的题材。由此笔者想起在写一篇文章时阅读的 1950 年在青岛释放美军飞行员的档案。该档案记述非常详实，有记录美军飞行员被俘、在解放区生活和被释放经过的文件，有美军飞行员自己记录在解放区所感所受及思想发生变化情况的材料，有反映美军飞行员和被解放军缴获美军飞机的照片，还有涉及这一历史事件的报纸。这些史料既揭露了美军侵略中国的史实，也记录了我党我军教育改造美军飞行员的过程，是创作档案题材微电影不可多得的好素材。

《跨越时空的对话》这部微电影围绕 2 名美国飞行员在我解放区执行侦

德国友人韦博捐赠档案的故事激活了微电影《寻找逝去的记忆》创造灵感

查任务时被俘获，在解放区新气象的感召下思想发生变化，获释后在侵朝战争中拒绝与中国人民为敌的故事，设计了年轻的男主人公小班德尔来青岛探寻爷爷老班德尔足迹等情节。故事围绕"战俘""虐待""拒绝参战"等矛盾冲突，通过档案揭示了老班德尔思想变迁历程，也解开了小班德尔及其父亲的心结，从而增进了其对中国人民的了解和认识。由于选材独特新颖、故事详实感人，该片在中宣部组织的社会主义核心价值观主题微电影征集展示活动中被评为30分钟类三等优秀作品，还走出国门荣获"美国迈阿密电影节暨金灯塔电影节"中美电影交流特别贡献奖。

当然，受微电影特性的限制，选材时必须从大处着眼、从小处去讲故事。我们为《跨越时空的对话》选取的都是从小的细节展开情节，以小故事引出冲突，用巧妙的构思、立意去揭示故事结果和阐释思想。如以老班德尔在档案中特别提到，解放军在困难的条件下想方设法给他们吃油炸花生米。该细节既印证了解放军善待俘虏的史实，也具有山东地域风情，我们便从小班德尔吃花生米这一细节入手，导出老班德尔的故事，使观众既产生了解后续故事的念头，又自然而然地融入故事情节之中。

2. 叙事手法：档案微电影贵在让档案说话

档案是故事的依托，也是解决疑案的谜底。档案微电影必须植根于档案，这几乎是体现其文化特质的不二法则。在构思档案微电影时，应始终把档案史料的运用作为基础；在叙事中注重让档案成为打破悬案的钥匙，让档案说话，用史料发言，避免过多地主观灌输。因此，看一部档案历史文化题材微电影是否成功，其衡量标准主要是看其是否讲好了档案的故事和用档案讲好故事。这一点在策划第二部档案微电影《历史无言》时的感受尤其深刻。

《历史无言》讲述的是掳掠到日本的中国劳工周志华的故事。该片讲述了中日两国大学生在档案人员帮助下，通过查找档案了解了爷爷周志华曾经当过劳工的故事。影片中，借助查阅档案这一情节，集中展示了青岛市档案馆馆藏劳工名单、劳工证、劳工暴动的呈文等原始档案，意在用原始档案给观众以心灵的震撼。但是，从视觉冲击力的视角考虑，这些做法还是略显刻板，力度也是不够的。

2004年，笔者曾经和同事一起为26名健在的掳日劳工留存了口述档案。这一经历不仅为策划和创作微电影《历史无言》提供了思想和生活基础，也为如何讲好劳工档案的故事提供了生动的素材。为增强影片的真实感，我们刻意在微电影中使用了采访劳工的原始音视频档案。现场采访的真实画面、亲历者质朴的语言，极具冲击力，迸发出演员演出无以比拟的感染力和震撼力。

真实性是档案的文化内核，也是档案的生命力所在。由于档案形成过程是真实的，档案内容是社会实践活动的原始的、直接的记录，真实性也就成为档案的基本属性。社会上的文艺作品往往搭"档案"的车，也正是看中了档案真实性这块金字招牌。《历史无言》较好地将真实的档案与艺术创作的真实有机地结合在一起，既以第一手史料佐证了劳工的悲惨经历，也体现了档案工作者对历史负责的职业操守和关怀劳工的人文情怀，展现了档案人员为国守史、为民服务的精神气质。影片推出后，社会反响强烈。该作品曾获得2017"美丽乡村"国际微电影艺术节（华东赛区）十佳作品、第五届北京国际微电影节优秀作品奖等奖项。很多媒体来青岛市档案馆查找当年掳日劳工的档案史料，以期为纪念中国人民抗日战争胜利70周年推出有价值的新闻作品和文化产品。

3. 注重细节：档案微电影应彰显"档案韵味"

拍好一部档案微电影困难在于如何做好沟通，让档案人的思想融入创作过程，让观众生动地感受到档案工作风采和魅力。

剧本是决定一部片子艺术高度的关键因素。受时空局限的影响，微电影剧本的创作难度还是很大的，能写出具有档案特色的好剧本更难。笔者策划第一部微电影《寻找逝去的记忆》、编写故事梗概后，请有关方面撰写剧本。但总感到非档案工作者撰写的脚本存在两个缺陷：一是对史实及其内涵的把握不准；二是对档案工作的描述"档案味"不浓。档案工作者修改的剧本又存在画面感不强、镜头语言的运用不充分等缺陷。在后续的微电影剧本创作工作中，我们注意两方面力量的有机结合，注重发挥档案工作人员在剧本创作中的主导作用，剧本质量得到相应的提高。

悬念让故事更精彩。档案微电影把故事讲好，同样需要设置悬念，以提升对观众的吸引力和关注度，调动观众的情绪，在解开悬念的过程中让观众的审美期待得到满足。由于微电影可用时间、空间有限，通过悬念去巧妙地调动观众情绪和推进情节展开尤其重要。《历史无言》从中日两国大学生无意中发现爷爷周志华会说日语开始，围绕周志华为什么会说日语又为什么不愿意说日语这个悬念展开剧情，通过查档案发现爷爷被掠往日本做劳工、看视频了解劳工在日本遭受的磨难等情节，揭示了悬念的解答，也彰显了档案的独特价值和魅力。

在微电影创作活动中，我们坚持体现微电影的"档案韵味"。如场景方面，我们坚持涉及档案工作的场景一定要在档案馆实地拍摄，而且一定要在档案人员指导下拍摄，这对增强画面的"档案韵味"是很有意义的；我们将"记忆是为了过去，更是为了未来"作为标识语，做成背景板，用于衬托剧中人物的思想境界。这既表明了档案的作用，也体现了档案微电影的责任与担当；我们将刻有"青岛市档案馆""青岛市档案展览中心"的门头摄入镜头，用于交待故事发生的地点等，目的在于利用好短暂的时间和宝贵的镜头，千方百计凸显微电影的档案文化色彩。

微电影不仅要有简单的故事，也要有精彩的细节，其中当然包括档案工作的细节。如拍摄微电影过程中，我们刻意大量应用数字档案馆和档案数字化成果的镜头，既增强史实的历史真实性和权威性，又彰显档案馆现代化、信息化的时代风范，改变人们心目中档案馆只有库房、木架、门锁的社会形象；在拍摄档案原件时，我们要求必须体现档案馆戴手套翻阅档案的档案保护规定，展示档案工作人员的职业操守。

当然，凸显档案微电影的"档案韵味"，并不意味着排斥其他的文化资源。如三部微电影的外景表现方面，制作方都大量拍摄和使用青岛城市风光和优秀历史文化建筑的精彩镜头，用故事引出城市景色，用景色衬托情节的发展，两者互相呼应、相得益彰。再如《历史无言》是一部话题沉重的片子，为了表达中国人民热爱和平、有力量保卫和平的思想情感，也为了让剧情避免沉闷，我们策划了灰太狼与太极拳等文化因素。以此为铺垫，当周志华在剧终以灰太狼和太极文化为由说出"一时强弱在于力，万古胜负在于理"这句富有哲理的警句时，语言、情节与画面结合的生动流畅，起到自然而然表达思想的效果。

三、结语

微电影因具有"草根性"而更加大众化和平民化，使档案馆得到更多的机会和途径讲述档案故事，传播档案文化，阐释档案价值观；作为网络技术和新媒体技术发展的产物，微电影具有开放性、娱乐性与交互性的巨大优势，为档案馆提供了全新的社交平台。档案馆可以通过微电影，拉近与普通民众的距离，使档案意识润物无声般地融入民众心里，让档案社会宣传教育春风化雨般地贴近社会，在互动交流中展示和塑造档案馆既富有文化气息又有人文关怀的风采和形象。

应该讲，作为档案微电影的探路之作，"蓝色三部曲"的每一部作品都有值得推敲之处，但其毕竟承载着当代中国档案工作者走档案信息资源开发新路的梦想，体现着档案人对文化自觉和文化自信的向往与追求。如何把档案微电影这条路走得更好更宽，如何通过微电影讲好档案故事，这是本文探讨的主题，也希望成为更多档案同仁的话题。

档案文化建设实践与思考

深圳市档案馆　吕　灿

档案是人类社会实践的真实记录，是宝贵的历史文化资源，也是人类文化传承与发展的重要载体。档案文化却不是"档案"与"文化"的简单结合。

一、档案文化的含义

"文化"一词在不同的学科领域，存在着不同的含义。美国文化人类学家洛威尔曾说过："在这个世界上，没有别的东西比文化更难捉摸。我们不能分析它，因为它的成分无穷无尽；我们不能叙述它，因为它没有固定形状。我们想用文字来定义它，这就像要把空气抓在手里：除了不在手里，它无处不在。"

档案文化作为社会文化的组成部分，应该如何来认知，在档案学界和业界尚处于探索阶段，未形成共识。有人认为："档案文化作为'文化'的一个种概念，它有广义和狭义之分。狭义的档案文化一般仅指作为人类物质文明和精神文明的记录与反映的档案信息及其载体，即档案实体文化。广义的档案文化，则除了档案实体文化之外，还包括人类有效管理和利用这种实体文化成果而采取的活动方式及其创造出来的档案事业文化。"[1] 有人认为档案文化："是人类群体在实现自身目标过程中逐渐形成的具有行业特点并得到共同遵循的档案观、档案管理理念与模式以及与之相关联的物质载体的总和。"[2] 有人认为："档案文化就是某一历史时期某一特定群体的档案意识，以及在这种意识指导下有关档案的行为方式和物化成果的总和，还包括社会总体文化作用于档案而产生的文化总功能。"[3] 我们可以得出，档案文化是随着档案的出现而产生的，是一种综合性的多形态、多层面的文化现象，是社会文化在档案事业发展中的折射和反映。档案文化根源于档案，发展于档案，档案及档案工作中的各种要素为它提供产生、发展的养分；档案文化是由档案工作者和社会大众共同创造和发展的，他们的档案观念、档案意识是档案文化赖以发展的精神动力和支持。

二、档案文化建设的内容

档案文化建设的过程是各级各类档案馆根据自身的具体情况，遵循文化发展的客观规律，运用政治、法律、教育等各种手段，有意识、有计划、有目的地对档案文化的形成、演进和传播加以有效控制的过程。档案文化建设是档案的一种全新工作模式，以文化属性规范和要求档案工作，以档案的形式表述文化；以文化成果衡量工作成效，以档案的视角与途径理解文化；以文化创新提升档案事业发展，以档案工作充实文化内涵。

档案文化建设的过程可以分为文化诊断、文化构建、文化传播和文化评估四个循环阶段。如图所示：

---

① 王英玮：《档案文化论》，《档案学通讯》，2003 年第 2 期，第 48-52 页。
② 薛匡勇：《什么是档案文化？——"档案文化建设"探讨之一》，《浙江档案》，2011 年第 6 期，第 27-30 页。
③ 任汉中：《档案文化：一个十分纠结的论题——浅述档案文化研究的几个问题》，《档案管理》，2012 年第 2 期，第 10-13 页。

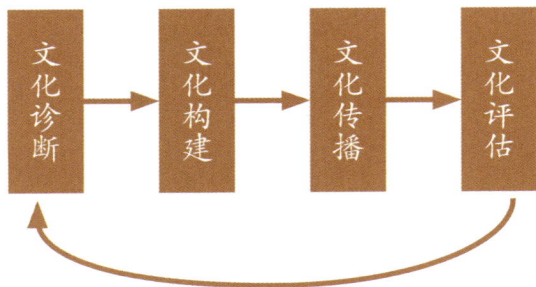

档案文化建设过程示意图

1. 文化诊断

文化诊断指运用一定的方法，了解掌握当前档案文化的基本情况和影响要素，分析未来的需求，做出是否开展档案文化建设的决定，进而明确建设的目标和方向，做出规划，在组织领导机制、保障机制等方面做好准备，以便档案文化建设顺利进行。

2. 文化构建

文化构建是提炼和形成档案文化内涵的过程。影响档案文化形成的因素很多，主要可以概括为社会因素、人文因素、管理因素三个方面。

我国封建社会时期的档案与围绕档案产生的一切活动均为国家政治制度运行和加强集权统治而服务，档案文化可以说是一种政治文化，具有丰富的政治内涵和鲜明的政治色彩。随着封建制度的瓦解，社会民主化程度不断提高，档案文化也从官本位文化向民本位文化转型，由国家统治模式向公共服务模式转型。

文化是人类社会特有的现象。档案文化的构建必然受档案工作者与社会大众的影响。社会大众包括党政机关、企事业单位、人民团体、公民个人等都是潜在的档案利用者。档案工作者的档案意识、职业素质、工作能力等均是档案文化传承不可或缺的条件因素。档案利用者是档案工作主要服务的对象，利用者的群体特征、利用需求、行为方式，对于构建档案文化具有重要意义。随着时代的进步，人们也逐渐认识到档案作为历史记录不仅是国家和民族的瑰宝，还应该是广大人民用来了解历史、传播文化与学习知识的重要资料。

档案馆提供档案服务满足社会大众需求的能力受到档案管理水平的限制和影响，管理因素在一定程度决定了档案利用者获取所需档案信息的效率和质量，是档案文化构建和发展的条件因素之一。档案管理相关工作是有效开发、利用档案文化资源的关键，是档案文化构建的保障条件。

3. 文化传播

人们常说"三分构建、七分传播"。文化只有通过传播，才能实现落地，产生作用。传播档案文化，必须具有传播源、传播主体、传播客体、传播媒介四大要素。四大要素缺一不可，否则不能产生传播。

档案文化的传播源是档案和档案工作中的文化内涵。档案是人类在特定的历史环境下文化经济活动的真实记录，是历史文化的承载体，大量的历史文化传统蕴含其中。把握历史、传承文化，需要以档案馆的馆藏档案为依据，需要档案馆提供基础材料。档案工作的价值和行为准则等通过工作人员的行为方式得以体现。传播主体一般是作为档案文化建设组织者的各级各类档案馆，也可以是档案文化建设的相关人。传播客体是指传播的受众，即社会大众。传播媒介包括传播的方式、符号、仪式、活动等。档案文化传播后，通过传播反馈，又影响到档案文化本身的内涵。

4. 文化建设评估

档案文化建设的效果如何？是否达到预期目的？还存在哪些不足？在经过一轮文化构建和传播后，需要运用准确的尺度，通过有效的方法评估效果，以便总结经验，查找不足，为新一轮文化发展和完善提供依据。

三、档案文化建设实践

档案文化可以分为外显文化和内隐文化。外显文化表现为各级各类档案馆的文化设施、文化活动、文化教育、文化产品等，以及档案工作者的整体风貌、行为规范等。内隐文化属于档案文化的深层，主要表现为档案系统内部为达到档案事业发展目标而逐步形成并为档案工作者自觉遵循的价值标准、道德规范、工作作风、工作理念等，以及档案利用者在获取档案馆公共

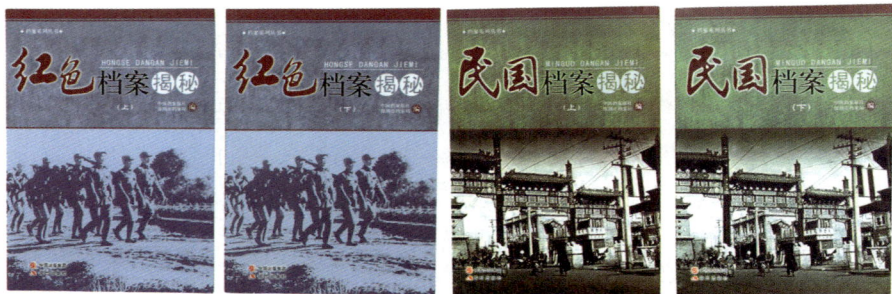

中国档案报社、深圳市档案局合编：《民国档案解密》（上、下）、《红色档案解密》（上、下）

服务过程中形成的档案意识和行为模式。外显文化是内隐文化的外在表现和反映，是传播内隐文化的工具；内隐文化是外显文化的升华和支撑，起着引导作用。内隐文化通过一定的文化载体在档案工作中得到传承和发展，对档案工作者和社会大众的精神世界产生影响。

档案文化内隐于"心"，外显于"行"。深圳市档案馆从多方面进行了探索和实践。

1. 档案馆建设本身就是档案文化最为直接的体现

社会历史文化的发展，离不开档案馆对它的记忆储存。档案馆建设是展示社会历史文化发展记忆的重要窗口。作为城市公共文化设施的档案馆，大到总体布局规划，小到一库、一室、一砖、一木的构筑设计，都是档案文化的具体表象。真正达到融外在造型与内涵文化的独特性有机结合的档案馆能够成为城市的标志性建筑。

深圳市档案馆成立以来先后从政府大院搬出，建设独立馆库——档案大厦，再迁至政府集中办公地点——深圳市市民中心，再整体搬迁至全市档案集中存储基地——档案中心，多次搬迁过程也是档案馆从封闭型逐步走向公共服务型档案馆的过程。档案中心定位是深圳市档案集中存储基地，是保存历史、展示历史、联系历史与现代的公共建筑，以此为设计理念，档案中心外立面采用灰白色调的石板幕墙与陶板幕墙相结合，突显出质朴而现代的气息。由于档案中心分别建立在 4 个地块上，整体布局是南北分区格局，各地块间用跨市政道路连廊连接。也正是利用这一特点，南区设计开放，没有围墙（栏），主要为办公区、展览区和培训区；北区相对隔离，加设围栏，主要为档案库区、业务技术用房和公共服务区。整体来说，档案中心在塔楼简洁纯净的体量上以一种有序的手法雕刻出档案馆的立面机理，库区深深的窗洞所产生的浓重阴影呼应了档案馆的建筑性格，显得凝重。

2. 树立"以人为本"、为社会公众服务的理念，注重档案文化积累

档案文化积累包含两方面的内容，一方面是档案馆不断接收和征集档案进馆，形成一个时间上不间断的连续的档案整体。档案这种积累不是单纯的数量意义上的接收和征集工作，还需要不断优化和丰富馆藏；另一方面是在随着档案馆角色定位的转变，档案管理方式的变化，同时在档案馆的主导下社会档案意识的不断积累与提高。社会档案意识是在一定历史条件和社会状况下社会大众对档案和档案工作所形成的较为稳定的由档案认知、情感、态度等构成的一种共同的档案价值观。档案利用行为是社会档案意识提高的表现。

近年来，深圳市档案馆逐步扩大民生档案的接收范围，馆藏有涉及群众生活切身利益的婚姻、土地证、招调工、职称、公证等近20种民生档案。另外，深圳档案中心除了深圳市档案馆、深圳市城建档案馆的馆藏档案，还存储市属机关事业单位暂不向市档案馆移交但具有永久、长期保存价值的专业档案，如产权、社保、公积金、公证、审计、房屋租赁、土地管理、公安业务、检察业务等有关档案。在这里，市民也可以方便快捷地利用到城市建设档案、产权档案、企业登记档案等各类档案。深圳市档案馆在利用服务方式上，以社会需求为导向，运用"互联网+"思维和手段进行大胆的创新。全市、区层级的档案利用服务一体化，利用者可以通过深圳市网上办事大厅、微信等渠道申请综合档案、城建档案利用，工作人员通过后台直接进行受理和审核，进一步提升了服务标准、水平和效率。

3. 挖掘档案信息资源，打造精品档案文化

档案编研和档案展览都是档案工作者主动挖掘档案信息资源，进行社会文化选择的过程。档案编研和档案展览的文化选择过程具有明显的系统化、条理化的特点，是人类主观能动的结果。档案工作者通过选定一定的主题，

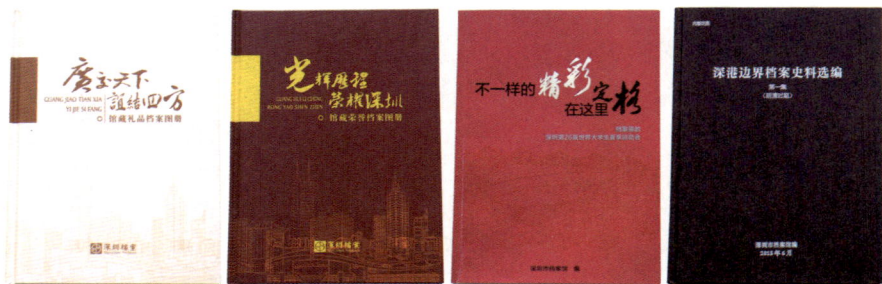

深圳市档案馆编：《广交天下　谊结四方——馆藏礼品档案图册》
深圳市档案馆编：《光辉历程　荣耀深圳——馆藏荣誉档案图册》
深圳市档案馆编：《不一样的精彩　在这里定格——档案里的深圳第 26 届世界大学生夏季运动会》
深圳市档案馆编：《深港边界档案史料选编》（第一集　明清时期）

分析馆藏内容，寻找凝结于历史记录中的本质与共性，按照一定的组织原则进行分类编排，呈现出系统的、有序的历史文化。它们的文化选择还表现出精选性、主流性的特点。档案工作人员在进行编研或展览之前都会有一个复杂的筛选和整理过程，并按照时代的要求和建设社会主义文化的需要，选择那些有利于发展先进生产力、有利于弘扬先进文化、有利于为广大人民群众利益服务的档案信息资源，将庸俗的、消极的文化自动过滤，从而加工成文化精品，加入到社会的文化建设中去，繁荣社会主义文化。

　　深圳市档案馆的档案编研工作一直都有开展，但是成果并不丰富。除了不定期地向本级党委、政府报送《档案信息摘编》之外，我馆的档案编研选题多是由馆藏档案结合中心工作、重大活动确定的，如《深港边界档案史料选编》《中国梦　强军梦》《不一样的精彩　在这里定格——档案里的深圳第 26 届世界大学生夏季运动会》等。深圳市档案馆共设有两个常设展，一是"从海防重镇到现代都市——档案里的深圳"，此展按照以时系事、以事叙史的体例，分设若干篇章，系统、生动地展示深圳历史演变的基本脉络和改革开放创新点，展览的展品均为馆藏档案及征集的各地档案馆与深圳有关的档案史料，从独特的角度展示了深圳的发展轨迹，用档案说话以唤醒人们对城市历史记忆的感知和文化认同；二是"孺子牛　深圳魂——牛文化艺术品陈列展"，此展展品绝大部分为个人捐赠的不同时代不同载体的牛艺术品，反映了"牛"文化的源远流长及丰富内涵，体现了深圳人对"孺子牛"精神的推崇和传承，具有鲜明的特区特色。常设展主要是反映馆藏档案和深圳特色的基本陈列，其内容和表现形式虽有更新，但大致变化不大。为满足大众日益增长的文化需求，我馆还积极引进中央档案馆及各省市档案馆形式多样、主题鲜明的临时展览，从而增进地域间的档案文化交流，增强档案馆的吸引力，实现档案馆的教育职能，提高档案馆的社会效益，扩大档案文化传播的广度。临时展览是以满足广大观众的精神文化需求为主旨，临时展览从展览形式上强调小型化、个性化、知识化；从思想内容上要与时俱进，高扬主旋律。临时展览的办展时间和选题大多是结合重大节庆、纪念活动和党政中心工作，如"纪念孙中山诞辰150周年档案文献展""红星照耀中国——外国记者眼中的中国共产党人档案展""南侨机工回国抗战档案史料图片展""飞虎·驼峰纪事档案图片展""弘扬焦裕禄精神　做焦裕禄式好干部档案文献展""毛泽东手书诗词展""锦瑟万里，虹贯东西——中俄'丝绸之路'历史档案展""信仰的力量——中国共产党人的家国情怀档案展"等。

4. 扩大宣传，传播档案文化

让档案文化走进社会大众的视野，离不开档案宣传工作。档案宣传工作使人们了解到什么是档案、什么是档案工作、档案工作对个体和整个社会的意义和价值所在。随着社会的发展，除了广播、电视、报纸等传统媒体外，网络迅速兴起与发展，带动了很多新兴媒体的涌现，成为开展档案宣传工作的新的媒介。深圳市档案馆也着力打造多层次的档案文化传播平台。一是传统的主题日活动和社会教育实践活动相结合，让社会大众走进档案馆，生动直观地感受档案文化。二是升级深圳档案信息网，网站通过图片、文字、视频等形式展现档案馆工作动态、政策法规、馆藏精品、网上展览、视频点播等信息，使公众能够及时、全面地了解档案馆。另外，通过档案网站加强与公众的互动，及时了解公众需求，设置了在线服务、开放数据、调查问卷、互动交流等栏目。三是开通"深圳档案"微信公众号，通过微信公众号向公众发送各种形式的动态信息，开通综合档案查询申请、城建档案查询申请预约服务，提供便捷的利用服务。四是加强与传统媒体的合作，通过报纸、广播、电视进行档案活动的宣传报道。

四、如何更好地建设档案文化

为了更好地促进档案文化的发展，档案馆可以从几个方面着手：

一是加强人才队伍建设，提升档案工作人员的综合素质。能否拥有一支思想先进、业务熟练、与时俱进的档案人才队伍是建设档案文化的关键。目前，部分档案工作人员的综合素质可能不符合新时代档案工作的要求，档案馆更要坚持以人为本的理念，完善各项工作制度，调动其积极性；同时，要加强对档案工作人员的培训，提高工作水平。在保证现有人员素质不断提升、同时积极引进高素质档案人才，通过优化人员群体结构，使之达到合理配置，使个体及整体的效能得到最大的发挥。

二是加强档案资源建设，为档案馆文化功能的发挥提供丰富的资源。档案是档案文化的不竭源泉，馆藏档案不仅是档案馆赖以生存和发展的物质基础，而且是档案文化能否建设好的前提。大多数的档案馆馆藏结构相对单一，以保存党政机关形成的公务文书为主。档案馆应在本馆接收档案的范围内逐步形成有利于档案馆文化功能发挥的并独具本地文化特色的本馆馆藏结构，正确地处理好馆藏的"精"与"全"、综合与特色的关系，向数量足、种类齐、内容丰富、质量好的合理馆藏结构方向发展。

三是加大现代科学技术的应用，为档案文化建设提供效率支持。采用先进的计算机技术、信息技术、网络技术等现代信息技术，建立数字档案馆是对传统的档案工作模式进行根本性改造，借助于信息技术，能够实现管理的高效率，全面提高档案文化建设的质量和效率。

四是以档案信息资源开发为重点，提供多样化的档案文化产品。档案文化建设工作的具体落实还体现在提供多样化的档案文化产品，生动丰富的档案文化产品对于档案事业的发展进步具有积极的促进作用。档案馆在不断提供多样化的档案文化产品时应发挥馆藏特色和优势，加强对档案筛选、加工、提炼以及编纂过程管理，综合考虑各种影响因素，保证档案文化产品自身的质量和品质，也保证档案文化产品成为社会大众喜闻乐见的档案文化形式。

档案文化要在社会文化体系中确立自己的位置，还需要我们在文化建设过程中，进一步明确档案文化建设的基本思路，以全面提高档案文化的建设成效，做到与时俱进，不断丰富和完善档案文化的内涵，更好地推动档案事业的健康、持续发展。

特殊维稳形势下做好兵团档案编研工作的几点思考

新疆生产建设兵团档案馆　李开华　王炳虎

新疆是维稳前线、反恐主战场，新疆发展稳定事关全国改革发展稳定大局，事关祖国统一、民族团结、国家安全。中央明确指出：社会稳定和长治久安是新疆工作的总目标。今年是新疆社会稳定五年工作目标的第二年（一年稳住，两年巩固，三年常态，五年全面稳定），为此，新疆维吾尔自治区和兵团机关每个部门都要参加三年一轮的"访惠聚"工作，每个同志每两月参加一次远赴南疆的"结亲周"活动，与少数民族群众同吃同住同劳动同学习，为了新疆的全面稳定默默地付出。在这种特殊维稳形势下，如何做好档案编研工作，是摆在兵团档案人面前的一大课题。

一、兵团的特殊体制

新疆兵团是党政军企合一的特殊组织，在党中央、国务院、新疆维吾尔自治区党委和人民政府领导下，依照国家和新疆维吾尔自治区的法律、法规，自行管理内部行政、司法事务，承担着屯垦戍边的历史使命。新疆兵团成立于 1954 年，是王震将军率领进疆的西北野战军一兵团二军、六军大部，陶峙岳将军率领的国民党起义部队（新中国成立后改编为二十二兵团）全部，第五军（新疆民族军）大部于 1954 年集体转业组成的。当时只转业而不上交

新疆生产建设兵团档案馆特藏室

武器，一手拿枪，一手拿生产工具，依然沿用兵、师、团、营、连、排、班的部队建制进行管理，是一个特殊的生产兵团。经过 64 年的发展，目前，兵团下辖有 14 个师，9 个县级市，10 个建制镇，178 个团，2004 个连队，总人口 300.5 万人。1990 年在国家实行计划单列，属国家财政一级预算单位。2017 年国内生产总值（GDP）2339 亿元（占新疆维吾尔自治区的 21.5%）。兵团的经济总量不大，大致相当于内地一个地级市的水平，但兵团在新疆的作用不在于此，而在于"屯垦戍边"。所谓"屯垦"，就是发展生产，发展经济，壮大实力，起到稳定新疆的作用；所谓"戍边"，就是守卫边疆，拱卫祖国的西北边防。新疆有 5600 多公里的陆地边境线（占全国陆地边境线的 1/4），其中由兵团守卫的就有 2019 公里，这充分说明了兵团在巩固祖国西北边防上的极端重要性。

二、兵团档案工作的历史沿革

1954 年 10 月兵团成立时，兵团司令部办公室内设有档案科；1975 年兵团撤销，农垦总局内设档案室；1981 年兵团恢复，兵团司令部办公室内设档案处；1994 年，兵团档案工作在国家档案局的关心支持下实行了计划单列；

1997 年 5 月，成立兵团档案局（兵团档案馆），一个机构两块牌子，行政编制 16 名，副师级建制；2003 年机构改革后，兵团档案局（馆）改为事业单位，人员参照公务员管理。

2018 年以前，兵团只有财务没有财政，有限的财务资金都用在了维稳成边和生产建设的"刀刃"上，公共文化建设严重欠账、滞后，对档案工作的重视、投入不足，全社会的档案意识不强，档案编研工作基础薄弱。从严格意义上讲，兵团也没有真正意义的档案馆，目前档案库房设在兵团机关综合办公大楼地下负一层，馆库面积不足，硬件基础薄弱，设施设备匮乏和落后。档案馆的现状完全不能满足收集保管的基本需要，严重影响了兵团档案事业和编研工作的开展。2018 年，在兵团党委主要领导同志的关心支持下，兵团本级国家综合档案馆新馆建设项目已经立项，目前正按程序积极推进。

三、兵团档案编研工作的基本情况

在目前新疆的特殊维稳形势下，兵团档案馆仍然高度重视编研工作，在人手少、维稳任务重的情况下，仍然在有限的范围内尽力做好档案编研工作，取得一定成绩。为了纪念那些为共和国的解放和屯垦戍边事业做出过特殊贡献的兵团老将军、老领导、老同志，从 2008 年起，利用馆藏档案和尽可能征

新疆生产建设兵团档案局与新疆生产建设兵团党委党史研究室联合编研成果

集到的历史资料，陆续编辑推出了《新疆生产建设兵团功臣录（照片辑）》，从一个侧面反映了兵团屯垦戍边历史的剪影；2009 年，为兵团党委提供资政服务，编辑了《中国共产党新疆生产建设兵团第五次代表大会简介》；近年来，又与兵团党委党史研究室合编了《新疆生产建设兵团历史文件选编》(1—4 册）；同时利用国际档案日，结合兵团成立 60 周年，举办了兵团艰苦创业图片展览等，使兵团档案馆的编研工作和社会服务功能得到了进一步增强和发挥。

兵团下属第一师阿拉尔市档案馆近年来编辑了《第一师阿拉尔市历次党代会文件汇编》和出版了六本书：《三五九旅传奇——从湘赣边到塔里木》《中国人民解放军第一野战军第一兵团第二军步兵第五师简史》《中国人民解放军新疆军区农业建设第一师进疆十年史》《中国人民解放军第一野战军第一兵团第二军第五师口述历史》《西北解放战争三年战绩（1946—1949）》《中国人民解放军第一野战军第一兵团第二军第五师牺牲将士名录》。

兵团下属第八师石河子市档案馆近年来主要编辑出版了《石河子垦区创业史上的第一》（第一辑、第二辑）；内部资料有《档案工作法规文件汇编》（二），内容包括常用的国家、新疆维吾尔自治区、兵团及师市档案工作法规、规章、规范性文件等。

四、对做好兵团档案编研工作的几点思考

1. 领导重视是做好编研工作的重要保障

档案编研的"有作为"要靠服务社会需求来创造，档案编研的"有地位"要靠服务社会需求来提升。只有认识到社会需求，档案编研才能把档案信息资源从封闭状态开发出来，实现其潜在价值与社会功用，成为全社会需要的公共财富。而这一切都需要靠领导的重视，为编研工作创造有利的外部环境，提供选题、经费、人员、时间等等条件的保障，才能在目前新疆特殊维稳形势下保证档案编研工作的顺利开展。

2. 丰富馆藏是实现档案编研的前提条件

由于兵团曾经被撤销，机构断线，受此影响，档案资料保存不全，缺口

新疆生产建设兵团所属第一师档案馆部分编研成果

很大，这在很大程度上影响了编研开发的能力和效果。档案部门只有加强档案的接收和征集工作，优化结构，提高质量，填补缺口，千方百计地扩大档案的接收范围和征集门类，力争建成档案数量充足、内容丰富、结构合理、质量优化并富有特色的档案信息馆藏体系，才能为档案信息资源的有效开发利用奠定良好的基础，才能使档案编研工作"有米下锅"。

3. 提高人员素质是档案编研工作的现实需要

受体制机制限制，兵团的档案编研是短腿。兵团档案馆作为省级档案机构，编制只有16名，没有单设编研处，人手少，维稳压力大，工作疲于应付，编研工作很难开展。决定工作水平和质量的关键因素是档案人员的业务能力和知识水平，这就要求档案人员加强学习，开阔视野，大力提高综合素质，在不断学习档案专业理论知识，学习掌握国家标准规范，精通档案业务的同时，还要学习了解兵团历史，拓宽知识面，优化知识结构，成为复合型人才。只有这样，才能有效地开展档案编研工作，最大限度地满足社会需求。

4. 信息化手段的应用为档案编研工作提供了技术支撑

随着社会政治、经济形势的巨大变化，档案要更好地提供开发利用，运用现代信息化手段是必由之路。兵团在有限的人力物力条件下，认真落实国家档案局关于档案数字化的有关要求，努力推进馆藏纸质档案数字化。2011年启动了馆藏纸质档案全文数字化工作，至2013年6月，完成馆藏45个全宗10万卷（件）永久、长期全部存量档案的数字化工作，形成了51万条案卷级和文件级目录条目，567万幅电子图像文件。2017年，又申请经费55万元，对馆藏及新增的约100万页纸质档案进行数字化。同时，完成了音像档案和照片档案的数字化工作。至2017年底，纸质档案数字化完成率达81%，照片档案的数字化完成率达100%。电子阅档室于2013年建成，电子检索成为基本的查档方式，大幅度提高了工作效率，同时也为档案编研工作提供了更好的条件。

5. 突出地域特色是档案编研工作的生命线

档案编研要彰显和提高社会地位和影响，其编研成果应该是满足社会需求的高质量文化产品。尤其在目前新疆的特殊维稳形势下，必须更新档案编研观念，适应新疆社会稳定和长治久安对档案编研的需求，这是档案编研工作安身立命的根本。从实践来看，要开辟档案信息资源利用的新途径，把对内部馆藏资源的编纂发展到对外部馆藏及现实的信息资源的挖掘。档案编研的信息资源要更具有时效性，档案编研要更贴近现实生活需求，将编研成果内在知识含量和科技含量体现在地方特色的总结和挖掘上。这是档案编研工作的重点，也是社会需求对档案编研工作有效性的检验和推动。

新时期深化档案文献
编纂工作的新思考

南京市档案馆　王　菡

随着社会经济、政治、文化和民生等各项事业的发展，档案产生主体、利用客体和服务方式出现了新变化新需求，给档案工作增添了新内涵，提出了新挑战新要求。对于档案馆而言，不断应对新变化，满足新需求，展现档案文献编纂工作新作为，不仅独具优势、大有可为，而且职责所系、义不容辞。因此深化新时期档案文献编纂工作，我们不仅要有勇于担当的自信，更要有善于作为的自觉。

一、档案文献编纂工作的客观态势

1. 实施文化强国战略

文化是一个国家、一个民族的灵魂。2011 年 10 月，党的十七届六中全会通过的《中共中央关于深化文化体制改革、推动社会主义文化大发展大繁荣若干重大问题的决定》中首次提出"建设社会主义文化强国"战略目标，要求通过创新与创造，进一步解放和发展生产力，增强国家文化软实力和中华文化国际影响力，提高我国综合国力和全球竞争力。党的十九大报告明确指出中国特色社会主义进入了新时代，新时代本质就是要实现中华民族伟大复兴，把我国建成富强民主文明和谐美丽的社会主义现代化强国。为了实现

南京市档案馆与南京市委宣传部、南京出版社等合编：《金陵全书》400 册，对所藏南京"方志""史料""档案"三大类历史文献的系统汇集、整理

这一目标，就必须坚持道路自信、理论自信、制度自信和文化自信，就是要推进实施文化强国战略。文化兴国运兴，文化强民族强，文化强国是对于全球化文化背景下我国政治、经济、文化一体化进程的全力重塑，也是适应 21 世纪国家竞争这一国际大势的历史性回答。

2. 开展城市记忆保护

　　每座城市都有自己的文脉和根，一条街巷、一幢建筑物、一个老字号……无不浸染着城市风雨沧桑、承载着城市文化积淀、见证着城市历史变迁，没有历史的城市是没有脊梁的城市，也是没有特色和魅力的城市。进入 21 世纪，随着我国城市现代化进程的加快，一些城市在大规模建设和改造过程中，出现了不少历史保护街区和建筑在"旧城改造"的名义下被"建设性破坏"的现象，造成城市"失忆"，千城一面。当代著名作家、艺术家冯骥才先生为抢救天津老街发起了"历史文化考察与保护"活动，2002 年，青岛市率先提出并开展"城市记忆工程"，通过照相、摄像等技术，全面反映 21 世纪初期青岛的城市面貌并对即将开工建设项目原貌进行抢救性记录。此后，包括南京市在内的许多城市相继开展了"城市记忆工程"，记录、保护和传承城市记忆已由文化界有识之士关注并倡导转变为政府职责和社会共识，由认识阶段进而转变为实践层面。

3. 巩固主流意识形态

在社会开放化、思想多元化、信息网络化的时代背景下，意识形态纷繁复杂、相互交锋。国内外一些别有用心的人通过散布历史虚无主义言论、抹黑英雄、丑化领袖、歪曲我们党和国家以及民族的历史。反对历史虚无主义，除了切实增强政治本领，大力加强理论武装外，还必须全面提高研究能力，通过对重大历史事件、重要历史人物的研究，用史实说话，增强意识形态领域主导权和话语权。党的十九大报告提出要发挥社会主义核心价值观对国民教育、精神文明创建、精神文化产品创作生产传播的引领作用，把社会主义核心价值观融入社会发展各个方面，转化为人们的情感认同和行为习惯。培育和践行社会主义核心价值观，就要弘扬和传承中华优秀传统文化、革命文化和社会主义先进文化，不断巩固和发展主流意识形态，凝聚并构筑起中国精神、中国价值和中国力量。

4. 促进民生福祉提升

随着物质财富的积累，休闲娱乐、身体健康、生活质量、生态环境越来越被人们所看重和追求。着眼于促进人的全面发展、增强全体人民共同富裕和幸福感受，党的十八届五中全会首次提出坚持以人民为中心的发展思想，以增加民生福祉作为发展的根本目的。党的十九大报告又指出要为满足人民过上美好生活的新期待提供丰富的精神食粮。这些都充分反映了党在治国理政中坚持人民主体地位的内在要求，彰显了人民至上的价值取向。立足新时代，谋求新发展，就要坚持以人民为中心的发展理念，准确掌握人民群众需求呈现的多方面、多层次、多样化等特点，努力提供新产品新服务，发展新模式新业态。坚持以发展促进民生福祉提升，不断满足人民群众对美好生活的向往，保证人民群众在共建共享发展中享有更多获得感和幸福感。

二、档案文献编纂工作的主观困扰

1. 资源积累不足

馆藏资源是开展文献编纂、满足社会需求的基础支撑。各级档案馆对此认识都很清醒，纷纷采取多种手段加大档案资源建设力度，馆藏档案有了较

南京市档案馆、南京师范大学法学院、南京市江宁区档案馆合编：
《辛亥前后南京司法判案实录》

快增长，门类载体更加丰富。然而从总体上看，现有馆藏资源构成不尽合理，特别是存量资源开发利用殆尽，增量资源受到周期接收制约，造成开发速度快于积累规模，资源利用难以为继。

2.基础工作落后

基础工作是开展文献编纂、满足社会需求的必要条件。一些档案馆由于历史档案早期整理编目粗糙、保管不善造成字迹褪化和纸张破损、没有建立专题档案目录数据库等原因，严重拖了档案开发利用的后腿，使得文献编纂工作开展勉为其难，难以适应和满足不断增长的社会需求。

3.工作方式偏差

工作方式是开展文献编纂、满足社会需求的重要因素。现行档案工作实行分级管理原则，各馆资源封闭集中，管理各自为政，开发相对独立。这种孤岛效应造成资源相对单薄、缺少必要整合、碎片化式开发，即便有所合作，也只是停留在半开放、低层面合作上，大大降低了自身吸引力和社会影响力。与之相反的是有些档案馆以合作开发为名，采取将编纂工作整体外包给公司的简单化模式，一方面存在着档案流失和安全隐患，另一方面馆内人员不能全程参与，缺少工作实践，不利于经验积累和水平提高。

4. 人力优化欠佳

专业人才是开展文献编纂、满足社会需求的根本保证。档案馆现行管理体制实行的是局馆合一模式，人员管理实行参公。一方面，行政机关干部职位职数是有严格比例限制，职务晋升比较困难，而机关参公人员又不能评定专业技术职称，这就使得档案编纂开发人员两头不靠，影响其工作积极性。另一方面，参公人员要实行轮岗交流，而从事档案编纂开发工作需要长期的文化涵养和业务积淀，人员频繁变动不利于工作经验积累，这两方面的问题都对编纂队伍稳定造成影响，制约着档案文献编纂工作的深入开展。

三、做好新时期档案文献编纂工作对策

1. 强化馆藏资源建设

一方面要在深入挖掘馆藏资源蕴含的优秀传统文化、革命文化和社会主

南京市档案馆编：《中山陵档案》

义先进文化价值，加快对这些资源进行整理编目、抢救保护、数字化加工和开发利用的同时，通过参与政府的文化和民生项目建设、介入非物质文化遗产抢救保护工程、与社会和民间收藏爱好者举办各类文化活动、赴境内外和国外开展档案数字回归等形式，加大有价值档案的收集，强化资源储备。另一方面要建立以国家档案资源为主、非国家档案资源为辅的专题比较清晰、内容相对完整的资源储备信息库，为有计划地开发利用提供必要支撑。

2.优化编纂专业队伍

要根据档案馆文化事业单位性质，遵从档案文献编纂工作规律，强化队伍建设与培养。对现有岗位人员，通过实行专业技术职称评定、档案文献编纂专家命名、特殊岗位津贴发放等激励政策和优厚待遇，以保证队伍稳定。同时，通过社会公开招聘，从高校和其他部门引进社科、文史等类专业研究人员，优化人员配置；通过与高校和学术研究团队建立合作与交流机制，开展重点人才建设工程等，厚植专家型人才，做到刚性"引人"与柔性"引智"相结合，为档案文献编纂工作的深入开展和档案文化建设可持续发展提供有力保障。

3.深化跨界协同开发

我们除加强系统内馆际间合作，还要加强与宣传、文化、民生等部门以及大专院校、社科研究等系统外机构团体的合作；除举办展览、出版发行、发布会推介等方式外，还要进一步强化市场化运作和现代化传播意识，充分利用电子图书、微信微博、多媒体、"互联网＋"为代表的数字技术等作为档案文化产品制作、展示和传播的新载体新手段，努力将我们的资源优势与他人的研究优势和传播优势紧密结合。特别是结合推动区域发展与合作这一"十三五"时期国家重大战略，紧紧围绕国家"一带一路发展""京津冀协同发展""长江经济带区域发展""长三角一体化发展"等宏观战略布局，加强跨区域合作，协同打造富有档案特色、助力区域经济社会发展、满足人民美好生活需求的精神产品，最大限度地实现资源共享、优势互补和规模效应，不断提升档案文献编纂工作的核心竞争力和社会影响力。

航天档案编研工作的基本特色研究

航天档案馆　汪仁保

我国航天工业的档案编研工作开始于上个世纪 80 年代中期，为迎接中国航天事业 30 周年的到来，当时的航天工业部组织开展了《当代中国丛书——当代中国的航天事业》的编写工作，航天档案编研工作开始从无到有。此后，许多研究院、厂（所）也开始进行了院史、厂（所）史的编写工作，档案编研工作在全系统开始普及。近 20 年来，随着档案编研管理制度的建设和业务规范建设，航天系统取得了一批重实效、质量高的档案编研成果，并在编研的内容、形式、方式和手段上有所创新，编研种类越来越丰富、编研水平得到较大提升。借全国档案文献编纂委员会召开"档案编研开发与档案文化建设研讨会"的机会，笔者试图对航天档案编研工作的基本特色进行初步探讨，以进一步提升对航天档案编研工作规律的认识，加强对编研工作的管理。

一、航天档案编研工作既体现系统实施的整体性，又具有分层实施的专题性

我国航天工业自创建以来，管理体制几经调整变化，研制任务不断更新换代，依靠广大科技人员的创造性劳动，实现了一个又一个航天型号的研制成功。我国的火箭、卫星、导弹已形成系列，基本建立起了相对配套的研究、设计、生产和试验体系。

我国航天工业采用三级管理模式，即集团公司、研究院、厂（所）。我国航天工业的三级管理模式，决定了航天档案工作也实行三级管理，即由航天档案馆、院档案馆、厂（所）档案室三级管理，档案编研工作由三级分头实施。

航天档案馆负责对全系统的档案编研工作进行顶层规划、业务指导、人员培训、编研成果评审，负责组织涉及全系统的重大编研课题的实施。多年来，开展了航天工业年鉴、航天工业大事记、航天人物录、航天回忆录、航天春秋、航天院士画册、规章制度汇编、领导讲话汇编、航天工程系列编研课题等涉及顶层或全系统的编研课题。

在组织集团公司所属单位开展重大档案编研任务的同时，近年来航天档案馆还组织完成多项国家部委下达的编研任务。2011年，为配合钱学森诞辰100周年系列纪念活动，集团公司各级档案部门为《钱学森传》《钱学森画册》《钱学森文集》《钱学森与中国航天》系列丛书，以及"人民科学家钱学森图片展"等文化产品提供了大量照片和档案史料，参与了教育部《钱学森图书馆陈展设计方案》《钱学森图书馆陈列大纲》的设计工作，通过大量宝贵史料，全面再现了享誉世界的人民科学家钱学森的传奇人生。2012年至2015年，为配合国防科工局和中央电视台联合摄制系列纪录片《军工记忆》，有关档案部门积极提供了以我国第一代洲际导弹、第一颗人造卫星、第一代导弹核潜艇研制攻关过程以及航天三线建设为背景的图片资料，展现了老一代航天人"自力更生、艰苦奋斗、大力协同、无私奉献、严谨务实、勇于攀登"的航天精神。2013年起，参加了中共党史研究室、国防科工局组织的《中国共产党军工史·航天卷》的编写工作。2016年起，参加了中国工业经济联合会、中国国防工业企业协会组织的《中国工业史·航空航天卷》"航天分册"的编写工作。2017年，参加了中央宣传部、国家新闻出版广电总局组织的年度主题出版工作重点出版物选题《中国航天事业为什么能成功》一书大事记及附录的编写任务。此外，还参与了国家统计局组织的《新中国50年》《新中国60年》行业篇"航天科技工业"，国务院国资委、国防科工局组织的《汶川特大地震抗震救灾志》，国防科工局组织的《中国国防科技工业年鉴》等撰稿任务。

集团公司的二级单位以研究院为主。根据研究院承担的型号任务，研究院又可分为型号抓总院和专业研究院，型号抓总院负责对导弹、火箭、卫星、飞船中的某一型号进行抓总研制，专业院主要承担某一重大分系统的研制，如液体火箭发动机、固体火箭发动机。院档案馆除承担对全院档案编研工作进行业务指导外，主要承担集团公司下达的编研任务和组织完成院级编研课题任务，一般以型号为平台，通过型号课题加强对厂（所）编研资源的整合。如有的院建立了以院主管部门、专家顾问、牵头编写单位、参与编写单位组成的编写组，通过整体策划、统筹实施确立院级编研课题，并辅以立项评审、任务书评审、中期评审、总结评审等工作，推动院级档案编研课题的开展。

集团公司的三级单位，主要是指研究所和工厂，其档案室的编研任务主要是围绕本单位的中心任务，开展本单位的编研工作，以满足本单位人员的需要，其编研选题以技术类为主，选题具有很强的独特性和实用性，主要涉及型号产品的研制、试验、工艺、质量等方面。产品研制类，有产品研制史、产品研制大事记、产品图集、产品宣传册、产品手册、产品专题片、产品介绍等。产品试验类，有大型试验过程数据汇编、试验工具介绍、试验作业流程介绍、试验故障录、靶场操作指南等。产品工艺类，有工艺设计手册、加工生产指南、工装工时定额手册、模具数据库、工装图册、工装实用手册等。产品质量类，有故障启示录、典型故障分析、质量案例汇编、质量归零报告汇编、误操作典型案例分析、产品质量问题图册、质量体系认证手册、质量管理体系运行情况分析等。

相对来说，航天档案馆和各院档案馆形成的编研成果涉及的信息相对宏观，各厂（所）档案室形成的编研成果涉及的信息相对微观。研究所和工厂开展的大部分编研课题是以产品为主线，然后辅以管理、企业文化、单位发展史。研究所和工厂开展的编研课题以实用为目的，具有短、平、快的特点，形式品种较多。

二、航天档案编研既体现编研成品类型的多样性，又具有航天专业内容的特殊性

经过改革开放 40 年的发展，我国航天已形成军民融合的多层次、多元化发展格局。航天工程是一个高度集成的巨大的系统工程，其实施是以国家层

面来执行的。一个航天项目经常涉及成百上千个单位，需要多家科研院所、生产单位共同协作，相互配合才能完成。中国航天科技集团公司的航天产业包括导弹、火箭、卫星和飞船等四大业务。就载人航天工程来说，又分为航天员系统、飞船应用系统、载人飞船系统、运载火箭系统、发射场系统、测控通信系统、着陆系统等七个系统，载人飞船系统是载人航天工程的核心系统，又由结构与机构分系统等十多个分系统组成，这些分系统是飞船上为完成某一特定功能所需要的仪器、设备或部件及软件的组合。而每一个航天型号的研制又涉及到研究、设计、试制、试验、生产等单位，就一个单位来说，任何一个型号产品的研制，它又包括技术指挥和行政指挥两部分。在一个型号产品的研制中，其研制过程一般包含预先研究、可行性论证、方案、研制、定型及生产等多个阶段，当然导弹、火箭、卫星、飞船的研制阶段又略有差别。在型号的项目管理方面，多年来已探索形成了一套确保成功的航天系统工程方法，包括型号的技术状态管理、进度管理、质量管理、经费管理、人力资源管理、物资保障管理、软件工程化管理、风险管理、可行性安全性管理等要素。由于航天系统军民融合产品的多元化、航天型号研制的复杂性、研制流程的多个阶段以及项目管理的多要素，这些因素决定了航天档案编研类型呈现出专业性、多样性的特点。

基于60年来形成的档案馆藏，集团公司各单位已推出了系列化、专业化、多样化的编研成品，有以打造护国利器、中华神箭、中华星船为代表的航天产品技术发展历程的编研成品；有以弹、箭、星、船各分系统技术介绍为代表的航天专业技术手册；有以航天奠基人钱学森、航天院士系列、大国工匠系列等为代表的航天人物传记；有以反映质量管理、技术状态管理、规章制度、操作指南等为代表的独具特色的编研成品；有以反映"两弹一星"精神、载人航天精神、院士班组精神等为代表的航天编研成品，为科研生产、经营管理、教育培训、文化建设、对外交流产生了积极作用。集团公司各单位形成的编研成品，其形式多种多样，包括史志、年鉴、大事记、组织机构沿革、汇编、档案文摘、专题介绍、手册、图册、统计数据汇集、档案展览、档案专题片等类型。

从档案编研成品表达方式看，有以文字叙述形式反映的编研成品，如史志、年鉴、大事记、组织机构沿革、汇编、手册等，这是目前编研的主要形

2016 年 11 月，中国新一代大型运载火箭"长征五号"在海南文昌卫星发射中心整装待发

式。此外，还有以工程图样表现的图形式编研成品，如工程图集、模具图册；以表格、数据、柱状图、曲线图等表现的数据编研成品，如统计数据汇集、试验数据汇集；以图片、视频等形式生动再现的声像编研成品，如院士画册、档案展览、档案专题片。还有个别单位对一些参与了中国航天事业创建的老专家、身怀绝技的老工匠等老一代航天前辈开展了采访、录音，整理形成了具有特色的抢救性、史料性口述史料。

从档案编研成品信息的加工程度看，有仅对档案原文进行简单加工形成的一次性档案编研成品，如规章制度、重要文件汇编；有对档案信息进行加工提炼与重组形成的二次性档案编研成品，如大事记、组织机构沿革、专题指南、手册等，这是目前编研的主要形式；还有对档案信息进行重新加工组合，形成具有创新价值的三次性档案编研成品，如各种史志、综述，由于加工难度大，这类编研成果水平较高，数量相对较少。

从档案编研成品记载的内容范围看，有比较全面地记载某一项航天工程、型号或一个单位活动全貌的编研成品，如产品史志、单位史志、年鉴；有集中反映某个特定课题或特定科研生产活动的专题性编研成品，如典型故障分析、质量案例分析、加工生产指南；此外还有由若干具有内在联系的独立的编研成品组成的共同反映某一主题或科研对象的系列性编研成品，如系列院士传记、载人航天系列编研课题。

从档案编研成品的作用看，有通过对档案信息进行报导，简要地介绍馆（室）藏档案基本情况的简介型编研成品，如指南、文摘；有提供比较详尽的相关档案原始信息，满足利用者亲自进行信息分析、研究的资料型编研成品，如各种汇编、年鉴、大事记等；也有在对相关档案信息进行研究的基础上，进一步综合或升华有关档案信息的研究型编研成品，如产品研制史、研制综述。

从档案编研成品的服务对象看，有以科研管理信息为主体，主要为领导决策与经营管理提供服务的管理型编研成品，有以记述科研技术活动信息为主体，主要为技术人员从事技术工作提供服务的技术型编研成品，有以产品生产信息为主体，主要为产品生产、销售、改进升级服务的产品编研成品，还有以反映产品研制过程的信息为主体，主要为认识与研究型号产品研制规律提供可靠依据的编研成品。

从档案编研成品的载体形式看，有以纸张作为载体，通过印刷方式表现的编研成品，这是传统的编研成品表现形式；还有以非纸张为载体，通过陈列、展示、屏幕显示等方式进行传播的非传统型编研成品。许多单位为某个主题活动，纷纷举办档案展，通过一幅幅珍贵老照片，一件件实物、手稿、题词、书信，一份份珍藏档案，再现了单位或事件的变迁发展历程，通过完整的历史再现，展现了档案的价值。

从档案编研工作的组织形式看，有档案部门独立完成的自编编研成品，过去这是编研工作的主要组织形式。由于航天编研课题涉及内容的专业性，其对编研人员的专业技术要求较高，目前各单位较多采用由档案部门与技术部门联合编研的形式开展工作，档案部门负责课题的组织实施，技术人员参与者成为档案编研的主要完成人员。在内部局域网环境下，联合编研为编研工作提供了一种互动模式，使档案编研课题可以真正做到由技术人员群策群力、集思广益。内部局域网使得单位不同部门的人员为同一个编研课题进行协同工作，单位内部的联合编研已成为现实。

三、航天档案编研工作既体现组织管理的制度性，
又表现为作业流程的规范性

上个世纪90年代，航天工业就制定了档案编研管理暂行办法。本世纪初，为加强对档案编研工作的管理，规范工作流程，航天科技集团公司于2005年制定了《档案编研工作管理办法》，从组织机构、编研计划管理、编研人员管理、编研经费管理、编研业务指导、编研课题管理、编研成果评比等方面提出了明确要求。全系统所属单位以贯彻落实档案编研工作管理办法为契机，逐步建立健全了档案编研工作体制机制，完善了档案编研工作管理制度，档案编研工作逐步走上正轨，形成规范。

一是加强对档案编研工作的领导。许多单位成立了由本单位办公、计划、科研、生产、经营、投资、财务、人事等部门的领导组成的编研工作领导小组，领导小组组长由单位主管领导担任，并在档案部门设立了档案编研工作办事机构，办事机构既是本单位编研工作的组织管理部门，又是编研课题的具体完成部门。随着一些单位编研课题的逐年增加，档案编研人员逐步由自己亲自参与编研课题为主转为策划指导编研课题为主，将更多的精力投入到编研工作的策划和指导上。

二是加强对档案编研课题的计划管理。各单位档案编研工作计划的制订以需求为牵引，围绕中心工作或阶段性工作安排计划。为加强对编研课题的计划管理，有的院档案部门策划编制了院级编研工作三年滚动计划、院级年度编研工作计划，将院及院属各单位编研工作纳入计划管理，有效推动了编研工作的持续开展。为保持计划的延续性，有的院档案馆每年都要求各厂（所）向院上报院级编研课题项目，并明确各厂（所）每年至少有一项编研课题列入院级计划，在院课题主管部门对编研课题立项审查通过后，院每年向厂（所）下发红头文件，以课题下达经费，按进度进行考核。

三是加强档案编研课题作业流程规范。针对编研选题，要求进行编前调查。调查要贴近本单位实际工作，根据本企业的中心工作、重要工作的需要来确定选题。为认真分析利用需求，有的单位还针对技术人员，设计并印发了匿名用户需求问卷，通过对用户需求问卷进行整理，形成了精准化的利用服务需求表。选题调研结束后，编研课题组要按规范的格式要求写出立题报

告，其内容包括立题的目的、意义及可行性，课题的应用范围及编写内容的深度、广度，编研课题框架结构，编研课题组人员组成方案，计划进度安排，经费预算。单位要组织专家对编研课题立题报告进行评审，通过后由单位主管领导批准实施。各单位在编研课题的实施过程中，根据课题的需要还要进行课题中期检查，对课题执行中存在的问题进行协调。编研课题完成后，各单位要组织对课题进行结题评审，评审时要求制作编研成果介绍PPT，由课题负责人在评审现场结合成品实体向评委介绍编研课题的目的、内容、工作难度、利用方式等，评委再针对相关问题提出看法或建议，评委要对成果进行充分的研讨和中肯评价，并对以后的编研工作提出建设性的建议。一些院档案馆针对近年来编研课题取得的成果，理论联系实际，形成了《编研选题指南》《编研编写指南》《编研作品验收指南》《编研作品应用指南》等系列规范，对选题立项、编写体例、作业流程、业务规范、验收标准等方面做了详细要求。

四是对档案编研成品的编写进行规范。主要是对编研的选材步骤、信息加工方法、编辑工作的主要内容、审稿工作的主要内容做出了具体要求，同时也对编研成品的结构形式，主要是对封面、扉页、前言或序、编辑说明、目录、正文（包括图表）、附录、索引等组成部分提出要求。航天档案馆已经对年鉴编写中的各类条目、非条目的编写进行了统一规范，同时对年鉴的装帧设计、语言文字、标点符号、数字用法、量和单位、专有名称和名词术语等提出了统一要求。

五是定期开展档案编研成果的评选工作。为进一步调动编研人员的积极性，自2005年开始，航天档案馆代表集团公司每两年组织一次编研成果评选工作，对评选的优秀编研成果进行表彰，并颁发荣誉证书。对编研成果的参评条件，重点强调了五点，即利用了档案或现行文件，由档案人员负责或参与完成，编研成果具有实用价值或史料价值，至少在3个以上单位（或部门）使用，编研成果通过本单位组织的结题评审。在评审时，与会专家将根据编研成果实用价值的高低、工作难度大小、信息密度大小、研的比重大小、编校质量高低、应用范围等要素决定编研成果的评定等级。与此同时，航天档案馆还将根据评审结果授予有关单位"档案编研工作优秀单位"称号。

六是加大对档案编研成果在局域网的应用。对于新编制的档案编研成果，要求同时形成电子版和纸质版，有的院要求所有档案编研成果要纳入瀚海之星档案管理系统进行管理，利用者可以根据自己的权限随时在内网上查看。同时开展了纸质编研成果的电子扫描工作，以期最终实现所有纸质编研成果的电子版在网上挂接。档案编研成品在局域网的应用，档案编研信息的传播将更加迅捷、灵活，其时效性的优点是传统的纸质印刷品无法相比的。

七是加强档案编研人员业务培训，提高业务素质。航天档案馆已经作为一项制度定期对全系统专兼职编研人员进行专业知识培训。通过多期对编研人员的系统培训，许多年轻人员再通过从事编研课题的具体实践，已经成为本单位开展编研工作的业务骨干。同时，通过编研培训平台，还可以确定一定主题，邀请具有丰富编研经验的老同志进行经验交流，对提升年轻人员的业务水平也有很大的帮助。

尽管航天档案编研工作已走向制度化和规范化，但还存在着许多基层单位人员编制不够、编研人员新老交替严重的问题，高水平的编研成果还远远不够，面向外部的编研成品也较少，这是今后航天编研工作要着力解决的问题。

档案文献编纂数字化转向的初步探讨

中国人民大学信息资源管理学院　　梁继红

近年来随着信息技术的快速发展，档案文献编纂的数字化转向已成为信息时代的新潮流。这不仅是档案文献编纂中新技术和新工具的应用，更是指它将引发档案文献编纂理念和工作机制的更新。本文将初步探讨当下档案文献编纂数字化转向中出现的新问题和获得的新认知。

需要说明的是，本文所谓"档案文献编纂"是以档案材料原文为基础的文献编纂活动。具体如笔者曾定义的：档案文献编纂就是按照一定的题目要求，查找和挑选档案材料，将档案材料原文全部（或部分内容）进行科学系统的加工编排，附以编纂者对档案材料的校勘考证、注释评介等研究成果的档案文献整理出版活动①。本文探讨的重点在历史档案编纂。

一、档案文献编纂的结构定位：
从档案的两步整理转向数字一体化整理

在档案文献编纂的学理认知中，档案的两步整理理论是档案文献编纂的档案学理论基础。档案两步整理理论认为，档案整理是由档案实体的次序性

---

① 胡鸿杰：《档案文献编纂学》，中国人民大学出版社，2012年，第6页。

整理与档案信息的内容性整理两个方面构成。其中档案实体整理是第一步，是整个档案工作的基础；档案内容整理是第二步，是整个档案工作的重要组成部分。从第一步到第二步是档案工作提高的重要标志。且在一定条件下，第二步整理体现着档案工作的发展方向。这一理论形态最早由谢觉哉在上个世纪 50 年代末提出。韩宝华先生的《档案文献编纂学教程》中对此有提纲挈领式追述，并明确将之纳入档案文献编纂的理论基础①。

在前信息时代，档案作为一种记录媒介，因媒介符号内容与媒介载体之间不可分离，档案实体的有序化是为每一份案卷（或其他档案保管单位）赋予一个固定的空间位置，使得档案在物理空间内各得其所。这与图书馆内实体书的架上排序并无本质不同。但图书主要来自于科研和文化创作活动，图书的分类相对固定，不同馆内的图书可以采用同一个标准，而档案却产生于日新月异、包罗万象的社会实践活动。社会活动主体的多样化交往与社会活动之间千丝万缕的联系，使得档案之间必然存在各种密切关系，但档案实体的有序化只得遵循其中一个最为"合理"的顺序，并且不同馆藏中档案的分类体系具有很大的差异。

图书与档案虽然同属信息媒介，但从其产生时起，两者的信息传递功能便根本不同。图书从产生之日起便是大众知识传承与传播的媒介，不同图书馆中，或者大型综合性图书馆中，存有相同副本供人们选择阅读。人们除了去图书馆借阅图书外，还可以直接购买新版图书。而档案从来源上看，其产生主要是向确定的对象传递行政或其他信息，或为确定的对象保存信息。在进入档案馆并向公众开放后，即从即时性的信息媒介转化为历史信息媒介后，档案随即天然地存在文本单一性或有限性问题。在经历历史的动荡起伏后，即便是图书也往往存在残缺佚失的危险，更遑论档案。档案文献编纂正是借助印刷或其他传统媒介将档案信息内容转移到图书或期刊等中去，以扩大档案内容传播范围。从中国的历史经验来看，这种得力于编纂的传播方式还是档案内容实现历时性传承的最重要方式。

档案文献编纂不仅实现了承载档案原文内容信息的介质转换，使之可以

---

① 韩宝华：《档案文献编纂学教程》，中国人民大学出版社，1999 年，第 35-36 页。

在更大时空范围内传播，而且为档案内容的全新编排提供了条件。它可以采取不同于档案实体的序化方式，对档案内容进行再序化组织，还可借助于索引的编纂，将编排体例和索引互相发明，提供文献检索的不同线索。

简而言之，在前信息时代，档案内容整理与档案实体整理必然分两步进行，而档案文献编纂作为档案内容整理的主要方式，须在完成实体整理之后才能实施系统化的专题编纂，以致在档案文献编纂学的传统话语中将之视作这项工作存在"合法性"的一个理据。

在信息时代，历史档案经过数字化后，利用数据库系统和网络传播，档案内容信息可实现共时迅捷传递，这将彻底改变以往必须借助传统媒介才能将档案内容信息在更大范围内传播的局面。新媒介使得档案信息传播无远弗届，档案馆藏与利用者之间的距离被消解掉了。同时，这也将进而改变过去档案文献出版受纸质容量的限制，使大规模传播成为可能。档案文献编纂在规模上的两个向度"精编"与"全编"都将在数字技术、网络技术等信息技术的强大利器下拓展出无限想象的空间。

在技术的驱动下，存在即可传播。档案数字化整理状况也即是可提供传播的内容状况。档案数字化整理与前信息时代的档案实体整理已不可同日而语，它不仅使原来在实体上分散独立的历史档案联结成一个数字整体，还可通过系统建置增强内容组织与检索、诠释分析的功能。在档案工作的数字化背景下，档案文献编纂出现某些结构性的调整，即从档案的两步整理转向数字一体化整理。历史档案的数字化整理与编纂的一体化，不是弱化了档案文献编纂的"合法性"和有效性，而是强化档案文献编纂的多种功能，使之在档案内容整理上可拓展出更多的潜能。

二、档案文献编纂的成果形式：
从平面线性媒介转向多维数字媒介

档案文献编纂是突破馆藏空间限制而使档案原文内容信息在更广泛的时空范围内传播。这种传播能力除了受档案文献编纂主体和组织机制的影响外，还与一定历史时期媒介的物质技术条件相因应。媒介物质工具决定了档案文献编纂的方法和技术，以及信息延伸的阔狭范围。

在人类历史的发展过程中，经历了四次媒介变革，即手抄媒介、印刷媒介、电子媒介和数字媒介 ①。档案文献编纂的成果形式也与这四种媒介发展阶段同步进行。在数字媒介产生之前，档案文献编纂主要是以文字为媒介符号，以手抄、印刷为媒介记录和传递手段。在印刷术，特别是现代印刷发明以后，大大提升了档案内容信息传播的速度和广度。档案文献编纂虽然也以视频、音频档案为编纂对象，以电子媒介为成果形式，但在整个档案文献编纂中所占比例较小。图书、期刊等印刷媒介是档案文献编纂成果最基础和重要的传统成果形式。

　　一般而言，图书和期刊等印刷媒介被称为平面媒介，音视频等电子媒介被称为线性媒介。就档案文献编纂而言，图书类编纂成果虽有平面媒介的特点，但从结构体例的角度审视，其也具有线性特征。前文已经论及档案材料之间天然存在多样化的联系，然而无论是历史档案实体整理的序化，还是汇编成果对档案材料的序化，都是以固化的方式呈现一种结构方式，或者固定在一定的空间位置上，或者凝固在纸面之上。当编纂的内容对象脱离档案馆藏而进入读者阅读范围时，呈现出来的只是一种材料组织形式，即一种编排体例。而研究者如若想获取材料之间更多线索，则需靠自己的眼手重新组织，如摘抄整理卡片，寻绎研究脉络。南宋赵汝愚编纂《国朝诸臣奏议》，在体例上是按人物编还是按照事项来编曾进行过专门讨论。他的朋友朱熹的意见是按照人来编，而他最终的做法则是按事项来编。清代四库馆臣对此不分轩轾，各取所长。从后见之明来审视，选择按照事类来编，还可以附以人物索引来补充编排体例的单一。但是在纸本汇编中，索引条目往往采取机械的字划或音序来排序，档案材料本身已按事类顺序被固化在索引之前，索引只是注出条目在前文中的页码，方便了材料查检却并不便于浏览，越是大部头汇编，其浏览越是不方便。

　　从编排体例的角度来考量，将某一题目下的档案材料序化为一个有机整体，使其既可方便浏览，又与题目要解决的问题相一致，即便于材料认知和

---

① 　本文关于四媒介的划分参考了刘建明《当代新闻学原理》中文字与手抄媒介、印刷媒介、无线广播媒介、电视媒介和互联网媒介等人类历史上经历的五种新闻媒介的归纳。（刘建明：《当代新闻学原理》，清华大学出版社，2003年，第15-36页）。

问题审视，这是档案文献编纂中要重点考量的全局性问题。可以说，汇编的编排体例不只是使档案材料有序化与方便检寻，更重要的是提供一种问题审视的维度，同时使档案材料成为历史建构与阐释的有机整体。档案材料是历史认知的基础。从什么角度审视材料，关涉到以什么样历史观为导向，以及达成什么样的编纂目的。朱熹的按人编，旨在呈现人物功过褒贬；赵汝愚的按事编，旨在为当下政治提供借鉴。中国传统史书体裁由编年体而纪传体，并进而发展出纪事本末体，又从纪传体史书中开出典制、地理、刑法、食货、艺文等多种史体，这正是体例固守与历史认知之间不断权变开新的结果。时间、人物、事件为历史记述中心的三种基本史书体裁各有其优缺点和价值观念。例如以人为中心的纪传体，凸显了人作为历史的主体，重德行而轻事功。中国悠久的历史编纂传统提供了多种维度审视历史的最直接参照系。只是在纸本书时代，这种多维并存的审视需要被载体本身的线性编排方式和篇幅等局限了，历史编纂采取了诸种史体并存的独立撰写方式，产生了体裁各异的历史编纂著作。中国多数王朝的历史基本都产生过不同体裁的历史编纂著作，满足人们不同研究和阅读需求。

项洁、翁稷安《多重脉络——数位档案之问题与挑战》以"拼图"和"积木"分别譬喻纸本印刷和由系统建构起来的数字档案。前者是只能提供一种脉络的线性发展方式，而后者却如积木一般可以拼合出各种各样的排列组合。拼图看似可以分开，但必须按照构图者的预设图像排列才有意义，而积木则可以根据不同需要自由拼接成玩家需要的样子[1]。这个譬喻极其妥帖和生动。数字技术大大开拓了信息容量，而系统构建又从根本上重构了信息检索利用的格局。这种优势尤其体现在大宗历史档案，如淡新档案、巴县档案、南部县档案等类的数字档案系统构建上。

档案材料本身具有两种历史功能，一是其本身即承担着历史叙事的角色，二是为研究者提供新叙事的材料依据[2]。本文所谓"多维数字媒介"存在着两个层面上的考量：其一是，以档案材料为叙事主体而从整体出发的多种体

①　项洁、翁稷安：《多重脉络——数位档案之问题与挑战》，载项洁编《数位人文要义：寻找类型与轨迹》，台湾大学出版中心，2012年，第42页。
②　此处所谓"叙事"是就广义而言。

档案编研开发与档案文化建设

例呈现，以给人不同的历史观感，即"编排体例"的多维共存；其二是历史研究者在审视档案材料时事先便已带入了"问题"意识，系统构建时可从此切入，为研究者解决"问题"提供多维检索和分析线索。在目前的技术条件下，如以数据库系统为成果对象，则"编排体例"的多样化共存，主要体现在元数据的设置和数据著录中。而后一种从满足研究者的考量，则需要以文本分析、数据挖掘、语义关联、知识图谱、地理信息系统等为系统支撑技术，提供多维研究线索，这是当下数字人文技术与人文研究相结合不断推进的领域。据笔者所知，台湾大学数位人文研究中心开发了一系列数字档案检索利用系统，其中尤以"台湾历史数位图书馆（THDL）"为代表。它包含淡新档案、明清台湾行政档案与古契书三个文献集，不仅提供档案浏览（图像和文本）和全文检索，更重要的是提供了检索分析工具和知识勘探工具，并面向研究者免费开放线上使用。THDL 提供的研究工具集包括中西历转换对照查询、清代台湾文官官职表查询系统、苏州码转换器、度量衡单位换算系统、THDL 前后缀词分析工具、THDL 台湾总督府抄录契书地区分析工具、THDL 台湾总督府抄录契书历史地理资讯系统、THDL 契约文书买卖角色分析、淡新档案诉讼关系图等[1]。另，上海交通大学历史系等机构联合开发的《中国地方历史文献数据库》包括石仓文书、歙县三十五都文书、婺源村落文书、江西文书、闽东文书等，该系统还提供按照资源类型、年代、地域、归户等多个维度的分类体系，也是近年大陆地区开发的有代表性历史档案数字系统，可以实现多属性交叉、关联检索[2]。

在印刷媒介的语境下，档案汇编可以有多种体例选择，诸如按照文件作者或通讯者、事件、问题、时间、文献种类、地区等不同的编排组织方式[3]。这仍为数字档案的系统构建提供了多维度的参考。历史档案的数字化整理在技术上使多途径的"序化"展现成为可能，改变前信息时代档案文献编纂在实践上的单一向度，从而将档案文献编纂多途径序化的理论认知具体化。

---

① 参见台湾历史数位图书馆研究工具集（http://thdl.ntu.edu.tw/tools/）。

② 参见中国地方历史文献数据库（http://ruc.datahistory.cn）。

③ 曹喜琛：《档案文献编纂学》，中国人民大学出版社，1990 年，第 336-340 页。

在大宗历史档案的系统构建中，档案在实体整理上所要遵循的来源原则仍是数字档案多维度组织中所要秉持的首要原则。它与前面所谓"作者或通讯者"有一定相关性，但"作者或通讯者"不能包含按照来源组织的丰富内容。

近代以来，随着以历史档案为主体的史料大发现，文史学界最早开始历史档案整理，其整理大宗在明清档案。以陈垣、沈兼士为代表的故宫博物院文献馆，主张从衙署职司、文书手续研究档案之间的联系，提出历史档案整理的方法论——"整理以不失原来之真相为原则"，尊重原有整理基础[①]。其精髓要义大致贴合于近代档案学从西方引入的"来源原则"。近年来，文史学界出现了搜集、整理、研究地方档案（民间文书）的热潮，来源原则被"重新发现"，关于"归户"原则在民间文书整理、出版以及数据库构建中的运用便是其中显例。来源原则所包含的内容凸显了历史活动的主体、活动过程、档案的可靠性，并向研究者提供档案考证研究的关键线索，因此，在多维脉络中居于首要的位置。台湾淡新档案与四川巴县档案在实体整理过程中被打破了原来的次序，给后来的使用者留下无尽的遗憾。因此，历史档案实体整理状况直接决定了数字档案按照来源原则组织的条件。

三、档案文献编纂的组织机制：
从多主体合作转向跨领域协作

档案文献编纂实现档案内容跨越时空传播，并通过材料序化和诠释方便读者阅读和提供历时认知的线索。档案文献编纂不仅是指以档案原件为对象，还包括以历史流传下来的档案文献为对象的编纂活动。在档案文献编纂学的一贯话语中多以档案典藏单位的档案编纂为学术研究的主要对象。因此，编纂是档案典藏单位与档案利用者之间沟通的最活跃和最具创造性的链条。传统上档案文献编纂成果要进入读者书房或公共图书馆，档案文献编纂主体、档案典藏单位与出版单位之间要建立紧密的合作关系，而档案典藏单位往往是编纂主体。由于历史所造成的档案迁播流离或分藏各处，某一全宗、专题

---

① 沈兼士：《文献馆整理档案报告》，载国立北平故宫博物院文献馆编辑会编辑《文献特刊》，1935年。

的历史档案往往分藏在不同的典藏机构，档案文献编纂往往需要多主体合作进行，或者邀请相关学术单位的参与。数字技术、网络技术等信息技术赋予了档案文献编纂极富延展性的粘合功能，参与主体更为广泛，在组织机制上表现为多领域通力协作的特点。

以档案文献编纂中的转录环节为例，数字化编纂已引发多个方面的连锁变化。一般而言，数字档案系统中全文本和图像本是必备的资源。这两个文本各有其功能：图像本为读者提供考核材料，全文本提供全文检索以及文本分析、数据挖掘条件。历史档案的全彩出版可提供文书从撰拟制作到归档保存整个生命过程的所有信息，使得文书上红色、黑色、蓝色等不同的色彩笔迹鲜明，雕印文字、手写文字、钤印文字之间的层次清晰可辨，文书签署、批复等印文戳记在错落有致中各显其功用①。这些信息的精确细化呈现对于研究不同文种的文书体式、文书运转程序、衙署职能活动与行政效率等具有重要的作用。数字化全彩扫描较之传统的彩色照相排版，其效率、效果已不可同日而语。随着数字记录技术的快速发展，三维信息记录将成为新的主流方向。尤其是对于某些实物与档案合一的文献载体而言，三维扫描将给读者以更直观、完整的载体信息和三维数据与图像。在全文本建设方面，由于历史档案主要是手写而成，或连笔草书，字体也各具特色。在大宗历史档案的数字化系统构建中，人工释读与转录的工作量极大，人工智能识别技术将在这个领域大有用武之地。不过，先进的识别工具并不能完全代替人力，文本最后校对和疑难文字确认都离不开人力最后的把关。随着互联网技术的发展，不同领域专家可以在线方式参与到档案的文字释读、转录与标点工作中。技术不仅解放了人力而且正以全新方式组织人力资源，使得大宗历史档案的转录加工具有可期待的前景。

即如本文第二部分所论多维数字媒介所涉及的两个层面，兼顾档案材料整体和研究者双重视阈，与转录加工环节一样，必须进行多领域协作。总之，技术赋予档案文献编纂更多价值向度，使之具备更多功能，凝结更多研究成果，也将众多领域的工作主体联结起来，以实施"集成化"作业。诸如档案

---

① 吴密察《清末台湾之"淡新档案"及其整理》对此有详细讨论，文载《中国社会经济史研究》2017 年第 2 期。

研究领域、历史及其他学科研究领域、技术领域（尤其是数字人文技术），甚至在历史档案的网页呈现、数字展览中所需要的网页导航设计与美术设计，都将参与到档案文献编纂工作中。这更新了档案文献编纂原有的工作模式，使之具备了更加开放的视野。

除了以上三点，档案文献编纂的数字化转向还包括更多内容，诸如档案文献编纂的服务功能从以学术文化为中心转向全面兼顾社会文化。繁难的历史档案可以文字、图片、音视频、动漫等多种方式作数字化诠释，使之更接近当下人们多维立体阅读的需要。本文限于篇幅不再展开讨论。总之，档案文献编纂的数字化转向，是信息时代的新课题，在实践上和理论上都要加以积极应对。